중국어의 성모

b	p	m	f
爸爸 bàba 빠바 아빠 	苹果 píngguǒ 핑구어 사과 	猫 māo 마오 고양이 	饭 fàn 판 밥 
d	**t**	**n**	**l**
地铁 dìtiě 띠티에 지하철 	桃子 táozi 타오즈 복숭아 	奶奶 nǎinai 나이나이 할머니 	篮球 lánqiú 란치우 농구(공) 
g	**k**	**h**	
哥哥 gēge 끄어거 형, 오빠 	咖啡 kāfēi 카풰이 커피 	喝 hē 흐어 마시다 	

중국어의 성모

j	q	x	
姐姐 jiějie 지에지에 언니 	铅笔 qiānbǐ 치엔비 연필 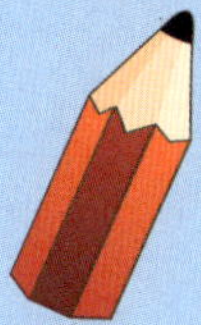	学校 xuéxiào 쒸에씨아오 학교 	
zh	**ch**	**sh**	**r**
中国 Zhōngguó 쭝구어 중국 	出租车 chūzūchē 츄쭈쳐 택시 	山 shān 샨 산 	热狗 règǒu 러고우 핫도그 
z	**c**	**s**	
自行车 zìxíngchē 쯔씽쳐 자전거 	草莓 cǎoméi 차오메이 딸기 	三明治 sānmíngzhì 싼밍즈 샌드위치 	

쉬운 단어부터 시작하는 중국어 첫걸음 끝내기!
스타트 주니어 중국어 단어

초판 9쇄 발행 | 2023년 11월 30일

엮은이 | 정상현
감　수 | 남미향
편　집 | 이말숙
디자인 | 윤지선
일러스트 | 김만영, 최 혁

제　작 | 선경프린테크
펴낸곳 | Vitamin Book
펴낸이 | 박영진

등　록 | 제318-2004-00072호
주　소 | 07250 서울특별시 영등포구 영등포로 37길 18 리첸스타 206호
전　화 | 02) 2677-1064
팩　스 | 02) 2677-1026
이메일 | vitaminbooks@naver.com
웹하드 | ID vitaminbook / PW vitamin

ISBN 978-89-92683-53-1 (13720)

쉬운 단어부터 시작하는 중국어 첫걸음 끝내기 !!

스타트 주니어 중국어 단어

정상현 엮음
남미향 감수

Vitamin 비타민북 Book

머리말

중국어는 전 세계에서 가장 많은 사람들이 사용하는 1위의 언어입니다. 중국은 급속한 경제 성장과 더불어 우리나라와 경제 · 문화 · 사회 등 각 방면의 교류가 더욱 활발해지고 있으며 그 연장선상에서 중국어 학습의 열기 또한 무르익어 가고 있습니다.

외국어를 배운다는 것은 단순히 다른 나라의 언어를 배우고 사용하기 위함이 아니라 상대국의 문화를 알아가는 과정에서 서로를 이해하고 인정하는 진정한 커뮤니케이션의 수단으로 완성되어야 합니다. 또한 외국어를 안다는 것은 세상을 내다보는 또 하나의 창이 열리는 것과 같습니다.

외국어를 학습하면서 어느 것 하나 중요하지 않은 것은 없지만 그중에서도 '어휘'의 중요성은 아무리 강조해도 지나치지 않습니다. 어휘는 상대방과 의사소통을 하기 위해 반드시 알아야 하는 최소한의 수단이기 때문입니다. 우리는 문법이나 발음은 정확하지 않더라도 몇 가지 간단한 단어를 사용하면 외국인과 의사소통을 하는 것이 그리 어렵지만은 않다는 것을 쉽게 경험할 수 있습니다.

흔히들 외국어 교육의 최적기는 만 12세 이전의 학령기라고 말합니다. 이 시기는 언어를 분석하지 않고 총체적으로 받아들일 수 있는 시기이기도 합니다. 〈스타트 주니어 중국어 단어〉는 이 시기에 속한 학습자를 위한 사전입니다. 각 단어와 예문을 통해 발음을 연습하고, 단어의 사용법을 이해하고, 중국어의 어감을 키워 보세요. 음성 파일을 꾸준히 듣고 발음을 함께 연습하면서 단어 옆에 그려진 귀여운 그림도 눈여겨 보세요. 단어의 뜻이나 문장을 이해하고 기억하는데 도움이 됩니다.

중국어를 배운다는 것은 잠깐 사이에 승패를 결정지을 수 있는 단거리 경주가 아닙니다. 일상생활 속에서 조금씩 천천히, 하지만 꾸준히 노력하다 보면 어느새 중국어가 여러분을 가장 빛나게 해주는 날개가 되어 있을 거예요. 유창한 '중국통(중국 전문가)'이 되어가는 첫걸음에 〈스타트 주니어 중국어 단어〉가 소중한 마중물이 되기를 바라는 마음을 전합니다.

2013년 3월

엮은이

차례 contents

이 책에 대하여

A부터 Z까지

이 책에 대하여

스타트 주니어 중국어 단어 미리보기

1. 초보자가 꼭 알아야 할 중국어 단어로 구성하였습니다.

이 책의 중국어 어휘는 A부터 Z까지 한어병음방안(**漢語拼音方案**)의 자모순(**字母順**)과 성조순(**聲調順**)으로 분류하였고, 중국어를 배우면서 꼭 알아야 하는 기초 단어들로 구성되어 있습니다. 성조가 같은 경우에는 한자의 획수 순(**畫數順**)으로, 같은 획수는 부수 순(**部首順**)으로 배열하였습니다.

2. 단어의 이해를 돕는 짧고 쉬운 예문과 그림을 배치하였습니다.

중국어 단어를 처음 접하는 친구들은 단어의 뜻을 읽어도 이해가 안 될 수 있습니다. 이 책은 단어가 문장에서 어떻게 쓰이는지 알 수 있도록, 일상생활에서 많이 쓰는 쉬운 예문을 실어 단어의 뜻을 익히는데 도움이 되도록 만들었습니다. 또한 귀여운 그림을 곁들여 재미있게 단어를 익힐 수 있게 하였습니다.

3. 35가지 테마 관련 단어를 공부할 수 있도록 하였습니다.

일상생활에서 자주 접하는 35개의 테마를 선정하고 그 테마에 관련된 단어를 그림과 함께 표현하여 일상적인 어휘 능력을 높일 수 있도록 구성하였습니다.

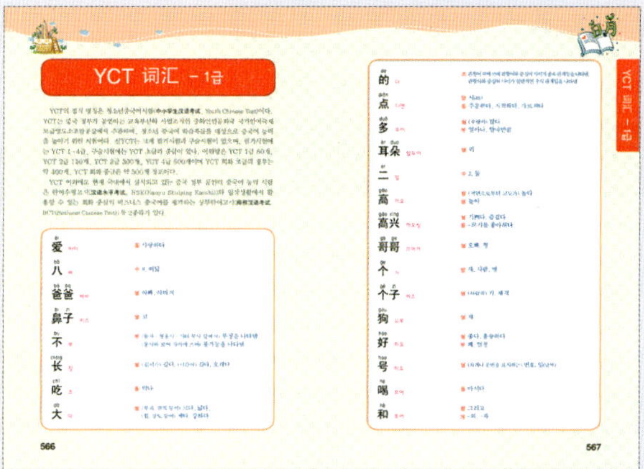

4. YCT(Youth Chinese Test, 청소년중국어시험) 급수별 어휘를 정리하였습니다.

YCT를 준비하는 학생들을 위해 YCT 관련 어휘를 급수별로 정리하였습니다. YCT 급수별 어휘 목록을 활용하여 난이도에 따른 중국어 어휘를 보다 체계적으로 학습할 수 있을 뿐 아니라, 응시 급수에 따른 어휘를 편리하게 찾아볼 수 있습니다.

약어표

명 명사	대 대명사
동 동사	부 부사
조 조사	개 개사
형 형용사	접 접속사
수 수사	접미 접미사
양 양사	감 감탄사
수량 수량	의 의성어, 의태어
조동 조동사	

알아두기

중국의 공식 명칭은 중화인민공화국이며 지구상에서 인구가 가장 많은 나라입니다. 중국의 면적은 약 960㎢로 한반도의 약 44배, 남한의 약 97배이며, 러시아 · 캐나다 · 미국에 이어 네 번째로 큰 국토를 가지고 있습니다.

중국은 전체 인구의 약 94%를 차지하는 한족(漢族)과 55개의 소수 민족들로 구성되어 있습니다. 단일 민족 국가인 우리나라와는 달리, 다양한 민족으로 구성되어 있기 때문에 우리

나라보다 훨씬 많은 방언(사투리)이 존재합니다. 게다가 중국의 방언은 각 지역별 발음의 차이가 심해서, 자기가 표현하고자 하는 말을 글자로 적어서 보여주지 않으면 의사소통이 안 되는 경우도 있다고 합니다.

텔레비전 드라마에도 한자 자막이 들어가 있는데 그 이유 또한 각 지역별 방언의 발음 차이 때문입니다. 중국 정부는 이런 여러 불편을 해소하기 위해서 1950년대 중반부터 표준어인 '푸통화(普通话)'를 정하여 텔레비전 · 라디오 방송, 학교 교육 등에서 널리 사용하고 있습니다. 그 결과 지금은 '푸통화'를 사용하는 인구수가 점차 늘어나고 있다고 합니다.

중국어는 중국어가 아니다?

중국어를 일컫는 명칭은 매우 다양합니다. 중국에서는 중국어를 '한위(汉语)'나 '푸통화(普遍話)'라고 합니다. 중국은 다양한 민족이 존재하기 때문에 지역마다 '방언'이 있는데 우리나라 각 지방의 사투리와 같은 개념입니다. 이 방언들 중에서 특히 사용 인구가 많은 사투리를 꼽아 '7대 방언'이라는 명칭이 있을 정도로 중국의 방언은 그 종류가 다양합니다.

이처럼 중국은 지역과 민족에 따라 방언의 차이가 크기 때문에, 중국 전체 인구의 절대 다수를 차지하는 한족이 사용하는 언어인 '한위(汉语)'가 현대 표준 중국어로 제정되어 전 지역에 걸쳐 통용되고 있습니다.

'푸통화(普遍話)'는 '모든 사람에게 널리 통할 수 있는 말'이라는 뜻으로 표준 중국어를 가리킵니다. '푸통화'는 1949년 중화인민공화국 성립 이후에 제정되었으며, 북경음(北京音)을 표준음으로 하고 북방어(北方語)를 기초 방언으로 하며 모범적인 현대 구어문(口語文)을 규범으로 하는 언어입니다. 그럼, 여기서 잠시 생각해 볼까요?

'나는 중국어를 배운다'는 표현을 중국어로 어떻게 말할까요? 이 표현을 정확하게 구사하기 위해서는 "**我学习中国语**。(나는 중국어를 배운다.)"라고 하면 안 돼요. 왜냐하면 엄밀히 말해서 중국어(中国语)는 중국 내 모든 소수 민족의 언어도 포함하는 개념이니까요. 따라서 "**我学习汉语**。(나는 한위를 배운다.)" 또는 "**我学习普通话**。[나는 푸통화(중국의 표준어)를 배운다.]"라고 해야 합니다. 여러분은 중국어(中国语)와 한위(汉语) 혹은 푸통화(普通话)의 개념을 구분할 수 있겠죠?

중국어의 특징

중국어가 어렵다는 이야기를 많이 들어보았을 거예요. 영어

와 어순이 거의 같기 때문에 영어를 잘하는 친구들은 중국어를 배우기가 쉽다는 이야기도 물론 들어 보았을 테지요. 하지만 중국어를 배우다 보면 우리나라 어순과 비슷한 부분을 더 많이 찾을 수 있답니다. 중국어가 가진 가장 대표적인 특징을 몇 가지만 소개해 보겠습니다.

1. 각 글자마다 뜻을 가지고 있는 표의문자입니다.

중국어 단어를 보면 소리를 내서 읽지는 못해도 어떤 의미인지는 알 수 있어요. 중국어가 뜻을 나타내는 '표의문자(表意文字)'이기 때문입니다.

2. 시제나 수에 따라 형태가 바뀌지 않는 고립어(孤立語)입니다.

중국어에는 우리말이나 영어처럼 과거 · 현재 · 미래형이 없어요. 단수와 복수에 따른 수의 일치도 필요 없기 때문에 동사나 형용사의 형태 변화는 필요하지 않아요.

3. 같은 발음이라도 성조에 따라 그 의미가 달라집니다.

발음은 같아도 '음의 높낮이'인 성조에 따라서 단어의 의미가 달라져요. 예를 들어 māma (妈妈)는 '엄마'라는 뜻이지만 mǎ (马)는 동물 '말'이고 má (麻)는 식물 '마'를 가리킵니다. 그러니까 발음이 같다는 이유로 성조를 무조건 하나만 외우면 안 되겠죠?

4. 한 글자로도 단어가 될 수 있습니다.

중국 사람들은 좋아하다(喜欢 xǐhuan)·만나다(见面 jiànmiàn)·공부하다(学习 xuéxí)·쉬다(休息 xiūxi)와 같이 두 글자로 된 어휘를 좋아하지만, 한 글자로 된 단어도 많이 있어요. 보다(看 kàn)·먹다(吃 chī)·마시다(喝 hē)·달리다(跑 pǎo)·걸어가다(走 zǒu) 등의 동사는 한 글자랍니다.

간체자와 번체자

한자는 크게 번체자(繁体字)와 간체자(简体字)로 나눌 수 있습니다. 번체자는 우리나라·대만·홍콩 등에서 사용하는 원래의 전통 한자를 말합니다. 간체자는 중국 정부가 1955년부터 1964년에 걸쳐 필획이 복잡한 한자 2,236개를 골라 일정한 규칙에 따라 모양을 간략하게 변형시켜 쉽게 쓸 수 있도록 만든 글자를 말합니다.

간단하게 변해 버린 한자 때문에 고전 원문의 해석이 어렵다는 비판도 있고, 수 천 년의 역사를 가진 한자를 인위적으로 바꿔야 하는지를 놓고 많은 논란이 있음에도 불구하고, 간체자는 지금까지 중국의 공식적인 글자로서 중국 전역에서 사용되고 있으며, 세계의 많은 중국어 학습자들이 배우는 글자가 되었습니다.

번체자	간체자
龍 용 룡	龙 lóng 롱
國 나라 국	国 guó 구어
身體 신체	身体 shēntǐ 션티

한어병음

중국의 한자는 뜻을 나타내는 표의(表意)문자입니다. 따라서 우리나라의 한글이나 서양의 로마자처럼 글자 자체만으로는 어떻게 읽는지를 나타내지 못합니다.

한어 병음은 1958년 중화인민공화국에서 제정한 표음(表音) 방법으로, 영어의 알파벳 자모 26개를 이용하여 중국어의 발음을 표기한 발음 기호입니다.

공식 명칭은 '한어 병음 자모(汉语拼音字母)'이며 우리나라의 초성에 해당하는 '성모(聲母)' 21개와 중성과 종성에 해당하는 '운모(韻母)' 36개에 중국어 소리의 높낮이를 나타내는 '성조'를 더하여 표기합니다. 이렇게 중국어 발음을 표기하는 방식을

'한어 병음 방안(**汉语拼音方案**)'이라고 합니다.

한어 병음으로 발음을 표기하는 것은 중국의 한자를 중국어로 어떻게 읽어야 하는지를 더 쉽게 배울 수 있다는 것이 장점이지만, 다른 한편으로는 영어에 익숙한 학습자들이 혼동할 수도 있다는 단점으로 작용하기로 합니다. 따라서, 몇 가지 예외적인 발음은 반드시 주의하여 연습해야 합니다.

참고 중국어의 발음을 나타내는 방법으로 '한어 병음'만 있는 것은 아닙니다. '한어 병음 방안'이 생기기 전에는 '주음부호(**注音符号**)'를 활용하여 발음을 표기했습니다. 중국 대륙에서는 현재 '주음부호'를 대신하여 '한어 병음'을 사용하지만 대만에서는 지금도 여전히 '주음부호'를 사용하고 있으며 특히 대만의 초등교육 초기에는 학교에서 '주음부호'를 배웁니다.

※ 주음부호의 예: ㄅㄆㄇㄈㄉㄊㄋㄌㄍㄎㄏ 등

중국어의 음절

중국어의 음절은 성모, 운모, 성조 세 가지 요소로 구성되어 있습니다. 예를 들면 **大**의 발음은 병음 **dà**로 표기하는데 이때 **d**는 성모, **a**는 운모이고, **a** 위의 기호 표시는 성조라고 합니다.

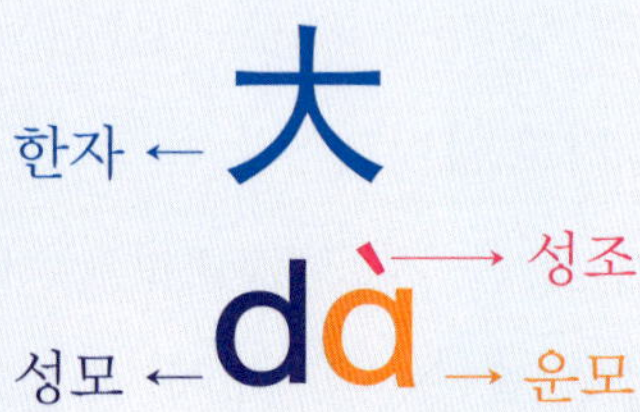

중국어의 음절은 최소한 두 개의 요소가 있어야 만들어집니다. 지금부터 성모, 운모, 성조에 대해서 살펴보도록 하겠습니다.

성모

성모는 음절의 첫소리로 우리말의 초성에 해당하며, 총 21개로 이루어져 있습니다.

순 음	b 뽀어	p 포어	m 모어	f 포어*
설 첨 음	d 뜨어	t 트어	n 느어	l 르어
설 근 음	g 끄어	k 크어	h 흐어	
설 면 음	j 지	q 치	x 씨	
권 설 음 교 설 음	zh 즈	ch 츠	sh 스	r 르
설 치 음	z 쯔	c 츠	s 쓰	

1. 입술소리(순음) b, p, m, f | 아랫입술과 윗입술을 붙였다가 떼면서 내는 소리. 단독으로 읽을 때는 운모 o를 붙여 발음합니다.

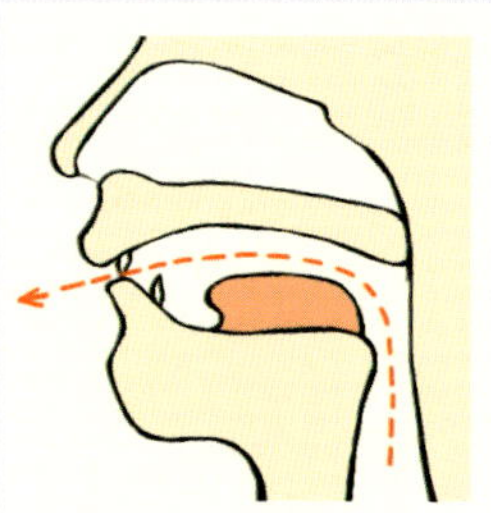

b, p, m, f를 모두 입술소리(순음)로 보는 경우도 있지만 b, p, m는 쌍순음으로, f는 이입술소리(순치음)로 좀 더 세분화해서 구분하기도 합니다. 이때 순치음은 영어 f와 비슷하게 윗니를 아랫입술에 살짝 댔다가 떼면서 내는 소리입니다. f를 b나 p처럼 발음하지 않도

록 주의해야 합니다.

2. 혀끝소리(설첨음) d, t, n, l | 혀를 윗니의 뒷면에 붙였다가 떼면서 내는 소리. 단독으로 읽을 때는 운모 e를 붙여 발음합니다.

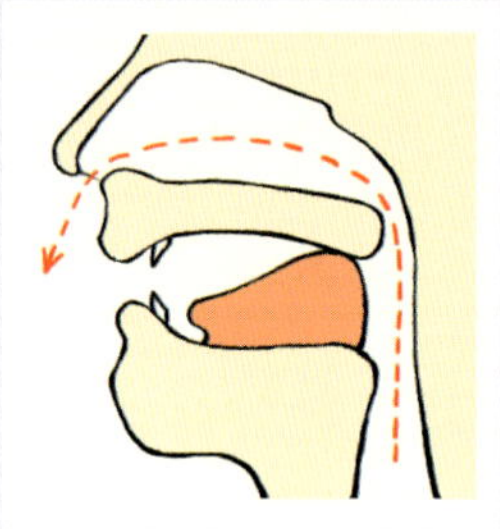

d, t, n, l은 모두 혀끝소리이다. 하지만 d, t, n를 발음할 때는 혀끝이 위 잇몸 도드라진 부분(경구개)에 닿고, l를 발음할 때는 혀끝(설첨)이 위 잇몸 뒤쪽 벽에 닿는 차이점이 있습니다.

3. 혀뿌리소리(설근음) g, k, h | 혀뿌리를 입천장에 대면서 목젖 있는 곳에서부터 내는 소리. 단독으로 읽을 때는 운모 e를 붙여 발음합니다.

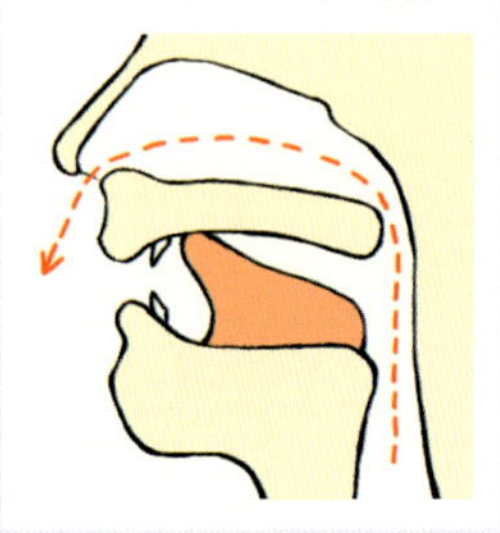

g, k, h는 모두 혀뿌리 소리이며, 혀뿌리를 입천장에 붙였다가 떼거나 가까이 대고 소리를 냅니다.

4. 혓바닥소리(설면음) j, q, x | **혀 앞부분을 입천장 앞쪽에 대면서 내는 소리. 단독으로 읽을 때는 운모 i를 붙여 발음합니다.**

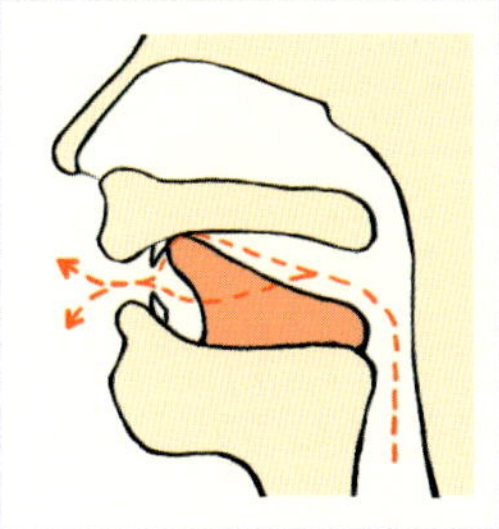

j, q, x는 혀끝 소리가 아닌 혓바닥 소리이기 때문에 혀끝은 아랫니와 아래 잇몸이 연결되는 부분에 가볍게 붙이고 혓바닥의 앞부분이 입천장 앞부분에 붙거나 가까워지면서 만드는 소리입니다. j, q, x의 소리는 z, c, s의 소리보다 훨씬 부드럽습니다.

5. 뒤 혀끝소리(권설음, 교설음) zh, ch, sh, r | **혀끝을 숟가락처럼 오목하게 만들어서 입천장 안쪽에 닿을 듯한 상태에서 내는 소리. 단독으로 읽을 때는 운모 i를 붙여 발음합니다.**

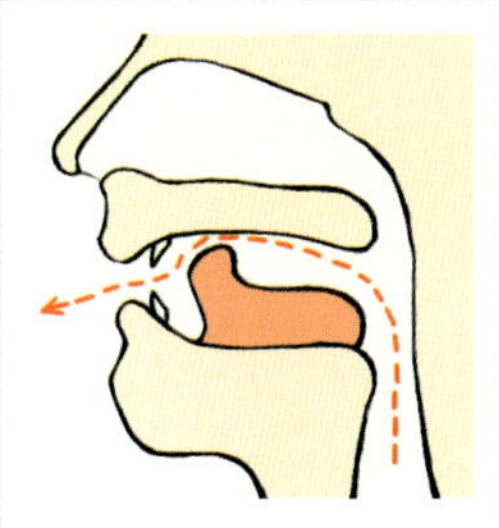

정확하게 발음하기 위해서는 혀의 가장자리(둘레)를 세워서 위 잇몸에 붙는다는 느낌으로 발음을 하는데, 발음이 끝날 때까지 그 모

양을 유지할 수 있도록 합니다. zh는 우리말 'ㅈ'과, ch는 우리말 'ㅊ'과, sh는 우리말 'ㅅ'과 각각 비교할 때 혀가 약간 들어 올려 지는데, 권설음은 우리나라에 없는 발음이기 때문에 특히 주의를 기울여야 합니다.

6. 앞 혀끝소리(설치음) z, c, s | **혀끝을 아랫니의 뒷면에 대고 혓바닥을 앞 천장에 대면서 내는 소리. 단독으로 읽을 때는 운모 i를 붙여 발음합니다.**

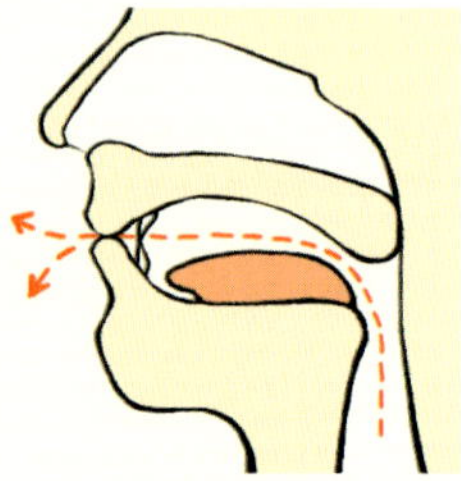

z, c는 혀끝을 윗니 뒤쪽에서 붙였다가 가볍게 떼면서 발음하고, s는 혀끝을 윗니 뒤쪽에 가까이 대고 그 틈으로 공기를 마찰시켜 발음합니다. 발음이 끝날 때까지 아랫니에서 혀끝을 떼지 않도록 주의해야 합니다.

우리나라 사람들이 중국어 발음을 배울 때 공통적으로 보이는 문제점은, 모든 발음에서 소리가 끝나기 전에 입을 다물어 버린다는 것입니다. 따라서 중국어를 발음할 경우에는 음소이건 음절이건 상관없이 소리가 끝날 때까지 혀의 위치나 입 모양이 모두 변하지 않게 충분히 기다려 주어야 합니다.

성모를 발음 연습할 때는 혀의 위치가 매우 중요합니다. 혀가 어디에 위치하는지에 따라서 소리가 달라지니까요. 제공된 음성 자료를 활용해서 정확하게 발음할 수 있도록 열심히 연습해 주세요.

운모

운모는 중국어 음절에서 성모를 제외한 나머지 부분으로 우리말의 중성과 종성에 해당합니다.

운모는 모두 36개로, 하나로 된 '단운모'와 두 개 또는 두 개 이상으로 구성된 '복운모(결합운모)', 운모 뒤에 n, ng가 결합되어 콧소리가 나는 '비운모', 혀를 말아서 소리내는 '권설운모'가 있습니다. 너무 많아서 어렵다고요? 많아 보여도 모두 '단운모'를 기본으로 하고 있으므로 6개의 '단운모' 소리만 정확하게 연습하면 발음할 때 큰 어려움은 없습니다.

1. 단운모 | a, o, e, i, u, ü (총 6개)

단운모는 단순 모음이기 때문에 끝날 때까지 혀의 위치와 입술 모양이 변하지 않도록 주의해야 합니다.

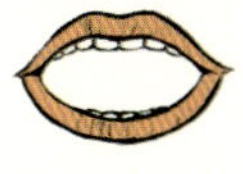

a : 입을 크게 벌리고 '아'라고 발음합니다.

→ 이때 입의 크기는 일반적인 우리말 '아'보다 더 크게 벌립니다.

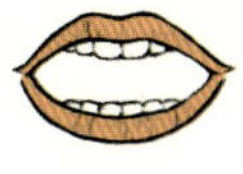

o : '오'와 '어'의 중간 소리로 발음합니다.

→ 어떨 때는 '오어'라고 들리는 경우도 있어요.

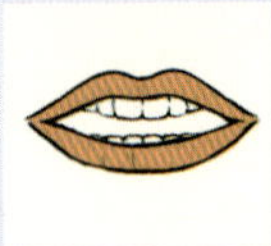

e : '으어'라고 발음합니다.

→ 영어에 익숙한 학습자들이 많이 혼동하는 발음인데요. '어'나 '에'가 아닌 '으어' 발음입니다.

i : 입을 옆으로 길게 벌리며 '이'라고 발음합니다.

→ 우리말 '이'보다 입술이 옆으로 더 길게 확장됩니다.

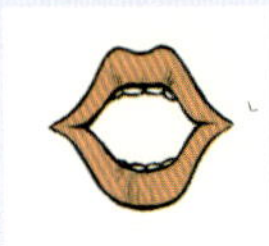

u : 둥글게 모아 내밀며 '우'라고 발음합니다.

ü : 혀의 위치는 'i'와 같고 입은 둥글게 모아서 'u'처럼 발음합니다.

→ 우리말의 '위'는 이중모음이기 때문에 '우'+'이'가 합해져서 '위'라는 발음이 만들어집니다. 그래서 입 모양이 변하죠. 하지만 중국어 'ü'는 단모음이기 때문에 처음부터 끝까지 입 모양이 변하지 않아야 합니다. 꼭 주의하세요.

참고 교재에 따라서 단운모를 소개하는 순서를 i, u, ü, ɑ, o, e로 나열한 경우도 있지만 ɑ, o, e, i, u, ü 순으로 외우는 것이 좋아요. 이 순서로 익혀두면 성조를 표기할 때 많은 도움이 됩니다. 성조는 입 모양이 좀 더 큰 운모 위에 표기를 하기 때문입니다.

2. 복운모(결합운모) | 운모 두세 개를 한 음절로 내는 소리를 말합니다.

복운모 중 앞의 'i'나 'u'는 발음이 시작될 때의 입의 상태를 표시할 뿐 완전한 발음을 하지는 않습니다. 끝의 'i'나 'u'도 발음할 때 혀의 입 모양이 변하는 방향만을 표시할 뿐 완전한 발음은 하지 않습니다.

❶ a와 결합한 운모: ai, ao, an, ang

❷ o와 결합한 운모: ou, ong

❸ e와 결합한 운모: ei*, en, eng, er

❹ i 와 결합한 운모: ia, ie*, iao, iou, ian*, in, iang, ing, iong

❺ u와 결합한 운모: ua, uo, uai, uei*, uan, uen, uang, ueng

❻ ü와 결합한 운모: üe*, üan, ün*

*: 주의해야 할 발음

	i	u	ü
a	ia(ya)	ua(wa)	
o		uo(wo)	
e	ie(ye)		üe(yue)
ai		uai(wai)	
ei		uei(wei)	
ao	iao(yao)		
ou	iou(you)		
an	ian(yan)	uan(wan)	üan(yuan)
en	in(yin)	uen(wen)	ün(yun)
ang	iang(yang)	uang(wang)	
eng	ing(ying)	ueng(weng)	
ong	iong(yong)		
er(r)			

*( ) 안의 발음은 성모 없이 운모로만 구성될 때의 표기법입니다.

혼동하기 쉬운 발음

❶ 'i'는 '이'와 '으'로 발음된다.

예 xi 씨* shi 스*

❷ 'u'는 '우'와 '위'로 발음된다.

예 chu 츄 qu 취

❸ an은 ian과 üan일 때 '엔'으로 발음된다.

예 xian 씨엔* quan 취엔

❹ e는 ie, e, ei일 때 '에'로 발음된다.

예 bie 비에 xue 쒸에* bei 베이

* 표시된 발음은 실제 발음과 다소 차이가 있습니다.

운모 표기 시 유의점

1. 운모 i, u, ü의 발음 표기

성모 없이 운모 i, u, ü가 단독으로 쓰일 때는 yi, wu, yu로 표기합니다.

예 i → yi u → wu ü → yu

성모 없이 운모 i, u, ü가 뒤에 다른 운모와 결합하여 쓰일 때는 i, u, ü를 각각 y, w, yu로 바꿔서 표기한다.

예 ia → ya ie → ye ian → yan

ua → wa uo → wo uan → wan

üe → yue üan → yuan ün → yun

2. 운모 iou, uei, uen의 발음 표기

앞에 성모가 없고 운모 iou, uei, uen이 단독으로 쓰일 때는 you, wei, wen으로 표기합니다.

예 iou → you　　uei → wei　　uen → wen

운모 iou, uei, uen이 성모와 결합할 때는 iu, ui, un으로 표기합니다.

예 q+iou → qiu　　h+uei → hui　　ch+uen → chun

* 표기에서 생략된 o, e 발음은 실제 발음에서 아주 약하게 남아 있습니다.

성조

성조는 음의 높낮이를 말하며 모두 4개의 성조로 이루어져 있어서 '사성(四声)'이라고 합니다. 성조는 중국어의 가장 두드러진 특징이라고 할 수 있습니다. 유창한 중국어를 들을 때 마치 노래를 부르는 것 같은 느낌이 드는 이유가 바로 이 성조 때문입니다.

같은 발음이라도 성조에 따라서 그 의미가 확연하게 달라지므로, 중국어를 배우고 연습할 때는 표기된 성조가 몇 성인지 정확하게 익혀야 합니다.

사성(四声)의 높낮이와 성조 표기

각 성조는 각각의 특징을 가집니다.

1. 제1성

처음부터 끝까지 5도에서 5도로 높고 평평한 소리를 유지합니다. 음악의 '솔'의 높이에 해당하는 높이라고 생각하면 됩니다. a를 예로 들면, 제1성은 ā로 표기합니다.

예 天(tiān), 山(shān), 他(tā), 吃(chī), 喝(hē), 听(tīng)

2. 제2성

중간 음에서 높은 음으로 끌어올리며 내는 소리로 3도에서 5도로 올라갑니다. '미'에서 '솔'까지 올린다고 생각하세요. a를 예로 들면, 제2성은 á라고 표기합니다.

예 来(lái), 您(nín), 能(néng), 成(chéng), 国(guó)

3. 제3성

2도의 낮은 음에서 더 낮은 음(1도)으로 내렸다가 다시 중간 음(4도)까지 올리며 내는 소리로, '레-도-파'의 음을 생각하면 됩니다. 중국의 성조 중에서 가장 역동적인 발음입니다. a를 예로 들면, 제3성은 ǎ라고 표기합니다.

예 好(hǎo), 小(xiǎo), 老(lǎo), 请(qǐng), 早(zǎo)

4. 제4성

가장 높은 음(5도)에서 가장 낮은 음(1도)으로 빠르게 떨어뜨리며 내는 소리입니다. a를 예로 들면, 제4성은 à라고 표기합니다.

예 大(dà), 去(qù), 饭(fàn), 唱(chàng), 上(shàng)

이 밖에도 사성(四声)에는 포함되지 않지만 또 하나의 성조가 있는데, 바로 경성(轻声)이라고 합니다. 경성은 본래의 성조를 잃고 짧고 가볍게 소리를 내며 특별한 성조 표기를 하지 않습니다. 그리고 앞 음절의 성조에 따라서 높낮이가 달라지는데, 일반적으로 제3성 뒤에 오는 경성의 높이가 가장 높습니다.

일반적으로 제1성과 제3성은 길게 발음되고, 제2성은 생각보다 더 급격하게 올라가며, 제4성은 짧고 강하게 발음되는 특징을 보입니다. 경성은 반박자라고 생각하면 됩니다.

간혹 성조 표기가 혼동되는 경우도 있는데 왼쪽부터 오른쪽으로 성조 표기를 읽으면 됩니다. 다시 말하면, 제1성은 가로

획이니까 처음부터 끝까지 똑같은 높이로 발음합니다. 제2성은 처음은 낮지만 점점 높게, 제3성은 낮아졌다가 다시 높아지고, 제4성은 오른쪽 아래로 기우는 성조 표기와 마찬가지로 처음엔 높은 음에서 낮은 음으로 내려가면 됩니다.

이처럼, 성조에 따라서 높낮이도 다르고 길이도 다른 중국어, 설명만 보면 복잡한 듯하지만 알면 알수록, 배우면 배울수록 그 매력에 빠지게 된답니다. 말하는 듯 노래하는 듯 리듬감이 느껴지는 중국어. 중국어 성조를 꾸준히 그리고 열심히 연습해서 훨씬 멋진 중국어로 말해 봅시다!

성조의 표기법

성조는 음의 높낮이를 구분하는 표시라고 생각하면 쉽습니다. 성조는 운모 a, o, e, i, u, ü 위에 표기하며, i 위에 성조를 표기할 때는 위의 점을 빼고 표기합니다.

제1성	ā ō ē ī ū ǖ
제2성	á ó é í ú ǘ
제3성	ǎ ǒ ě ǐ ǔ ǚ
제4성	à ò è ì ù ǜ

여러 개의 기본 운모가 모여서 이루어진 복운모의 경우 성조는 입을 가장 크게 벌리는 운모 위에 표기하는 것이 원칙이며 그 순서는 다음과 같습니다.

a 〉 o, e 〉 i, u, ü

단, 운모 i와 u가 함께 쓰인 경우에는 무조건 뒤에 오는 운모에 성조를 표기합니다.

지금까지 중국어의 특징과 중국어를 구성하는 여러 요소들에 대해서 살펴보았습니다. 한 나라의 언어를 배우고 자유롭게 구사하기 위해서 '단어'는 가장 기본이 되는 준비물이라고 할 수 있습니다. 문법을 잘 모르더라도 단어만 몇 개 말하면 의사소통이 되니까요.

그렇다면 중국어 단어는 어떻게 공부하는 것이 가장 효과적일까요? 중국어 단어 학습법에 대해 잠깐 이야기해 보겠습니다.

중국어 단어 학습법

중국어 단어를 공부할 때는 한자를 배우는 것과 마찬가지로 글자의 모양, 발음, 뜻 세 가지를 모두 익혀야 합니다.

그중에서 한자의 모양은 눈으로 계속 뚫어져라 보기만 한다고 기억에 남지 않아요. 손으로 획순에 맞게 직접 써보면서 외워야 합니다. 발음은 눈이나 손이 아닌 입으로 여러 번 소리를 내어 읽음으로써 자연스럽게 입에 익도록 하고, 뜻은 공부하는 동안 머리로 계속 생각합니다.

무엇보다도 중요한 것은 이 세 가지 학습 요소는 하나씩 따로 떼어서 공부해서는 안 된다는 점입니다. 손으로 한자를 쓰면서 입으로 동시에 발음하고 머리로는 뜻을 생각하는 동시 학습법으로 공부를 해야 가장 효과적입니다.

만약 한자를 많이 알고 있는 학습자라면 번체자와 비교하며 공부하는 것도 많은 도움을 줄 수 있습니다. 우리나라 한자의 발음과 어떤 차이를 보이는지 조금씩 비교하며 익히는 것도 색다른 재미가 있어요.

중국어는 표의문자라고 이미 알고 있지요? 각 단어의 의미를 하나씩 익혀 나가다 보면 어느 순간 각각의 한자가 다른 한자와 결합되면서 새로운 의미를 만들어가는 것을 확인할 수 있습니다. 또 하나의 단어에서 각각의 한자가 어떤 의미로 쓰여지는지도 알 수 있게 됩니다. 이런 꾸준한 노력은 학습자 여러분의 어휘 능력을 점점 더 풍성하게 도와줄 것입니다.

우리나라도 중국과 마찬가지로 한자문화권인 만큼, 많은 단어들이 한자어의 결합으로 이루어져 있습니다. 심지어 어떤 학자들은 우리나라 단어 중 약 70% 이상의 단어가 한자어로 만들어졌다고 주장하기도 합니다.

따라서 중국어 단어를 익힌다는 것은 비단 중국어 실력만을 높여주기 위함이 아니라 우리나라 말을 더 정확하고 적절하게 사용할 수 있는 표현력을 배양할 수 있는 좋은 방법이에요.

자, 한 가지 방법이 아닌, 여러 방법을 활용해서 중국어 단어를 익혀 보세요. 글자를 보면서 생각나는 그림을 연결해서 기억할 수도 있고 그림으로 그려보면서 기억한다거나 단어들을 나열해서 어떤 이야기를 꾸며볼 수도 있겠죠?

각자 자기가 좋아하는 방법을 활용해서 즐겁게 중국어 단어를 익혀 볼까요? 중국어는 같은 발음이라도 성조에 따라서 그 의미가 달라진다는 점을 꼭 기억하세요! 중국어는 각 단어의 성조에 주의하면서 차근차근 꾸준하게 학습해야 최선의 효과를 볼 수 있습니다.

〈스타트 주니어 중국어 단어〉에서는 중국 대륙에서 공식적으로 사용하고 있는 간체자로 모든 단어를 표기했으며 한어 병음으로 발음을 표기했습니다. 또한 한어 병음을 보고 읽기에 익숙하지 않은 초보 학습자를 위하여 한국어 발음 표기도 병행하였습니다. 다만, 기존 중국어 교재에서 채택하고 있는 교육부 제정 중국어 발음 표기에 따르지 않고, 원음과 최대한 가깝게 표기하고자 노력하였습니다.

발음 연습을 위해 한국어로 표기된 발음은 가급적 보지 않는 것이 좋습니다. 제공되는 음원 자료를 들으면서 병음 표기를 보고 읽는 연습을 해야 합니다. 한국어로 다른 나라의 발음을 표현할 때 원음을 그대로 구현할 수 없을 뿐 아니라 학습 목표어를 정확하게 익히려면 국제적으로 통용되는 발음표기 방식에 익숙해지는 것이 좋습니다.

한국어 발음은 병음을 읽는 것이 아직까지 서툰 가장 초보 단계 학습자를 위한 어쩔 수 없는 선택임을 반드시 기억하시기 바랍니다.

컴퓨터에서 중국어 간체자를 입력하는 방법

1. 컴퓨터 제어판의 언어 추가에서 중국어(간체)를 찾아 추가합니다. 중국어 자판이 추가되면 언어 설정에 중국어 자판을 선택할 수 있게 됩니다.

2. 모니터 화면 오른쪽 아래에 있는 언어 설정을 '중국어(중국)'로 설정합니다.

3. 중국어로 쓰려는 글자의 한어병음을 입력합니다.

4. 같은 발음을 가진 한자들이 화면에 여러 개가 나타나면 그 중에서 자기가 원하는 글자를 선택합니다.

발음 표기에서 타교재와의 차별점

❶ 영어의 f 발음과 비슷한 f를 '포'로 기재할 수밖에 없는 한계가 있습니다. 단, 운모와 결합한 발음 표기에서는 발음되는 원음과 최대한 가깝게 표기하기 위해 fang 퐝, feng 풩, fan 퐌 등으로 표기했습니다.

❷ 연음과 'ㄹ'음 첨가 현상이 나타나는 경우에는 (ㄹ)을 표기했습니다. 예를 들어, '**太好了**'는 한 글자씩 읽을 경우 '타이 하오 러' 라고 적어야 하지만, 한 문장 표현으로 발음할 때는 '타이 하올 러'라고 읽혀집니다. 이 경우 '러'의 초성 'ㄹ'의 영향을 받아서 앞 단어 '하오'의 종성에 원래는 없는 음가 'ㄹ'이 생기게 되는 것입니다. 따라서 발음을 표기할 때는 '타이 하오(ㄹ) 러'라고 표기했습니다.

❸ 성모 b, d, g : 뒤에 오는 성조가 제1성 · 제4성의 경우에는 ㅃ, ㄸ, ㄲ으로 표기하고 제2성 · 제3성 · 경성의 경우 ㅂ, ㄷ, ㅋ으로 표기했습니다. 이러한 표기는 제1성과 제4성의 성조 특성상 각각 발음이 강하게 나기 때문입니다.

❹ 성모 zh, ch, sh : 권설음인 zh, ch, sh는 한국어 발음에 없는 음가를 가지고 있기 때문에 실제 발음에 가장 흡사하도록 표기하기 위해 유, 여 등의 모음과 결합을 시켜 표기했습니다.

❺ ui : 우이(실제 발음은 '우에이'와 비슷함)로 표기했습니다.

단, shui의 경우엔 sh의 실제 발음을 한국어 표기로 구현하기 위해서 '쉐이'로 적었습니다.

❻ 동일한 한어 병음이라고 하더라도 성조의 다름에서 오는 발음의 장단음, 강한 발음과 부드러운 발음 등을 최대한 반영하였습니다. 중국어 제1성과 제3성은 제4성에 비해 길게 발음되는 특징을 가지고 있습니다. 따라서 제1성과 제3성의 경우에는 각 발음의 세세한 부분까지 모두 발음으로 나타내려고 노력하였고, 제4성은 짧고 강하게 발음되는 특징이 있으므로 되도록 압축하여 발음을 나타냈습니다. 예를 들어, hē와 hě는 '흐어'로 적었지만 hè는 '허'로, liǎng은 '리앙'으로 liàng은 '량' 등으로 적었습니다.

❼ 운모 u의 영향을 받아 변하게 되는 발음은 zh, ch, sh의 경우에만 적용시키고, 그 외의 발음은 대표적인 음가를 적어 중국어를 처음 시작한 학습자가 병음 발음의 규칙을 스스로 파악하고 이해하기 쉽도록 하였습니다. 예를 들어, chuāng은 성모 ch와 운모 uāng의 결합입니다. 이때 ā 발음은 앞에 위치한 u의 영향을 받아 '아'보다는 '와'에 가까운 발음이 됩니다. zh는 권설음의 실제 발음에 흡사하도록 '츄'라고 표기하므로 결국 '츄왕'이라고 표기하였습니다. 만약 chuàng인 경우에는 4성의 발음이 짧게 이루어지므로 '촹'이라고 표기하였습니다.

스타트 주니어 중국어 단어

A부터 Z까지!

A

ā　yí

阿姨 아이

명 이모, 아주머니

阿姨，苹果多少钱? 아주머니, 사과 얼마예요?

Āyí, píngguǒ duōshao qián?

아이, 핑구어 뚜어샤오 치엔?

ā

啊 아

감 경이, 찬탄을 나타냄 / 긍정, 명령, 감탄, 주의 등의 어기조사

啊！真好看！ 참 예쁘네!

Ā, zhēn hǎokàn!

아, 쩐 하오칸!

A

ǎi
矮 아이

형 (키가) 작다

我比弟弟矮。
Wǒ bǐ dìdi ǎi.
워 비 띠디 아이.
저는 남동생보다 키가 작습니다.

ài
爱 아이

동 사랑하다 / 아끼다
~하기를 좋아하다

我爱你。 나는 너를 사랑해.
Wǒ ài nǐ.
워 아이 니.

ài hào
爱好 아이하오

명 취미, 기호 동 좋아하다, 애호하다

你有什么爱好? 너는 취미가 뭐니?
Nǐ yǒu shénme àihào? 니 요우 션머 아이하오?

我的爱好是听音乐。 내 취미는 음악 감상이야.
Wǒ de àihào shì tīng yīnyuè. 워 더 아이하오 스 팅 인위에.

ān jìng

安静 안찡

형 조용하다, 평온하다, 침착하다

早晨的校园很安静。 아침의 교정은 매우 조용하다.
Zǎochén de xiàoyuán hěn ānjìng.
자오천 더 씨아오위엔 흐언 안찡.

ān quán

安全 안취엔

명 안전 형 안전하다

安全第一。 안전이 제일이다.
Ānquán dì yī. 안취엔 띠 이.

别担心，这里很安全。 걱정 마, 여긴 안전해.
Bié dānxīn, zhèli hěn ānquán. 비에 딴씬, 쩌리 흐언 안취엔.

àn

暗 안

형 어둡다

房间里很暗。 방 안이 너무 어둡다.
Fángjiān lǐ hěn àn.
팡찌엔 리 흐언 안.

Àó yùn huì

奥运会 아오윈후이

명 올림픽(경기) (☞ 奥林匹克运动会 ÀolínpǐkèYùndònghuì)

冬季奥运会开幕式开始了。
Dōngjì Àoyùnhuì kāimùshì kāishǐ le.
똥찌 아오윈후이 카이무스 카이스(ㄹ) 러.
동계 올림픽 개막식이 시작되었습니다.

B

bā

八 빠

수 8, 여덟

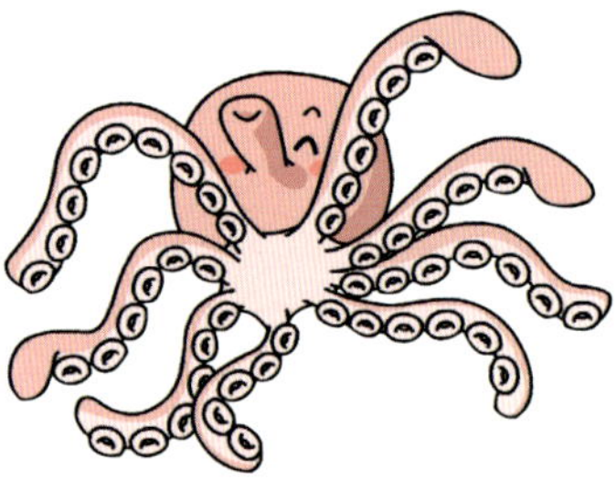

8个小时 8시간

Bā ge xiǎoshí

빠 거 씨아오스

Bā xī

巴西 빠씨

명 브라질

巴西足球队的力量很厉害。

Bāxī zúqiúduì de lìliang hěn lìhai.

빠씨 주치우뚜이 더 리량 흐언 리하이.

브라질 축구 팀의 파워는 아주 대단하다.

bā lěi wǔ

芭蕾舞 빠(ㄹ)레이우

명 발레

我会跳芭蕾舞。나는 발레를 할 수 있다.
Wǒ huì tiào bāléiwǔ.
워 후이 티아오 빠(ㄹ)레이우.

bǎ

把 바

동 (손으로) 잡다, 쥐다 / 지키다 개 ~을, ~를

好好儿把住。꼭 잡아 주세요.
Hǎohāor bǎ zhù. 하오할 바 쮸.

把书翻到72页。72쪽을 펴세요.
Bǎ shū fān dào qīshíèr yè. 바 슈 퐌 따오 치스얼 예.

bà ba

爸爸 빠바

명 아빠

我家有三口人，爸爸，妈妈和我。
Wǒ jiā yǒu sān kǒu rén, bàba, māma hé wǒ.
워 찌아 요우 싼 코우 런, 빠바, 마마 흐 어.
우리 가족은 아빠, 엄마 그리고 저 이렇게 세 명입니다.

ba

吧 바

조 문장 끝에 쓰여 상의 · 제의 · 명령 · 독촉의 어기를 나타냄

咱们一起去书店吧。 우리 서점에 같이 가자.
Zánmen yìqǐ qù shūdiàn ba.
잔먼 이치 취 슈띠엔 바.

bái

白 바이

형 하얗다

雪很白。 눈은 매우 하얗다.
Xuě hěn bái.
쒸에 흐언 바이.

bái cài

白菜 바이차이

명 배추 (=大白菜 dàbáicài)

白菜价格涨了三倍。 배추 가격이 3배나 올랐어.
Báicài jiàgé zhǎng le sān bèi.
바이차이 찌아거 쟝 러 싼 뻬이.

bái fà

白发 바이파

㉮ 흰머리, 노년, 백발

白发苍苍的爷爷 백발이 성성한 할아버지
Báifà cāngcāng de yéye
바이파 창창 더 예예

bái sè

白色 바이쓰어

㉮ 흰색

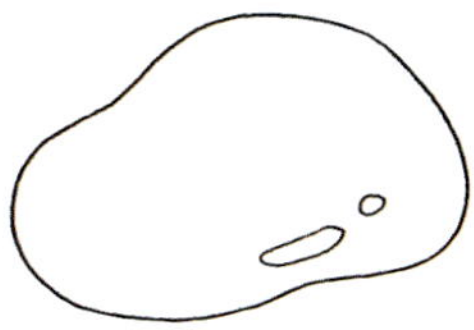

今天老师穿了一件白色的衬衫。
Jīntiān lǎoshī chuān le yí jiàn báisè de chènshān.
찐티엔 라오스 츄완 러 이 찌엔 바이써 더 천샨.
오늘 선생님은 하얀색 셔츠를 입고 오셨다.

bái tiān

白天 바이티엔

㉮ 낮

白天黑夜地干活儿。밤낮으로 일하다.
Báitiān hēiyè de gàn huór.
바이티엔 헤이예 더 깐 후얼.

bǎi

百 바이

㊟ 100, 백

给你一百块钱。 100위엔을 줄게.
Gěi nǐ yì bǎi kuài qián.
게이 니 이바이 콰이 치엔.

bǎi hé

百合 바이허

㊞ 백합

百合有几种颜色?
Bǎihé yǒu jǐ zhǒng yánsè?
바이허 요우 지 죵 옌써?
백합은 색깔이 몇 가지야?

bān

班 빤

㊞ 조, 그룹, 반

你们班里有多少学生? 너희 반은 학생이 몇 명이니?
Nǐmen bān lǐ yǒu duōshao xuésheng?
니먼 빤 리 요우 뚜어샤오 쒸에셩?

bān zhǎng
班长
빤쟝

㉢ 반장

你做**班长**的应该以身作则。
Nǐ zuò bānzhǎng de yīnggāi yǐ shēn zuò zé.
니 쭈어 빤쟝 더 잉까이 이 션 쭈어 저.
반장인 네가 솔선수범을 해야 한다.

bān mǎ
斑马
빤마

㉢ 얼룩말

斑马身上有条纹。
Bānmǎ shēn shàng yǒu tiáowén.
빤마 션 샹 요우 티아오원.
얼룩말의 몸에는 줄무늬가 있다.

bān
搬
빤

㉢ 운반하다 / 이사하다

搬东西。물건을 운반하다.
Bān dōngxi. 빤 똥시.

我**搬**家了。나 이사했어.
Wǒ bān jiā le. 워 빤 찌아(ㄹ) 러.

bàn

办 빤

동 하다 / 처리하다

这件事儿由我来办！ 이 일은 제가 처리할게요!

Zhè jiàn shìr yóu wǒ lái bàn!

쩌 찌엔 슬 요우 워(ㄹ) 라이 빤!

bàn fǎ

办法 빤파

명 방법, 수단

快帮我想个办法。 무슨 좋은 방법이 있는지 나 좀 도와줘.

Kuài bāng wǒ xiǎng ge bànfǎ.

콰이 빵 워 씨앙 거 빤퐈.

bàn gōng shì

办公室 빤꽁스

명 사무실

打扫办公室。 사무실을 청소하다.

Dǎsǎo bàngōngshì.

다싸오 빤꽁스.

B

bàn

半 빤

㊉ 절반, 2분의 1

还有半个小时就下班了。
Hái yǒu bàn ge xiǎoshí jiù xiàbān le.
하이 요우 빤 거 씨아오스 찌우 씨아커(ㄹ) 러.
30분만 있으면 퇴근이야.

bàn fàn

拌饭 빤퐌

명 비빔밥

石锅拌饭营养丰富。 돌솥 비빔밥은 영양이 풍부하다.
Shíguō bànfàn yíngyǎng fēngfù.
스꾸어 빤퐌 잉양 펑푸.

bāng máng

帮忙 빵망

동 (일손을) 돕다

需要我帮忙吗? 내 도움이 필요하니?
Xūyào wǒ bāng máng ma?
쒸야오 워 빵 망 마?

bāng zhù
帮助 빵쮸

동 돕다, 원조하다, 지원하다

互相帮助。서로 돕다.
Hùxiāng bāngzhù. 후씨앙 빵쮸.

谢谢你的帮助。도와줘서 고마워.
Xièxie nǐ de bāngzhù. 씨에씨에 니 더 빵쮸.

bāo
包 빠오

명 가방 양 꾸러미, 봉지
동 (종이나 천으로) 싸다 / 포함하다 / 책임지다

这个包是你的吗? 이 가방 네 거니?
Zhè ge bāo shì nǐ de ma? 쩌 거 빠오 스 니 더 마?

这件事儿包在我身上。이 일은 나에게 달려 있다.
Zhè jiàn shìr bāo zài wǒ shēnshang. 쩌 찌엔 슬 빠오 짜이 워 선샹.

bāo zi
包子 빠오즈

명 찐빵, 왕만두

包子和饺子的做法差不多。
Bāozi hé jiǎozi de zuòfǎ chà buduō. 빠오즈 흐어 지아오즈 더 쭈어퐈 챠 부뚜어.
왕만두와 만두는 만드는 방법이 비슷합니다.

韩国的包子和中国的包子不一样。
Hánguó de bāozi hé Zhōngguó de bāo zi bù yíyàng.
한구어 더 빠오즈 흐어 쭝구어 더 빠오 즈 뿌 이양.
한국의 왕만두와 중국의 왕만두는 다르다.

B

bǎo shí

宝石 바오스

명 보석

亮晶晶的宝石 반짝반짝 빛나는 보석
Liàngjīngjīng de bǎoshí
량찡찡 더 바오스

bǎo

饱 바오

형 배부르다, 만족하다, 충만하다

我已经吃饱了。 전 이미 배가 부릅니다.
Wǒ yǐjing chī bǎo le.
워 이징 츠 바오(르) 러.

bǎo hù

保护 바오후

명 보호 동 보호하다

保护环境，防止污染。 환경을 보호하고, 오염을 방지하다.
Bǎohù huánjìng, fángzhǐ wūrǎn.
바오후 환찡, 팡즈 우란.

bǎo shí
宝石 바오스 보석

xiàng liàn
项链 씨앙리엔 목걸이

ěr huán
耳环 얼후안 귀걸이

jiè zhǐ
戒指 찌에즈 반지

shuǐ jīng
水晶 쉐이찡 수정

zuàn shí
钻石 쭈안스 다이아몬드

lǜ bǎo shí
绿宝石 뤼바오스 에메랄드

yù
玉 위 옥

zhēn zhū
珍珠 쩐쮸 진주

lán bǎo shí
蓝宝石 란바오스 사파이어

hóng bǎo shí
红宝石 홍바오스 루비

bǎo líng qiú

保龄球 바오링치우

명 볼링

下课后我们一起去打保龄球吧。
Xiàkè hòu wǒmen yìqǐ qù dǎ bǎolíngqiú ba.
씨아커 호우 워먼 이치 취 다 바오링치우 바.
수업 끝나고 같이 볼링 치러 가자.

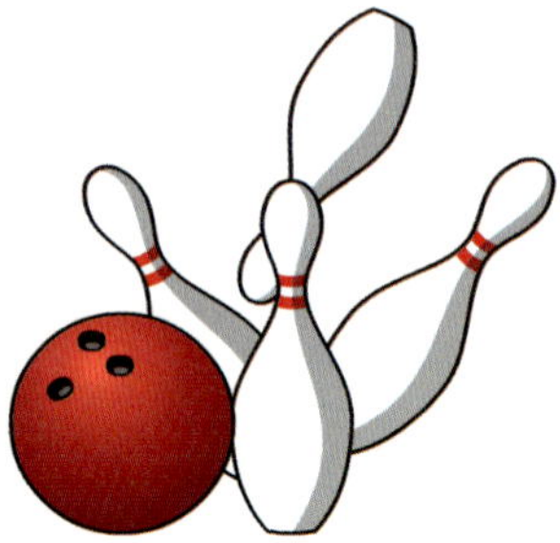

bào zhǐ

报纸 빠오즈

명 신문

爸爸每天早上看报纸。
Bàba měitiān zǎoshang kàn bàozhǐ.
빠바 메이티엔 자오샹 칸 빠오즈.
아빠는 매일 아침 신문을 읽으신다.

bēi zi

杯子 뻬이즈

명 잔, 컵

这杯子太大了。 이 잔은 너무 커.
Zhè bēizi tài dà le.
쪄 뻬이즈 타이 따(ㄹ) 러.

bēi

背 빼이

㊀ (등에) 업다 / (책임, 부담 등을) 지다

我背你。 내가 업어줄게.
Wǒ bēi nǐ.
워 빼이 니.

bēi bāo

背包 빼이빠오

명 배낭

装在背包里。 배낭 안에 넣어 두다.
Zhuāng zài bēibāo lǐ.
쮸왕 짜이 빼이빠오(ㄹ) 리.

bēi' āi

悲哀 빼이아이

명 슬픔 동 슬퍼하다 / 불쌍히 여기다 형 슬프다

十分悲哀。 매우 슬프다.
Shífēn bēi'āi. 스펀 빼이아이.

点点悲哀的感受 좀 슬픈 느낌
Diǎndian bēi'āi de gǎnshòu 디엔디엔 빼이아이 더 간쇼우

bĕi biɑn

北边 베이비엔

명 북쪽, 북방, 북부 지역

邮局在银行的北边。우체국은 은행의 북쪽에 있습니다.
Yóujú zài yínháng de běibian.
요우쥐 짜이 인항 더 베이비엔.

bĕi fāng

北方 베이팡

명 북방, 북쪽, 북부 지역

北方人爱吃面食。북방 사람들은 면 종류를 좋아한다.
Běifāngrén ài chī miànshí.
베이팡런 아이 츠 미엔스.

bĕi jí

北极 베이지

명 북극

北极熊是北极的代表动物。
Běijíxióng shì běijí de dàibiǎo dòngwù.
베이지씨옹 스 베이지 더 따이비아오 똥우.
북극곰은 북극을 대표하는 동물이다.

Běi jīng
北京 베이징

명 북경

北京是中国的首都。 북경은 중국의 수도입니다.
Běijīng shì Zhōngguó de shǒudū.
베이징 스 쭝구어 더 쇼우뚜.

Běi jīng kǎo yā
北京烤鸭 베이징 카오야

명 북경오리구이, 베이징카오야

北京烤鸭很有名。 북경오리는 매우 유명하다.
Běijīng kǎoyā hěn yǒumíng.
베이징 카오야 헌 요우밍.

bèi
背 뻬이

명 등, 사물의 뒷면 동 외우다, 암기하다

我背疼。 나 등이 아파.
Wǒ bèi téng. 워 뻬이 텅.

你一天能背多少个单词? 너 하루에 몇 개의 단어를 외울 수 있니?
Nǐ yìtiān néng bèi duōshao ge dāncí? 니 이티엔 넝 뻬이 뚜어샤오 거 딴츠?

B

bèi
被 빼이

㉮ ~에게 ~을 당하다

钱包被小偷偷走了。 소매치기에게 지갑을 털리다.
Qiánbāo bèi xiǎotōu tōu zǒu le.
치엔빠오 빼이 씨아오토우 토우 조우(ㄹ) 러.

běn
本 번

㉱ 책, 서적 ㉳ 권(책을 세는 단위)

这本书你看完了吗? 이 책 다 봤니?
Zhè běn shū nǐ kàn wán le ma?
쩌 번 슈 니 칸 완 러 마?

běn lái
本来 번라이

㉯ 본래, 원래

本来我是想去中国旅游，但是没有时间。
Běnlái wǒ shì xiǎng qù Zhōngguó lǚyóu, dànshì méiyǒu shíjiān.
번라이 워 스 씨앙 취 쭝구어 뤼요우, 딴스 메이요우 스찌엔.
나 원래 중국 여행가려고 했는데 시간이 없어.

本子 (běn zi) 번즈

명 노트, 공책

请在本子上记下来。
Qǐng zài běnzi shang jì xià lái.
칭 짜이 번즈 샹 찌 씨아(ㄹ) 라이.
공책에 받아쓰세요.

鼻子 (bí zi) 비쯔

명 코

感冒了，鼻子不通气。
Gǎnmàole, bízi bù tōng qì .
간마오(ㄹ)러, 비쯔 뿌 통 치.
감기에 걸려서 코가 막혔다.

笔 (bǐ) 비

명 펜, 연필

毛笔 máobǐ 마오비 붓 / 钢笔 gāngbǐ 깡비 만년필
蜡笔 làbǐ 라비 크레파스 / 铅笔 qiānbǐ 치엔비 연필

bǐ jì běn diàn nǎo

笔记本电脑 비찌번 띠엔나오

명 노트북

我想买一个**笔记本电脑**。

Wǒ xiǎng mǎi yíge bǐjìběn diànnǎo.

워 씨앙 마이 이거 비찌번 띠엔나오.

나는 노트북을 사고 싶다.

bǐ jiào

比较 비찌아오

동 비교하다 부 비교적

比较大小。 크기를 비교하다.

Bǐjiào dàxiǎo. 비찌아오 따씨아오.

学汉语**比较**难。 중국어 공부는 비교적 어렵다.

Xué Hànyǔ bǐjiào nán. 쒸에 한위 비찌아오 난.

bǐ sà bǐng

比萨(饼) 비싸(빙)

명 피자

比萨是意大利的代表食品。

Bǐsà shì Yìdàlì de dàibiǎo shípǐn.

비싸 스 이따(ㄹ)리 더 따이비아오 스핀.

피자는 이탈리아의 대표 음식이다.

bǐ sài

比赛 비싸이

동 시합하다 명 시합

我打算和朋友一起去看足球比赛。
Wǒ dǎsuan hé péngyou yìqǐ qù kàn zúqiú bǐsài.
워 다쏸 흐어 평요우 이치 취 칸 주치우 비싸이.
나는 친구와 함께 축구 경기를 보러 간다.

bì xū

必须 삐쒸

부 반드시 ~해야 한다

你必须要参加这次的晚会。 너 이번 저녁 모임에 꼭 참석해야 해.
Nǐ bìxū yo cānjiā zhècì de wǎnhuì.
니 삐쒸 야오 찬찌아 쪄츠 더 완후이.

bì

闭 삐

동 닫다, 다물다 / 막히다 / 끝나다

闭上眼睛。 눈을 감다.
Bìshang yǎnjing. 삐샹 옌징.

闭着眼睛唱歌。 눈을 감고 노래를 부르다.
Bì zhe yǎnjing chàng gē. 삐 져 옌징 챵 끄어.

bì yè

毕业 삐예

명 졸업 동 졸업하다

毕业后你打算干什么?
Bìyè hòu nǐ dǎsuan gàn shénme?
삐예 호우 니 다쏸 깐 션머?
졸업 후에 뭘 할 생각이니?

biàn huà

变化 삐엔화

동 변하다, 변화하다 / 바꾸다 명 변화

他的外貌变化很大。
Tā de wàimào biànhuà hěn dà.
타 더 와이마오 삐엔화 헌 따.
그의 외모가 엄청 변한 것 같아.

biàn sè lóng

变色龙 삐엔써롱

명 카멜레온

神奇的变色龙 신비로운 카멜레온
Shénqí de biànsèlóng
션치 더 삐엔써롱

biāo zhǔn

标准 삐아오쥰

명 표준 형 표준적이다

他的汉语发音很标准。그는 중국어 발음이 아주 정확하다.
Tā de Hanyǔ fāyīn hěn biāozhǔn.
타 더 한위 퐈인 흐언 삐아오쥰.

biǎo shì

表示 비아오스

동 나타내다, 의미하다

表示感谢。감사의 마음을 표시하다.
Biǎoshì gǎnxiè.
비아오스 간씨에.

biǎo yǎn

表演 비아오옌

동 공연하다, 연기하다 / 가장을 하다
명 상연, 연기

表演节目 공연 종목
Biǎoyǎn jiémù
비아오옌 지에무

bié

别 비에

㉾ ~하지 마라(금지)

别离开我。 날 떠나지 말아줘.
Bié lí kāi wǒ.
비에 리 카이 워.

bié de

别的 비에더

㉹ 다른 것, 다른 사람

还有**别的**吗? 또 다른 것이 있니?
Háiyǒu biéde ma?
하이요우 비에더 마?

bié ren

别人 비에런

㉹ 남, 타인

别人都说我是个书呆子。
Biéren dōu shuō wǒ shì ge shūdāizi.
비에런 또우 슈어 워 스 거 슈따이쯔.
다른 사람들이 모두 나를 책벌레라고 한다.

bīn guǎn
宾馆 삔구안

명 (규모가 큰) 호텔

去中国你打算住宾馆吗?
Qù zhōngguó nǐ dǎsuan zhù bīnguǎn ma?
취 쭝구어 니 다쏸 쮸 삔구안 마?
중국에 가면 호텔에 묵을 예정이세요?

bīng
冰 삥

명 얼음 형 차다, 차갑다, 쌀쌀하다
동 (얼음에) 차게 하다

请给我一杯冰水。차가운 물 한 잔만 주세요.
Qǐng gěi wǒ yìbēi bīngshuǐ.
칭 게이 워 이 뻬이 삥쉐이.

bīng jī líng
冰激凌 삥찌링

명 아이스크림

夏天我经常吃冰激凌。
Xiàtiān wǒ jīngcháng chī bīngjīlíng.
씨아티엔 워 찡챵 츠 삥찌링.
여름에 나는 아이스크림을 자주 먹는다.

bīng xiāng
冰箱 삥씨앙

명 냉장고

冰箱里有很多水果。
Bīngxiāng li yǒu hěn duō shuǐguǒ.
삥씨앙리 요우 흐언뚜어 쉐이구어.
냉장고 안에는 과일이 많이 있다.

bǐng gān
饼干 빙깐

명 과자

这个饼干是我自己做的。
Zhè ge bǐnggān shì wǒ zìjǐ zuòde.
쪄 거 빙깐 스 워 쯔지 쭈어더.
이 과자는 내가 만든 거야.

bìng qiě
并且 삥치에

접 또한

他很努力学习，并且很听父母的话。
Tā hěn nǔlì xuéxí, bìngqiě hěn tīng fùmǔ de huà.
타 헌 누(ㄹ)리 쒸에씨, 삥치에 헌 팅 푸무더 화.
그는 열심히 공부하고 또한 부모님의 말씀도 잘 듣는다.

B

bìng
病 삥

명 병 동 병이 나다

我爸爸最近病了。
Wǒ bàba zuìjìn bìng le.
워 빠바 쭈이찐 삥 러.
아빠가 요즘 편찮으세요.

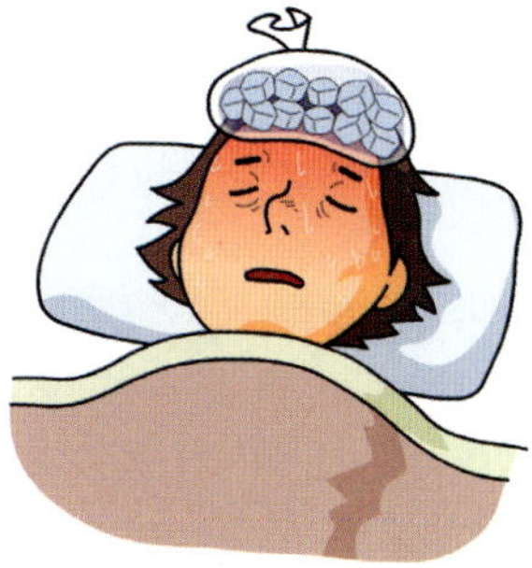

bō cài
菠菜 뽀어차이

명 시금치

多吃菠菜的孩子能长高。
Duōchī bōcài de háizi néng zhǎng gāo.
뚜어 츠 뽀어차이 더 하이즈 넝 장 까오.
어린이들은 시금치를 많이 먹으면 키가 커진다.

bó wù guǎn
博物馆 보우구안

명 박물관

上海博物馆里有很多阵列室。
Shànghǎi bówùguǎn lǐ yǒu hěnduō chén liè shì.
샹하이 보우구안 리 요우 헌뚜어 쳔 리에 스.
상해 박물관에는 전시실이 굉장히 많다.

bó zi
脖子 보쯔

명 목

长颈鹿的脖子好长啊。 기린의 목은 정말 길다.
Chángjǐnglù de bózi hǎocháng a.
챵징루 더 보즈 하오챵 아.

bǔ xí bān
补习班 부시빤

명 (보충)학습반 / 과외 학원, 보습 학원

每星期三我去汉语补习班。
Měi xīngqīsān wǒ qù Hànyǔ bǔxíbān.
메이 씽치싼 워 취 한위 부시빤.
매주 수요일마다 나는 중국어 학원에 간다.

bù
不 뿌

부 동사 · 형용사 · 부사 앞에서 부정을 나타냄

我今天有点儿不舒服。 난 오늘 몸이 좀 안 좋아.
Wǒ jīntiān yǒu diǎnr bù shūfu.
워 찐티엔 요우 디알 뿌 슈푸.

bú dàn ér qiě

不但~而且~ 부딴~얼치에~

㉿ ~뿐만 아니라

他不但学习好，而且体育也不错。
Tā búdàn xuéxí hǎo, érqiě tǐyù yě búcuò.
타 부딴 쒸에씨 하오, 얼치에 티위 예 부추어.
그는 공부를 잘할 뿐 아니라 체육도 잘한다.

bú guò

不过 부꾸어

㉿ 그러나

考试成绩是不错，不过还得继续努力。
Kǎoshì chéngjì shì búcuò, búguò hái děi jìxù nǔlì.
카오스 청찌 스 부추어, 부꾸어 하이 데이 찌쒸 누(ㄹ)리.
시험 성적이 괜찮기는 해, 그런데 계속해서 좀 더 노력해야 돼.

bù hǎo yì si

不好意思 뿌하오이스

미안하다

真不好意思，这么晚打扰您了。
Zhēn bùhǎoyisi, zhème wǎn dǎrǎo nín le.
쩐 뿌하오이스, 쩌머 완 다라오 닌 러.
늦은 시간에 폐를 끼쳐서 미안합니다.

bú kè qi

不客气 부커치

천만에요

A: 谢谢！
Xièxie!
씨에시에!
고마워요!

B: 不客气。
Búkèqi.
부커치.
천만에요.

bù yào

不要 부야오

~하지 마라

上课时间不要说闲话。 수업 시간에 잡담하지 마.
Shàngkè shíjiān bùyào shuō xiánhuà.
샹커 스찌엔 부야오 슈어 씨엔화.

bú yòng

不用 부용

~할 필요가 없다

不用那么客气。 너무 그렇게 사양하지 마.
Búyòng nàme kèqi.
부용 나머 커치.

C

C

cā
擦 차

㊍ 닦다

帮妈妈擦玻璃。 엄마를 도와 유리를 닦다.
Bāng māma cā bōlí.
빵 마마 차 뽀어(ㄹ)리.

cāi
猜 차이

㊍ 추측하다, 알아맞히다, (짐작하여) 맞추다

你猜猜吧。 한 번 맞춰 봐.
Nǐ cāicai ba.
니 차이차이 바.

cái
才 차이(ㄹ)

부 겨우, ~에야 비로소

这么晚了，你怎么才来?
Zhème wǎn le, nǐ zěnme cái lái?
쩌머 완 러, 니 전머 차이(ㄹ) 라이?
이렇게 늦었는데 너는 왜 이제서야 온 거니?

cǎi hóng
彩虹 차이홍

명 무지개

七色彩虹 일곱 빛깔 무지개
Qī sè cǎihóng
치 써 차이홍

cǎi sè
彩色 차이써

명 천연색, 컬러

彩色打印机 컬러 프린터
Cǎisè dǎyìnjī
차이써 다인찌

cǎi sè qiān bǐ

彩色铅笔 차이써 치엔비

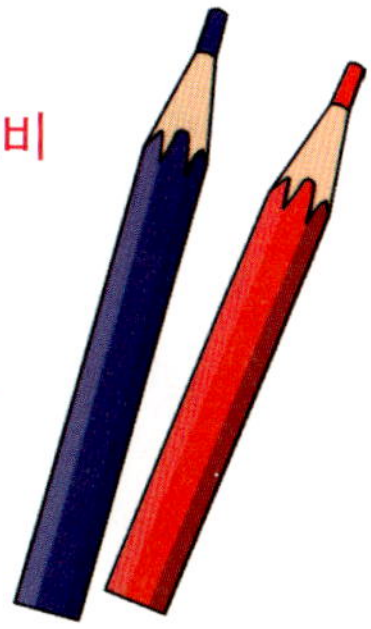

명 색연필, 크레용

彩色铅笔怎么用? 색연필은 어떻게 쓰는 거지?
Cǎisèqiānbǐ zěnme yòng?
차이써 치엔비 전머 용?

cài

菜 차이

명 요리

我喜欢吃中国菜。
Wǒ xǐhuān chī zhōngguó cài.
워 씨환 츠 쭝구어 차이.
나는 중국 음식 먹는 것을 좋아한다.

cài dān

菜单 차이딴

명 식단, 메뉴(판)

没有菜单怎么点菜? 메뉴판이 없는데 어떻게 주문을 해요?
Méiyǒu càidān zěnme diǎncài?
메이요우 차이딴 전머 디엔차이?

cān guān

参观 찬꾸안

동 참관하다

参观博物馆。 박물관을 참관하다.

Cānguān bówùguǎn.

찬꾸안 보우구안.

cān jiā

参加 찬찌아

동 참가하다

参加开幕式。 개막식에 참가하다.

Cānjiā kāimùshì.

찬찌아 카이무스.

cān jīn zhǐ

餐巾纸 찬찐즈

명 냅킨

请给我拿餐巾纸。 냅킨 좀 주시겠어요?

Qǐng gěi wǒ ná cānjīnzhǐ.

칭 게이 워 나 찬찐즈.

cān tīng
餐厅 찬팅

명 식당

晚上我们去中国**餐厅**吃饭吧。
Wǎnshang wǒmen qù Zhōngguó cāntīng chīfàn ba.
완샹 워먼 취 쭝구어 찬팅 츠퐌 바.
오늘 저녁은 중국 식당에 가서 밥 먹자.

cǎo
草 차오

명 (식물) 풀

石缝间长出了一棵**草**。
Shífèng jiān zhǎngchū le yìkē cǎo.
스펑 찌엔 장츄(ㄹ)러 이크어 차오.
돌 틈 사이로 풀 한 포기가 자라났다.

cǎo chǎng
草场 차오창

명 목장, 초원

在运动**草场**上踢足球。
Zài yùndòng cǎochǎng shang tī zúqiú.
짜이 윈똥 차오챵 샹 티 주치우.
잔디 경기장에서 축구를 하다.

C

cǎo dì

草地 차오띠

명 잔디밭

勿踏草地。 잔디를 밟지 마십시오.

Wù tà cǎodì.

우 타 차오띠.

cǎo méi

草莓 차오메이

명 딸기

草莓有帮助消化的功能。

Cǎoméi yǒu bāngzhù xiāohuà de gōngnéng.

차오메이 요우 빵쮸 씨아오화 더 꽁넝.

딸기에는 소화를 돕는 기능이 있다.

cè suǒ

厕所 츠어쑤어

명 화장실

请问，厕所在哪儿?

Qǐngwèn, cèsuǒ zài nǎr?

칭원, 츠어쑤어 짜이 날?

말씀 좀 묻겠습니다, 화장실이 어디죠?

céng

层 청

양 층, 겹 명 층

我家在五楼的三层。 우리 집은 5층짜리 건물의 3층에 있다.
Wǒ jiā zài wǔ lóu de sān céng.
워 찌아 짜이 우(ㄹ) 로우 더 싼 청.

chā zi

叉子 챠즈

명 포크

用叉子更方便。
Yòng chāzi gèng fāngbiàn.
용 챠즈 껑 퐝삐엔.
포크를 사용하는 것이 훨씬 편리하다.

chá

茶 챠

명 차

喝一杯茶。 차 한 잔을 마시다.
Hē yì bēi chá.
흐어 이 뻬이 챠.

chá bēi

茶杯 차뻬이

명 찻잔

这个茶杯很独特。
Zhège chábēi hěn dútè.
쩌거 차뻬이 흐언 두터.
이 찻잔은 모양이 독특하다.

chà

差 챠

형 차이가 나다 / 표준에 못 미치다

差五分九点 5분 전 9시
Chà wǔ fēn jiǔ diǎn
챠 우 펀 지우 디엔

cháng

长 창

형 길다

她的头发很长，很黑。그녀의 머리카락은 매우 길고 검다.
Tā de tóufa hěn cháng, hěn hēi.
타 더 토우퐈 흐언 창, 흐언 헤이.

chàng chéng

长城 창청

명 만리장성

万里长城又可以叫长城。 만리장성을 장성이라고도 부른다.
Wànlǐchángchéng yòu kěyǐ jiào Chángchéng.
완리창청 요우 크어이 찌아오 창청.

cháng jǐng lù

长颈鹿 창징루

명 기린

长颈鹿的眼睛很漂亮。
Chángjǐnglù de yǎnjīng hěn piàoliang.
창징루 더 옌징 흐언 피아오량.
기린의 눈은 매우 아름답다.

cháng

尝 창

동 맛보다

尝一尝吧。 한 번 먹어 봐.
Cháng yi cháng ba.
창 이 창 바.

C

chǎng suǒ
場所 창쑤어 장소

gōng yù
公寓 꽁위 아파트

jǐng chá shǔ
警察署 징차슈 경찰서

fáng wū (jiā)
房屋(家)
퐝우(찌아) 집

xué xiào
学校 쒸에씨아오 학교

tú shū guǎn
图书馆 투슈구안 도서관

diàn yǐng yuàn
电影院
띠엔잉위엔 극장

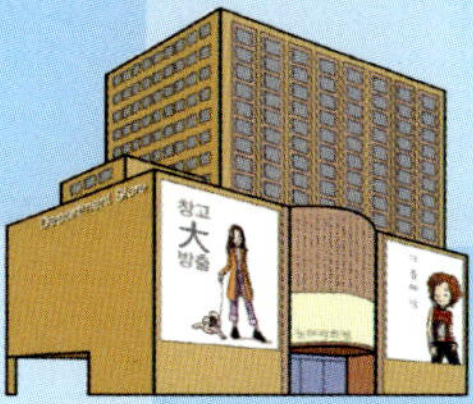

bǎi huò shāng diàn

百货商店

바이후어샹띠엔 백화점

yào diàn

药店

야오띠엔 약국

biàn lì diàn

便利店

삐엔리띠엔 편의점

dì ti ězhàn

地铁站 띠티에짠 전철역

shāng diàn

商店

샹띠엔 가게

yóu jú

邮局 요우쥐 우체국

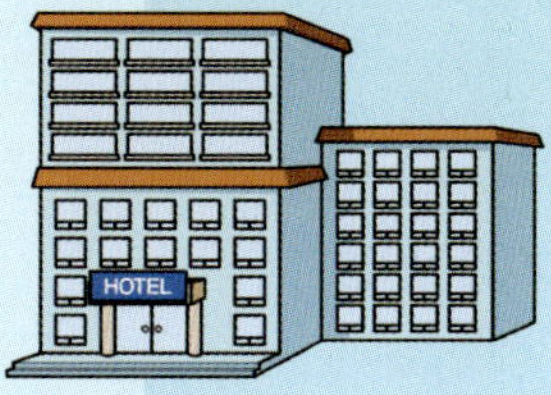

bīn guǎn

宾馆 삔구안 호텔

yī yuàn

医院 이위엔 병원

chàng gē

唱歌 창끄어

동 노래를 부르다

他很会唱歌。그는 노래를 잘한다.
Tā hěn huì chàng gē.
타 흐언 후이 챵 끄어.

chāo shì

超市 챠오스 명 슈퍼마켓

请问，超市怎么走?
Qǐng wèn, chāoshì zěnme zǒu? 칭 원, 챠오스 전머 조우?
말씀 좀 묻겠습니다, 슈퍼마켓은 어떻게 가야 하나요?

超市在哪儿? 슈퍼마켓은 어디에 있나요?
Chāoshì zài nǎr? 챠오스 짜이 날?

chǎo nào

吵闹 챠오나오

형 시끌시끌하다

这里太吵闹了。여기는 너무 시끄러워.
Zhèlǐ tài chǎonào le.
쩌리 타이 챠오나오(르) 러.

chē

车 츠어

명 차, 자동차

开**车**去更快。
Kāi chē qù gèng kuài.
카이 츠어 취 껑 콰이.
운전해서 가면 더 빠르다. (자동차를 몰고 가면 더 빠르다.)

chē zhàn

车站 츠어짠

명 정류소

车站离这儿远吗？ 정류소는 여기서 먼가요?
Chēzhàn lí zhèr yuǎn ma？
츠어짠 리 쩔 위엔 마?

chèn shān

衬衫 천샨

명 와이셔츠

新**衬衫**又白又干净。
Xīn chènshān yòu bái yòu gānjìng.
씬 천샨 요우 바이 요우 깐찡.
새 와이셔츠는 하얗고 깨끗하다.

C

chéng jì
成绩 청찌

명 (일, 학업의) 성적

这次成绩不太好。
Zhè cì chéngjì bú tài hǎo.
쪄 츠 청찌 부 타이 하오.
이번 성적은 별로 좋지 않아.

chéng shì
城市 청스

명 도시

韩国有几个新城市?
Hánguó yǒu jǐge xīnchéngshì?
한구어 요우 지거 씬청스?
한국에는 몇 개의 신도시가 있나요?

chéng sè
橙色 청써

명 오렌지색

我有橙色的围巾。 나는 오렌지색 목도리가 있다.
Wǒ yǒu chéngsè de wéijīn.
워 요우 청써 더 웨이찐.

chéng zhī
橙汁 청즈

명 오렌지 주스

我们有**橙汁**和苹果汁，你要喝什么？
Wǒmen yǒu chéngzhī hé píngguǒzhī, nǐ yào hē shénme？
워먼 요우 청즈 흐어 핑구어즈, 니 야오 흐어 션머?
오렌지 주스와 사과 주스가 있는데 무엇을 드시겠습니까?

chī
吃 츠

동 먹다

我喜欢**吃**炸酱面。 나는 자장면을 좋아한다.
Wǒ xǐhuan chī zhǎjiàngmiàn.
워 씨환 츠 쟈찌앙미엔.

chī jīng
吃惊 츠찡

동 놀라다

他的话很让我**吃惊**。
Tā de huà hěn ràng wǒ chījīng.
타 더 화 흐언 랑 워 츠찡.
그의 말은 나를 깜짝 놀라게 했다.

chí dào

迟到 츠따오

동 지각하다

你又迟到了！ 너 또 지각이야!

Nǐ yòu chídào le!

니 요우 츠따오(ㄹ) 러!

chǐ zi

尺子 츠즈

명 자

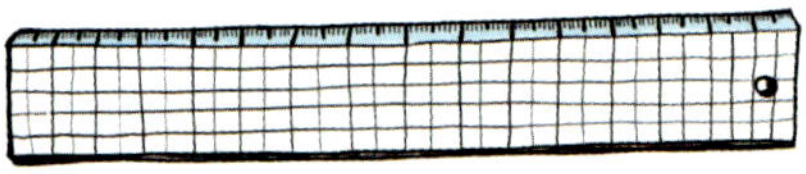

铅笔盒里有笔和尺子。

Qiānbǐhé lǐ yǒu bǐ hé chǐzi.

치엔비흐어 리 요우 비 흐어 츠즈.

필통에는 자와 연필이 들어 있다.

chōng fèn

充分 총펀

형 충분하다 부 충분히, 완전히

请给我充分的时间。

Qǐng gěi wǒ chōngfèn de shíjiān.

칭 게이 워 총펀 더 스찌엔.

저에게 충분한 시간을 주세요.

chóng zi

虫子 총쯔

명 벌레

苹果里有一只虫子。사과에 벌레 한 마리가 있다.
Píngguǒ lǐ yǒu yì zhī chóngzi.
핑구어 리 요우 이 즈 총즈.

chóng xīn

重新 총씬

부 다시, 거듭 / 새로이 / 처음부터

重新做人。새사람이 되다.
Chóngxīn zuòrén.
총씬 쭈어런.

chǒng wù

宠物 총우

명 애완동물

你养什么宠物?
Nǐ yǎng shénme chǒngwù?
니 양 선머 총우?
너는 어떤 애완동물을 기르니?

C

chū

出 츄

동 나가다

从屋里出来。 방에서 나오다.
Cóng wūlǐ chūlái.
총 우(ㄹ)리 츄(ㄹ)라이.

chū fā

出发 츄퐈

동 출발하다

几点出发? 몇 시에 출발하나요?
Jǐ diǎn chūfā?
지 디엔 츄퐈?

chū qù

出去 츄취

동 나가다

我们出去散步吧。 우리 나가서 산책하자.
Wǒmen chūqù sànbù ba.
워먼 츄취 싼뿌 바.

chū xiàn
出现 츄씨엔

동 출현하다

他突然出现在我眼前。 그는 갑자기 내 눈앞에 나타났다.
Tā tūrán chūxiàn zài wǒ yǎnqián.
타 투란 츄씨엔 짜이 워 옌치엔.

chū yuàn
出院 츄위엔

동 퇴원하다

医生说现在可以出院了。 의사가 퇴원을 해도 된다고 했습니다.
Yīshēng shuō xiànzài kěyǐ chūyuàn le.
이성 슈어 씨엔짜이 크어이 츄위엔 러.

chū zū chē
出租车 츄쭈츠어

명 택시

要迟到了，我们坐出租车吧。
Yào chídào le, wǒmen zuò chūzūchē ba.
야오 츠따오(ㄹ)러, 워먼 쭈어 츄쭈츠어 바.
늦겠다, 우리 택시 타고 가자.

C

chū cì

初次 츄츠

명 처음

初次见面，请多多关照。
Chūcì jiànmiàn, qǐng duōduō guānzhào.
츄츠 찌엔미엔, 칭 뚜어뚜어 꾸안짜오.
처음 뵙겠습니다, 잘 부탁드립니다.

chū zhōng

初中 츄쭁

명 중학교

哥哥今年要上初中了。형은 올해 중학교에 진학한다.
Gēge jīnnián yào shàng chūzhōng le.
끄어거 찐니엔 야오 샹 츄쭁 러.

chú le

除了 츄(ㄹ)러

개 ~을 제외하고, ~외에 또

除了他，还有谁？그 사람이 아니면 또 누가 있겠니?
Chúle tā, hái yǒu shéi?
츄(ㄹ)러 타, 하이 요우 셰이?

chú fáng

厨房 추팡

명 주방

妈妈在厨房做饭。

Māma zài chúfáng zuòfàn.

마마 짜이 추팡 쭈어퐌.

엄마가 부엌에서 밥을 짓고 계신다.

chuān

穿 츄완

동 입다, 신다

先穿袜子后穿鞋。 먼저 양말 신고 신발을 신어야지.

Xiān chuān wàzi hòu chuān xié.

씨엔 츄완 와즈 호우 츄완 씨에.

chuán

船 츄안

명 배, 선박

坐船旅游也很好玩儿。

Zuò chuán lǚ yóu yě hěn hǎowánr.

쭈어 츄완 뤼이요우 예 흐언 하오왈.

배 타고 여행하는 것도 아주 재미있어.

C

chú fáng
厨房 추팡 부엌

jiǎo bàn jī
☐ 搅拌机 지아오빤찌 믹서

wǎn
☐ 碗 완 그릇

bēi zi
☐ 杯子 뻬이즈 컵

wǎn guì
☐ 碗柜 완꾸이 찬장

zhēn bǎn
☐ 砧板 쩐반 도마

dié zi
☐ 碟子 디에즈 접시

guō
☐ 锅 꾸어 냄비

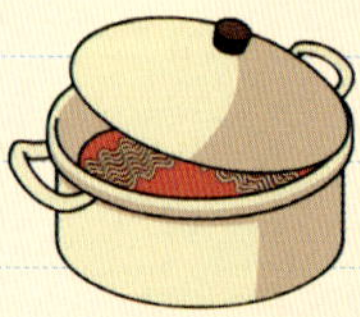

shuǐ hú

☐ 水壶 쉐이후 주전자

sháo zi

☐ 杓子 샤오즈 국자

wēi bō lú

☐ 微波炉 웨이뽀(ㄹ)루 전자레인지

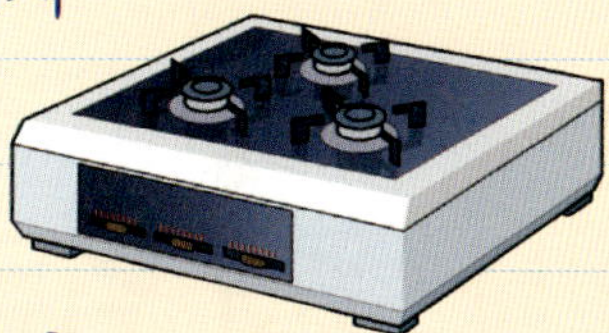

méi qì lú

☐ 煤气炉 메이치(ㄹ)루 가스레인지

bīng xiāng

☐ 冰箱 삥씨앙 냉장고

diàn fàn guō

☐ 电饭锅 띠엔퐌꾸어 밥솥

kǎo miàn bāo jī

☐ 烤面包机 카오미엔빠오찌 토스터

shuǐ cáo

☐ 水槽 쉐이차오 싱크대

chuāng hu

窗户
추왕후

명 창문

别忘了关**窗户**。
Bié wàng le guān chuānghu.
비에 왕 러 꾸안 츄왕후.
창문 닫는 것을 잊지 마세요.

chuāng lián

窗帘
추왕리엔

명 커튼, 블라인드

把**窗帘**拉上。 커튼을 치시오.
Bǎ chuānglián lāshang.
바 츄왕리엔 라샹.

chuáng

床
추왕

명 침대

躺在**床**上看书会降低视力。
Tǎng zài chuáng shang kàn shū huì jiàngdī shìlì.
탕 짜이 츄왕 샹 칸 슈 후이 찌앙띠 스(ㄹ)리.
침대에 누워서 책을 보면 시력이 떨어진다.

chūn
春 춘

명 봄

春, 夏, 秋, 冬中你喜欢哪个季节?
Chūn, xià, qiū, dōng zhōng nǐ xǐhuan nǎge jìjié?
춘, 씨아, 치우, 똥 쭁 니 씨환 나거 찌지에?
봄, 여름, 가을, 겨울 중에서 넌 어느 계절을 좋아하니?

chūn jì
春季 춘지

명 봄

韩国和中国的春季差不多。
Hánguó hé Zhōngguó de chūnjì chàbuduō.
한구어 흐어 쭝구어 더 춘찌 차 부뚜어.
한국의 봄과 중국의 봄은 거의 비슷하다.

chūn jié
春节 춘지에

명 (음력) 설

春节有三天假。
Chūnjié yǒu sān tiān jià.
춘지에 요우 싼 티엔 찌아.
설에 사흘의 휴가가 있다.

chūn tiān

春天 춘티엔

명 봄

春天很暖和。봄은 매우 따뜻하다.
Chūntiān hěn nuǎnhuo.
춘티엔 흐언 누안훠.

chūn yóu

春游 춘요우

명 봄 나들이, 봄 소풍

全班同学一起去春游。
Quánbān tóngxué yìqǐ qù chūn yóu.
취엔빤 통쒜에 이치 취 춘요우.
같은 반 친구들이랑 봄 소풍을 간다.

cí diǎn

词典 츠디엔

명 사전

自己查词典吧。
Zì jǐ chá cídiǎn ba.
쯔지 챠 츠디엔 바.
스스로 사전을 찾아봐.

C

cí yǔ
词语 츠위

명 단어

弟弟一下子背了好几个词语。
Dìdi yíxiàzi bèi le hǎo jǐge cíyǔ.
띠디 이씨아쯔 뻬이(ㄹ)러 하오 지거 츠위.
남동생은 한 번에 여러 단어를 외웠다.

cí dài
磁带 츠따이

명 자기 테이프, 테이프

在磁带上录音。 테이프에 녹음하다.
Zài cídài shang lùyīn. 짜이 츠따이 샹 루인.

正反两面磁带 양면 테이프
Zhèngfǎn liǎng miàn cídài 쩡퐌 량 미엔 츠따이

cì
次 츠

양 번, 횟수

这是一次很好的机会。 이건 정말 좋은 기회야.
Zhè shì yí cì hěn hǎo de jīhuì.
쪄 스 이 츠 흐언 하오 더 찌후이.

cōng ming

聪明 총밍

형 똑똑하다, 총명하다

真是个**聪明**的孩子！ 정말 똑똑한 어린이로구나!
Zhēn shì ge cōngming de háizi!
쩐 스 거 총밍 더 하이즈!

cóng

从 총

개 ~부터

从明天开始工作。 내일부터 일을 시작합니다.
Cóng míngtiān kāishǐ gōngzuò.
총 밍티엔 카이스 꽁쭈어.

cuì lǜ sè

翠绿色 추이뤼써

명 청록색

我最喜欢的颜色就是**翠绿色**。
Wǒ zuì xǐhuan de yánsè jiù shì cuìlǜsè.
워 쭈이 씨환 더 옌써 찌우스 추이뤼써.
내가 가장 좋아하는 색깔은 바로 청록색이다.

cún qián

存钱 춘치엔

㊋ 저축하다

妈妈去银行存钱。
Māma qù yínháng cúnqián.
마마 취 인항 춘치엔.
엄마는 저금하러 은행에 가신다.

cuò

错 추어

㊌ 틀리다

你说的一点儿也没错。 네 말은 하나도 틀린 게 없어.
Nǐ shuōde yìdiǎnr yě méi cuò.
니 슈어더 이디알 예 메이 추어.

chóng lèi
虫类 충레이 곤충, 벌레

mì fēng
蜜蜂 미펑 벌

mǎ yǐ
蚂蚁 마이 개미

cāng ying
苍蝇 창잉 파리

hú dié
蝴蝶 후디에 나비

zhī zhū
蜘蛛 쯔쮸 거미

é zi
蛾子 으어즈 나방

qīng tíng
蜻蜓 칭팅 잠자리

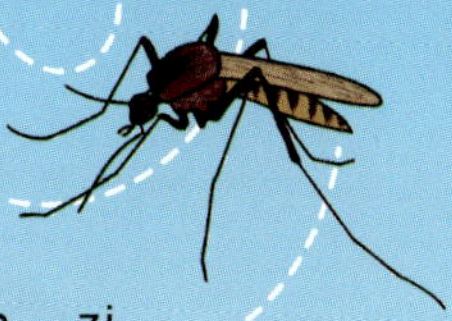

wén zi
蚊子 원즈 모기

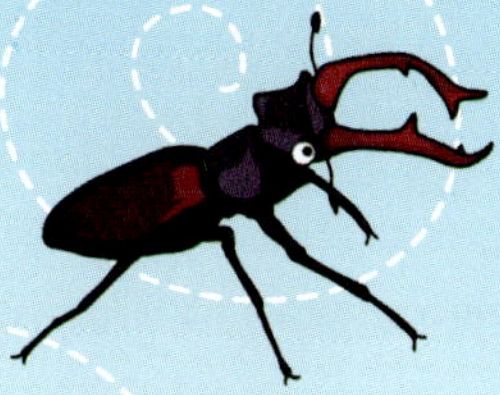

piáo chóng
瓢虫 피아오총 무당벌레

lù jiǎo chóng
鹿角虫 루지아오총 사슴벌레

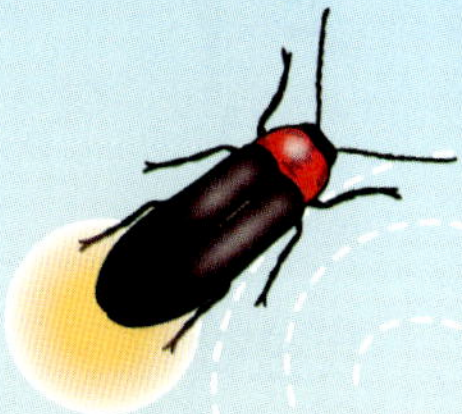

yíng huǒ chóng
萤火虫 잉후어총 개똥벌레

zhà měng
蚱蜢 짜멍 메뚜기

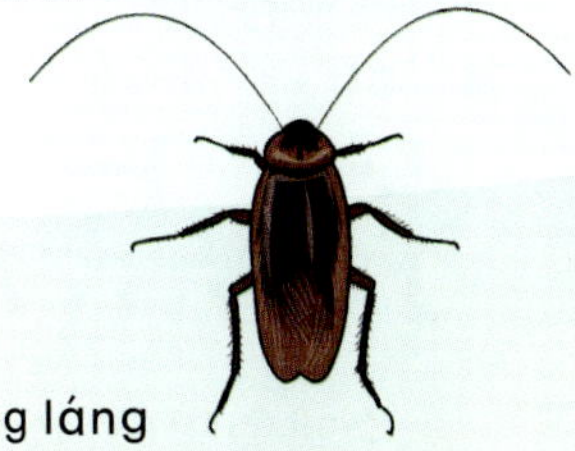

zhāng láng
蟑螂 짱랑 바퀴벌레

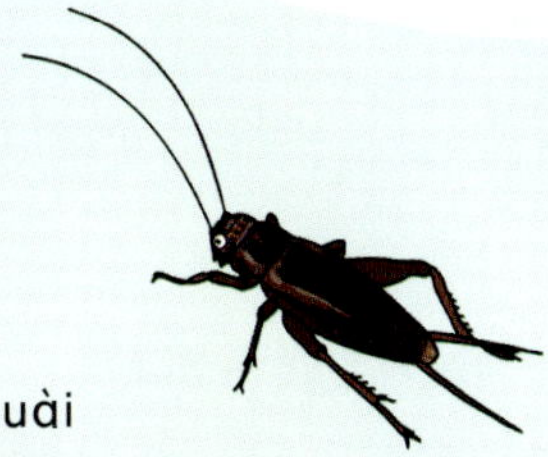

xī shuài
蟋蟀 씨슈와이 귀뚜라미

D

dǎ

打 다

㊍ 때리다

我被他打了。그가 나를 때렸다.
Wǒ bèi tā dǎ le.
워 뻬이 타 다(ㄹ) 러.

dǎ diǎn dī

打点滴 다 디엔띠

㊍ 수액을 맞다, 링거액을 놓다

大夫让我打点滴。의사 선생님이 수액을 처방해 주셨다.
Dàifu ràng wǒ dǎ diǎndī.
따이푸 랑 워 다 디엔띠.

dǎ diàn huà

打电话 다 띠엔화

동 전화를 걸다

我给爸爸打电话。 아빠께 전화를 드리다.
Wǒ gěi bàba dǎ diànhuà.
워 게이 빠바 다 띠엔화.

dǎ lán qiú

打篮球 다(ㄹ) 란치우

동 농구를 하다

我喜欢打篮球。
Wǒ xǐhuan dǎ lánqiú.
워 씨환 다(ㄹ) 란치우.
나는 농구를 좋아한다.

dǎ léi

打雷 다(ㄹ)레이

동 천둥이 치다

打雷了，我们赶紧回家吧。
Dǎléi de shíhou, wǒ yǒudiǎnr pà.
다(ㄹ)레이(ㄹ) 러, 워먼 간진 후이찌아 바.
천둥이 치네, 우리 빨리 집으로 돌아가자.

dǎ rǎo

打扰 다라오

동 폐를 끼치다

这么晚，打扰您了。늦은 시간에 실례했습니다.

Zhème wǎn, dǎrǎo nín le.

쩌머 완, 다라오 닌 러.

dǎ sǎo

打扫 다싸오

동 청소하다

打扫房间。방을 청소하다.

Dǎsǎo fángjiān.

다싸오 팡찌엔.

dǎ suan

打算 다쏸

동 ~할 계획이다

我打算去美国留学。나는 미국으로 유학 갈 거야.

Wǒ dǎsuan qù Měiguó liúxué.

워 다쏸 취 메이구어 리우쒸에.

dǎ yìn jī

打印机 다인찌

명 프린터

你家有打印机吗？ 너희 집에 프린터 있니?
Nǐ jiā yǒu dǎyìnjī ma?
니 찌아 요우 다인찌 마?

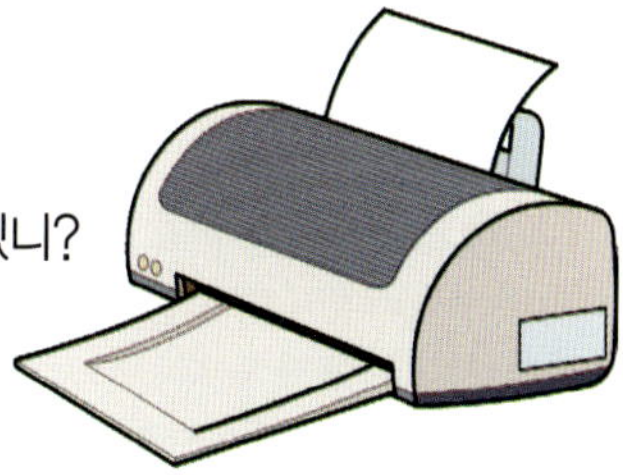

dǎ zhēn

打针 다쪈

동 주사를 맞다

我讨厌打针。
Wǒ tǎoyàn dǎzhēn.
워 타오옌 다쪈.
나는 주사 맞는 것을 싫어한다.

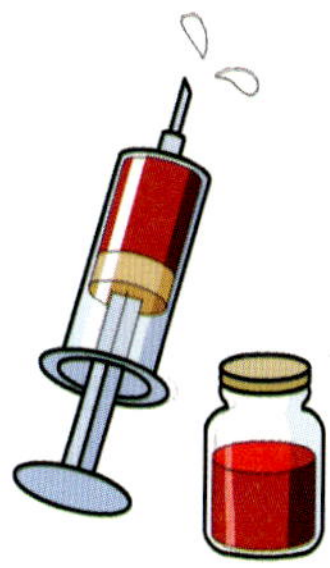

dà

大 따(ㄹ)

형 크다

这件衣服太大了。 이 옷은 너무 커요.
Zhè jiàn yīfu tài dà le.
쩌 찌엔 이푸 타이 따(ㄹ) 러.

dà cōng
大葱 따총

명 대파

做炒年糕的时候放大葱会更好吃。
Zuò chǎoniángāo de shíhou fàng dàcōng huì gèng hǎochī.
쭈어 챠오니엔까오 더 스호우 퐝 따총 후이 껑 하오츠.
떡볶이를 만들 때 대파를 넣으면 더욱 맛있다.

dà gài
大概 따까이

형 대략의, 대충의 부 대략, 대충, 아마도, 대개는

大概多长时间能到? 대략 얼마나 더 가야 도착할까요?
Dàgài duōcháng shíjiān néng dào?
따까이 뚜어챵 스찌엔 넝 따오?

dà hǎi
大海 따하이

명 바다

茫茫大海 망망대해
Máng máng dà hǎi
망 망 따 하이

dà jiā

大家 따찌아

㉤ 모두들

大家好! 안녕하세요. 여러분!
Dàjiā hǎo!
따찌아 하오!

dà suàn

大蒜 따쏸

㉢ 마늘

韩国人喜欢吃大蒜。
Hánguórén xǐhuan chī dàsuàn.
한구어런 씨환 츠 따쏸.
한국인은 마늘 먹는 것을 좋아한다.

dà xiàng

大象 따썅

㉢ 코끼리

大象的鼻子很长。
Dàxiàng de bízi hěn cháng.
따썅 더 비즈 헌 창.
코끼리의 코는 정말 길다.

dài fu

大夫 따이푸

명 의사

大夫说的话都记住了吗?
Dàifu shuō de huà dōu jìzhù le ma?
따이푸 슈어 더 화 또우 찌쮸(ㄹ)러 마?
의사 선생님의 말씀 모두 기억했지?

dài

带 따이

명 벨트, 띠 동 지니다, 휴대하다

我没带钱。 돈을 안 가져왔어.
Wǒ méi dài qián. 워 메이 따이 치엔.

腰带 벨트, 허리띠
Yāodài 야오따이

dài

戴 따이

동 (머리 · 얼굴 · 가슴 · 팔 · 손 등에) 착용하다, 쓰다 / 이다

戴眼镜不方便。
Dài yǎnjìng bù fāngbiàn.
따이 옌찡 뿌 퐝삐엔.
안경을 쓰면 불편하다.

dān xīn

担心 딴씬

동 걱정하다, 염려하다

那件事会解决好的，别担心。
Nà jiàn shì huì jiějué hǎo de, bié dānxīn.
나 찌엔 스 후이 지에쥐에 하오 더, 비에 딴씬.
그 일은 잘 해결될 거야, 걱정하지 마.

dàn shì

但是 딴스

접 그러나, 그렇지만

我想去旅游，但是没有时间。여행을 가고 싶지만 시간이 없어.
Wǒ xiǎng qù lǚyóu, dànshì méiyǒu shíjiān.
워 씨앙 취 뤼요우, 딴스 메이요우 스찌엔.

dàn

淡 딴

형 옅다, 싱겁다

淡水鱼 민물고기
Dànshuǐyú 딴쉐이위

这个菜太淡了。이 음식은 좀 싱겁다.
Zhège cài tài dàn le. 쩌 거 차이 타이 딴 러.

dàn gāo

蛋糕 딴까오

명 케이크, 카스텔라

这是你的生日蛋糕。
Zhè shì nǐ de shēngrì dàngāo.
쩌 스 니 더 셩르 딴까오.
이것은 너의 생일 케이크야.

dāng rán

当然 땅란

형 당연하다, 물론이다

我当然知道啊。당연히 알지.
Wǒ dāngrán zhīdao a.
워 땅란 쯔다오 아.

dāo

刀 따오

명 칼

使用刀时要注意安全。
Shǐyòng dāo shí yào zhùyì ānquán.
스용 따오 스 야오 쮸이 안취엔.
칼을 사용할 때는 조심해야 한다.

dǎo

岛 따오

명 섬

济州岛是韩国的最漂亮的岛。
Jìzhōudǎo shì Hánguó de zuì piàoliang de dǎo.
찌쪼우다오 스 한구어 더 쭈이 피아오량 더 다오.
제주도는 한국에서 제일 아름다운 섬이다.

dào

到 따오

동 도착하다, 도달하다

我马上到了。금방 도착해.
Wǒ mǎshàng dào le.
워 마샹 따오(ㄹ) 러.

dào chù

到处 따오추

명 도처, 곳곳

别到处乱跑。아무 데나 함부로 뛰어다니지 마.
Bié dàochù luàn pǎo.
비에 따오추 루안 파오.

D

dào dá

到达 따오다

동 도착하다

平安地到达目的地。 무탈하게 목적지에 도착했다.

Píng'ān de dàodá mùdìdì.

핑안 더 따오다 무디띠.

dào dǐ

到底 따오디

부 도대체, 마침내, 결국

这到底是怎么一回事? 이것은 도대체 어찌된 일이냐?

Zhè dàodǐ shì zěnme yī huí shì?

쩌 따오디 스 전머 이 후이 스?

Dé guó

德国 드어구어

명 독일

他是德国人。 그는 독일인입니다.

Tā shì Déguórén.

타 스 드어구어런.

de

的 더

관형어구조조사

老师的汉语书 선생님의 중국어 책
Lǎoshī de Hànyǔ shū
라오스 더 한위 슈

de

地 더

부사어구조조사

慢慢儿地走。 천천히 가다.
mànmānr de zǒu.
만말 더 조우.

de

得 더

가능 · 정도 구조조사

他唱歌唱得好。 그는 노래를 아주 잘한다.
Tā chànggē chàng de hǎo.
타 창끄어 창 더 하오.

D

dēng

灯 떵

명 등, 램프, 라이트

太黑了，请开一下灯。

Tài hēi le, qǐng kāi yíxià dēng.

타이 헤이(ㄹ) 러, 칭 카이 이씨아 떵.

너무 어둡네요, 불 좀 켜 주세요.

dēng lù

登录 떵루

동 등록하다, 로그인하다

禁止非法用户登录。 불법 사용자의 등록을 금지합니다.

Jìnzhǐ fēifǎ yònghù dēnglù.

찐즈 풰이퐈 용후 떵루.

dēng shān

登山 떵샨

동 등산하다 명 등산

登山是很好的休闲活动。

Dēngshān shì hěn hǎo de xiūxián huódòng.

떵샨 스 흐언 하오 더 씨우씨엔 후어똥.

등산은 좋은 레저 활동이다.

děng

等 덩

동 기다리다

请稍**等**一下。 잠시만 기다려 주십시오.
Qǐng shāo děng yíxià.
칭 샤오 덩 이씨아.

dī

低 띠

형 (높이가) 낮다

水平很**低**。 수준이 정말 낮군.
Shuǐpíng hěn dī.
쉐이핑 헌 띠.

dì fang

地方 띠퐝

명 곳, 장소

咱们找个**地方**坐坐吧? 우리 어디 좀 앉을까?
Zánmen zhǎo ge dìfang zuòzuo ba?
잔먼 자오 거 띠퐝 쭈어쭈어 바?

D

dì qiú
地球 띠치우 지구

hú
湖 후
호수

pù bù
瀑布
푸뿌 폭포

xiá gǔ
峡谷
씨아구 계곡

dòng
洞
똥 동굴

cǎo yuán
草原
차오위엔 초원

shù lín
树林
슈(ㄹ)린 숲

shān
山
샨 산

huǒ shān
火山
후어샨 화산

jiāng
江
찌앙 강

tǔ rǎng
土壤 투랑 토양

dà qì
大气 따치 대기

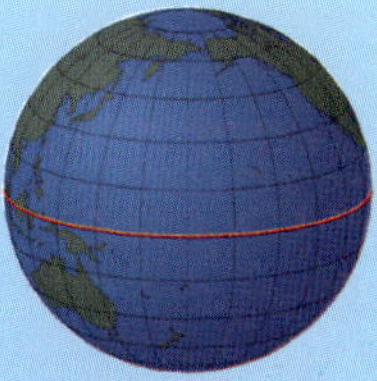

chì dào
赤道
츠따오 적도

dǎo
岛 다오 섬

wěi dù
纬度
웨이뚜 위도

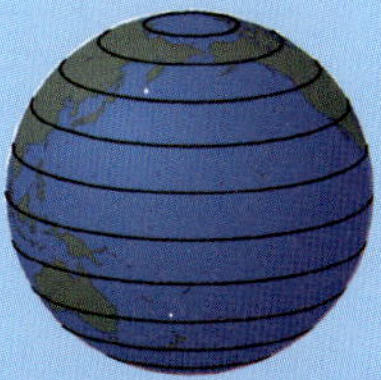

jīng dù
经度
찡뚜 경도

bàn dǎo
半岛 빤다오 반도

dì tǎn

地毯 띠탄

명 양탄자

华贵的地毯 화려하고 진귀한 양탄자
Huáguì de dìtǎn
화꾸이 더 띠탄

dì tiě

地铁 띠티에

명 지하철

坐地铁比坐公共汽车快。
Zuò dìtiě bǐ zuò gōnggòngqìchē kuài.
쭈어 띠티에 비 쭈어 꽁꽁치처 콰이.
지하철이 버스보다 빠르다.

dì tú

地图 띠투

명 지도

世界地图 세계 지도
Shìjièdìtú
스찌에 띠투

dì zhǐ

地址 띠즈

명 주소

请留下您的**地址**。 당신의 주소를 남겨 주세요.
Qǐng liúxià nín de dìzhǐ.
칭 리우씨아 닌 더 띠즈.

dì di

弟弟 띠디

명 남동생

我的**弟弟**六岁了。
Wǒ de dìdi liù suì le.
워 더 띠디 리우 쑤이(ㄹ) 러.
내 남동생은 여섯 살이다.

dì èr míng

第二名 띠얼밍

명 2등

这次比赛我们班得了**第二名**。
Zhè cì bǐsài wǒmen bān déle dìèrmíng.
쪄 츠 비싸이 워먼 빤 드어(ㄹ)러 띠얼밍.
이번 시합에서 우리 반이 2등을 했다.

D

dì yī

第一 띠이

㊉ 첫 번째 ㊊ 제일이다

你是我的**第一**个外国朋友。 너는 나의 첫 번째 외국인 친구야.

Nǐ shì wǒ de dì yī ge wàiguó péngyou.

니 스 워 더 띠 이 거 와이구어 펑요우.

dì yì míng

第一名 띠이밍

㊌ 1등

得**第一名**是不简单的事情。

Dé dì yì míng shì bù jiǎndān de shìqíng.

드어 띠 이 밍 스 뿌 지엔딴 더 스칭.

1등을 한다는 것은 쉬운 일이 아니다.

diǎn

点 디엔

㊍ 주문하다

你们现在**点**菜吗？ 지금 주문하시겠습니까?

Nǐmen xiànzài diǎn cài ma?

니먼 씨엔짜이 디엔 차이 마?

diǎn tóu

点头 디엔토우

동 고개를 끄덕이다

点头就表示同意了。 고개를 끄덕이면 동의한 것이다.
Diǎntóu jiù biǎoshì tóngyì le.
디엔토우 찌우 비아오스 통이(르) 러.

diǎn xīn

点心 디엔씬

명 간식

做完作业后吃点心吧。
Zuò wán zuòyè hòu chī diǎnxīn ba.
쭈어 완 쭈어예 호우 츠 디엔씬 바.
숙제를 다 하고 나서 간식 먹으렴.

diàn

电 띠엔

명 전기

电脑突然没电了。
Diànnǎo tūrán méi diàn le.
띠엔나오 투란 메이 띠엔 러.
컴퓨터 전원이 갑자기 나갔다.

D

diàn dēng
电灯 띠엔떵

명 전등

教室里的**电灯**坏了。 교실 안 전등이 나가 버렸어.
Jiāoshìli de diàndēng huài le.
찌아오스 리 더 띠엔떵 화이(ㄹ) 러.

diàn fēng shàn
电风扇 띠엔펑샨

명 선풍기

太热了，开**电风扇**吧。 너무 덥다, 선풍기 좀 틀어.
Tài rè le, kāi diànfēngshàn ba.
타이 러(ㄹ)러, 카이 띠엔펑샨 바.

diàn huà
电话 띠엔화

명 전화

我来接**电话**吧。 전화 내가 받을게.
Wǒ lái jiē diànhuà ba.
워 라이 찌에 띠엔화 바.

diàn nǎo
电脑 띠엔나오

명 컴퓨터

这是新买的电脑。이건 새로 산 컴퓨터야.
Zhè shì xīn mǎi de diànnǎo.
쩌 스 씬 마이 더 띠엔나오.

diàn nǎo bìng dú
电脑病毒 띠엔나오삥두

명 컴퓨터 바이러스

要及时查看电脑病毒。
Yào jíshí chá kàn diànnǎo bìngdú.
야오 지스 챠 칸 띠엔나오 삥두.
제때에 컴퓨터 바이러스를 검사해야 한다.

diàn nǎo yóu xì
电脑游戏 띠엔나오 요우씨

명 컴퓨터 게임

先做作业，然后再玩儿电脑游戏吧。
Xiān zuò zuòyè, ránhòu zài wánr diànnǎo yóuxì ba.
씨엔 쭈어 쭈어예, 란호우 짜이 왈 띠엔나오 요우씨 바.
숙제를 먼저 한 다음에, 컴퓨터 게임을 하렴.

D

diàn shì jī

电视(机) 띠엔스(지)

명 텔레비전

用这个手机能看电视。

Yòng zhège shǒujī néng kàn diànshì.

용 쩌거 쇼우찌 넝 칸 띠엔스.

이 핸드폰으로 텔레비전을 볼 수 있다.

diàn shì jié mù

电视节目 띠엔스지에무

명 TV 프로그램

你在看什么电视节目?

Nǐ zài kàn shénme diànshì jiémù?

니 짜이 칸 션머 띠엔스 지에무?

너는 무슨 텔레비전 프로그램을 보고 있니?

diàn tī

电梯 띠엔티

명 엘리베이터

我们家的电梯坏了。 우리 집 승강기는 지금 고장이 났다.

Wǒmen jiā de diàntī huài le.

워먼 찌아 더 띠엔티 화이(ㄹ) 러.

diàn yǐng

电影 띠엔잉

명 영화

最近什么电影最受欢迎? 요즘 제일 인기 있는 영화는 뭐야?

Zuì jìn shénme diànyǐng zuì shòu huānyíng?

쭈이찐 션머 띠엔잉 쭈이 쇼우 환잉?

diàn yǐng yuàn

电影院 띠엔잉위엔

명 극장, 영화관

今晚想去电影院看电影。

Jīnwǎn xiǎng qù diànyǐngyuàn kàn diànyǐng.

찐완 씨앙 취 띠엔잉위엔 칸 띠엔잉.

오늘 저녁에 극장에서 영화 보고 싶다.

diàn zǐ yóu jiàn

电子邮件 띠엔즈 요우찌엔

명 이메일, 전자 우편

我收到你的电子邮件了。 너의 이메일을 받았다.

Wǒ shōudào nǐ de diànzǐ yóujiàn le.

워 쇼우따오 니 더 띠엔즈 요우찌엔 러.

diàn yǐng yuàn
电影院 띠엔잉위엔 영화관

píng mù
□ 屏幕 핑무 스크린

zuò wèi
□ 坐位 쭈어웨이 좌석

guānzhòng
□ 观众 꾸안쭝 관객

bào mǐ huā
□ 爆米花 빠오미후아 팝콘

shòu piào chù
□ 售票处 쇼우피아오츄 매표소

fàn mài tái

□ 贩卖台 판마이타이 매점

dǎo yǎn

□ 导演 다오옌 영화감독

nǚ yǎn yuán

□ 女演员 뉘옌위엔 여배우

yǎn yuán

□ 演员 옌위엔 배우

bēi jù

□ 悲剧 뻬이쮜 비극

jiāo juǎn

□ 胶卷 찌아오쮜엔 필름

shè yǐng

□ 摄影 셔잉 촬영

kuò yīn qì

□ 扩音器 쿼인치 메가폰

diàn yǐng shè yǐng jī

□ 电影摄影机 띠엔잉 셔잉찌 카메라

diàn yǐng jié

□ 电影节 띠엔잉지에 영화제

diàn zǐ yóu xì

电子游戏 띠엔즈 요우씨

명 전자오락

电子游戏机 전자 게임기
Diànzǐ yóuxìjī
띠엔즈 요우씨찌

diào yú

钓鱼 띠아오위

동 낚시를 하다

我常到郊外去钓鱼。
Wǒ cháng dào jiāowài qù diàoyú.
워 창 따오 찌아오와이 취 띠아오위.
나는 종종 교외로 나가서 낚시를 한다.

dié zi

碟子 디에즈

명 접시

把做好的菜放到碟子里。
Bǎ zuòhǎo de cài fàngdào diézi li.
바 쭈어하오 더 차이 팡따오 디에즈 리.
완성한 요리를 접시에 담아 놓다.

dīng zì lù kǒu

丁字路口 띵쯔루코우

㊐ 삼거리

书店在前面的丁字路口。 서점은 앞쪽 삼거리에 있습니다.
Shūdiàn zài qiánmiàn de dīngzìlùkǒu.
슈띠엔 짜이 치엔미엔 더 띵쯔루코우.

dìng

订 띵

㊍ 맺다 / 예약하다

在网上可以订房间吗? 인터넷으로 방을 예약할 수 있나요?
Zài wǎngshàng kěyǐ dìng fángjiān ma?
짜이 왕샹 크어이 띵 퐝찌엔 마?

dìng

定 띵

㊍ 안정되다 / 정하다

去中国留学的事情已经定下来了吗?
Qù Zhōngguó liúxué de shìqíng yǐjing dìng xiàlái le ma?
취 쭝구어 리우쒸에 더 스칭 이징 띵씨아(ㄹ)라이(ㄹ) 러 마?
중국으로 유학 가기로 한 것은 이미 정해진 거야?

D

diū

丢 띠우

동 잃어버리다

新买的手机丢了。 새로 산 핸드폰을 잃어버리다.

Xīnmǎi de shǒu jī diū le.

씬마이 더 쇼우찌 띠우(ㄹ) 러.

dōng

东 똥

명 동쪽

向东走一百米。 동쪽을 향해 100미터 걷다.

Xiàng dōng zǒu yìbǎi mǐ.

씨앙 똥 조우 이바이 미.

dōng biān

东边 똥비엔

명 동쪽

宾馆在地铁站的东边。 호텔은 지하철역의 동쪽에 있습니다.

Bīnguǎn zài dìtiězhàn de dōngbian.

삔구완 짜이 띠티에짠 더 똥비엔.

Dōng jīng
东京 똥찡

명 도쿄

日本的首都是东京。 일본의 수도는 도쿄입니다.
Rìběn de shǒudū shì Dōngjīng.
르번 더 쇼우뚜 스 똥찡.

dōng xi
东西 똥시

명 물건

我买了很多东西。 나는 많은 물건을 샀다.
Wǒ mǎi le hěn duō dōngxi.
워 마이(ㄹ) 러 헌 뚜어 똥시.

dōng
冬 똥

명 겨울

春夏秋冬 춘하추동
Chūn xià qiū dōng
춘 씨아 치우 똥

D

dōng tiān

冬天 똥티엔

명 겨울

去年冬天下了很多的雪。
Qùnián dōngtiān xià le hěn duō de xuě.
취니엔 똥티엔 씨아(ㄹ) 러 흐언 뚜어 더 쒸에.
작년 겨울에는 아주 많은 눈이 내렸다.

dǒng

懂 동

동 알다, 이해하다

我听不懂你在说什么。 당신의 말이 무슨 뜻인지 모르겠습니다.
Wǒ tīng bù dǒng nǐ zài shuō shénme.
워 팅 부 동 니 짜이 슈어 션머.

dòng huà piàn

动画片 똥화피엔

명 만화 영화, 애니메이션

我的弟弟特别喜欢看动画片。
Wǒ de dìdi tèbié xǐhuan kàn dònghuàpiàn.
워 더 띠디 터비에 씨환 칸 똥화피엔.
내 남동생은 만화 영화 보는 것을 무척 좋아한다.

dòng shǒu shù

动手术 똥 쇼우슈

수술을 하다

下周可能要**动手术**。다음 주에 수술을 해야 할 것 같다.
Xiàzhōu kěnéng yào dòng shǒushù.
씨아쪼우 커넝 야오 똥 쇼우슈.

dòng wù

动物 똥우

명 동물

每个**动物**都有自己的特征。
Měige dòngwù dōu yǒu zìjǐ de tèzhēng.
메이거 똥우 또우 요우 쯔지 더 터쩡.
각 동물마다 모두 자기만의 특징을 가지고 있다.

dòng wù yuán

动物园 똥우위엔

명 동물원

北京**动物园**里有很多熊猫。
Běijīng dòngwùyuán li yǒu hěn duō xióngmāo.
베이찡 똥우위엔 리 요우 흐언 뚜어 씨옹마오.
베이징 동물원에는 판다가 많다.

dòng wù
动物 똥우 동물

è yú
鳄鱼
어위 악어

gǒu
狗 고우 개

xióng
熊 씨옹 곰

dà xiàng
大象 따썅 코끼리

luò tuo
骆驼
루어투어 낙타

hú li
狐狸 후리 여우

māo
猫 마오
고양이

lù
鹿 루 사슴

cháng jǐng lù
长颈鹿
창징루 기린

mǎ
马 마 말

hóu
猴 호우 원숭이

hǔ
虎 후 호랑이

zhū
猪 쮸 돼지

tù
兔 투 토끼

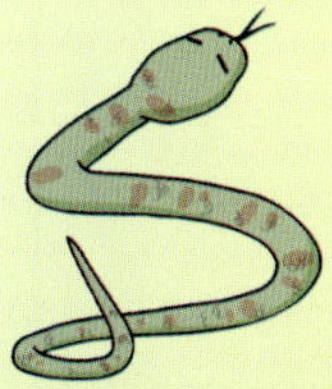

láng
狼
랑 늑대

shé
蛇 셔 뱀

bān mǎ
斑马 빤마 얼룩말

dōu

都 또우

(부) 모두

作业**都**做完了。 숙제는 다 했습니다.

Zuòyè dōu zuò wán le.

쭈어예 또우 쭈어 완 러.

dōu fēng

兜风 또우펑

(명) 소풍, 나들이

外面天气很好，我们一起出去**兜风**吧。

Wàimiàn tiānqì hěn hǎo, wǒmen yìqǐ chūqù dōufēng ba.

와이미엔 티엔치 흐언 하오, 워먼 이치 추취 또우펑 바.

날씨가 너무 좋은데, 우리 함께 나들이 가자.

dòu fu

豆腐 또우푸

(명) 두부

豆腐含有丰富的蛋白质。 두부는 풍부한 단백질을 함유하고 있다.

Dòufu hányǒu fēngfù de dànbáizhì.

또우푸 한요우 펑푸 더 딴바이즈.

dòu jiāng

豆浆 또우지앙

명 콩국

中国人早上喜欢喝豆浆。 중국인은 아침에 콩국을 즐겨 마신다.
Zhōngguórén zǎoshang xǐhuan hē dòujiāng.
쭝구어런 자오샹 씨환 흐어 또우찌앙.

dú

读 두

동 읽다

跟老师大声地读一遍。
Gēn lǎoshī dàshēng de dú yíbiàn.
끄언 라오스 따셩 더 두 이삐엔.
큰 소리로 선생님 따라 한번씩 읽으세요.

dù zi

肚子 뚜즈

명 배, 복부

肚子饿了，怎么办? 배가 고픈데 어떻게 할까?
Dùzi è le, zěnme bàn? 뚜즈 으어(ㄹ) 러, 전머 빤?

肚子疼。 배가 아프다.
Dùzi téng. 뚜즈 텅.

D

dù

度 뚜

명 도

正常体温是多少**度**?
Zhèngcháng tǐwēn shì duōshao dù ?
쩡창 티원 스 뚜어샤오 뚜?
정상 체온은 몇 도입니까?

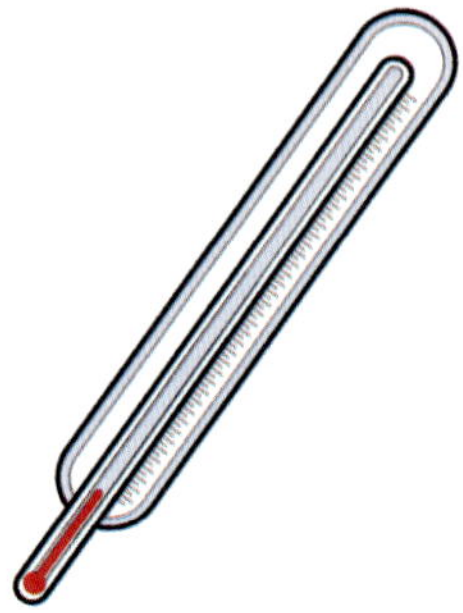

duǎn

短 두안

형 (공간, 시간) 짧다

这绳子太**短**了。이 줄은 너무 짧다.
Zhè shéngzi tài duǎn le.
쩌 셩즈 타이 두안 러.

duàn

段 뚜안

양 단락, 토막

下面这一**段**话是什么意思? 아래 단락의 의미는 무엇일까요?
Xiàmiàn zhè yí duàn huà shì shénme yìsi?
씨아미엔 쩌 이 똰 화 스 션머 이스?

duàn liàn

锻炼 뚜안리엔

동 단련하다

每天都会**锻炼**身体。
Měitiān dōu huì duànliàn shēntǐ.
메이티엔 또우 후이 뚜안리엔 션티.
매일 몸을 단련하다.

duì

对 뚜이

형 맞다, 옳다

今天的考试我都答**对**了。오늘 시험 나 전부 다 맞았어.
Jīntiān de kǎoshì wǒ dōu dáduì le.
찐티엔 더 카오스 워 또우 다뚜이(르) 러.

duì bu qǐ

对不起 뚜이 부 치

동 미안합니다

真**对不起**。정말 죄송합니다.
Zhēn duì bu qǐ.
쪈 뚜이 부 치.

D

duì miàn

对面 뚜이미엔

명 맞은편

学校对面有图书馆。 학교 맞은편에는 도서관이 있습니다.
Xuéxiào duìmiàn yǒu túshūguǎn.
쒀에씨아오 뚜이미엔 요우 투슈구안.

duō

多 뚜어

형 많다

作业太多了。 숙제가 너무 많다.
Zuòyè tài duō le.
쭈어예 타이 뚜어(ㄹ) 러.

duō dà

多大 뚜어따

몇 살이니? (10세 이상에게 나이를 물을 때 쓰는 표현)

你今年多大了? 올해 몇 살이니?
Nǐ jīnnián duōdà le?
니 찐니엔 뚜어따(ㄹ) 러?

duō me

多么 뚜어머

부 얼마나

你看玲玲，多么认真学习呀!

Nǐ kàn língling, duōme rènzhēn xuéxí ya!

니 칸 링링, 뚜어머 런쩐 쉬에씨 야!

링링이를 좀 봐, 얼마나 열심히 공부하고 있니!

duō shao

多少 뚜어샤오

대 얼마, 몇 (10 이상의 수를 물어볼 때)

你的电话号码是多少? 전화번호가 어떻게 되세요?

Nǐ de diànhuà hàomǎ shì duōshao?

니 더 띠엔화 하오마 스 뚜어샤오?

duō shao qián

多少钱 뚜어샤오 치엔

얼마예요?

黄瓜一斤多少钱?

Huángguā yìjīn duōshaoqián?

황꾸아 이 찐 뚜어샤오 치엔?

오이 한 근에 얼마죠?

D

duǒ

朵 두어

양 송이, 점(꽃 · 구름이나 그와 비슷한 물건을 세는 단위)

一朵红色的玫瑰花 한 송이의 빨간 장미
Yì duǒ hóngsè de méiguīhuā 이 두어 홍써 더 메이꾸이후아

一朵云 한 점의 구름
Yì duǒ yún 이 두어 윈

duǒ cáng

躲藏 두어창

동 숨다

无处躲藏。숨을 곳이 없다.
Wú chù duǒ cáng.
우 츄 두어 창.

E

É　　luó　　sī
俄罗斯 으어루어쓰

명 러시아

俄罗斯在中国的北边。 러시아는 중국의 북쪽에 있다.
Éluósī zài Zhōngguó de běibiān.
으어루어쓰 짜이 쭝구어 더 베이삐엔.

è
饿 으어

형 배고프다

你饿了吗? 要不要吃蛋糕?
Nǐ è le ma? Yàobuyào chī dàngāo?
니 으어(ㄹ) 러 마? 야오부야오 츠 딴까오?
배가 고프니? 케이크 줄까?

E

ér zi

儿子 얼쯔

명 아들

他有五个孩子，但都是儿子。
Tā yǒu wǔ ge háizi, dàn dōu shì érzi.
타 요우 우 거 하이즈, 딴 또우 스 얼즈.
그는 자식이 다섯이지만 모두 아들뿐이다.

Ér tóng jié

儿童节 얼통지에

명 어린이날

六月一号是中国的儿童节。 6월 1일은 중국의 어린이날이다.
Liù yuè yī hào shì Zhōngguó de Értóng Jié.
리우 위에 이 하오 스 쭝구어 더 얼통 지에.

ér qiě

而且 얼치에

접 게다가, 뿐만 아니라

他很帅，而且很聪明。 그는 잘생겼을 뿐만 아니라 똑똑하다.
Tā hěn shuài, érqiě hěn cōngming.
타 흐언 슈와이, 얼치에 흐언 총밍.

ěr duo
耳朵 얼두어

명 귀

兔子的耳朵很长。 토끼의 귀는 매우 길다.
Tùzi de ěrduo hěn cháng.
투즈 더 얼두어 헌 창.

ěr jī
耳机 얼찌

명 이어폰

戴耳机听音乐。 이어폰을 끼고 노래를 듣는다.
Dài ěrjī tīng yīnyuè.
따이 얼찌 팅 인위에.

E

èr
二 얼

수 2, 둘

一二三四五六七 1234567…
Yī èr sān sì wǔ liù qī ...
이 얼 싼 쓰 우 리우 치…

F

fā biǎo

发表 퐈비아오

명 발표, 공표, 게재 동 발표하다, 공표하다, 게재하다

在网上发表文章。인터넷에 글을 게재하다.
Zài wǎngshang fābiǎo wénzhāng.
짜이 왕상 퐈비아오 원쨩.

fā shāo

发烧 퐈샤오

동 열이 나다

感冒了，又发烧又头疼。
Gǎnmào le, yòu fāshāo yòu tóuténg.
간마오(ㄹ) 러, 요우 퐈샤오 요우 토우텅.
감기에 걸려서 열도 나고 머리도 아파요.

fā shēng

发生 퐈셩

동 발생하다, 생기다

昨天在学校门口**发生**了一件交通事故。

Zuótiān zài xuéxiào ménkǒu fāshēng le yí jiàn jiāotōng shìgù.

주어티엔 짜이 쒜에씨아오 먼코우 퐈셩 러 이 찌엔 찌아오통 스꾸.

어제 교문 앞에서 교통사고가 났어.

fā xiàn

发现 퐈씨엔

동 발견하다

发现了新的问题。

Fāxiàn le xīn de wèntí.

퐈씨엔 러 씬 더 원티.

새로운 문제를 발견하다.

Fǎ guó

法国 퐈구어

명 프랑스

听说附近有新开的**法国**餐厅。

Tīngshuō fùjìn yǒu xīnkāi de Fǎguó cāntīng.

팅슈어 푸찐 요우 씬카이 더 퐈구어 찬팅.

근처에 새로 연 프랑스 식당이 있다더라.

F

fān
帆 퐌

㉢ 돛

趁风起帆。〈성어〉 기회를 봐서 일을 하다.
Chèn fēng qǐ fān. 쳔 풩 치 퐌.

一帆风顺。〈성어〉 (순풍에 돛 단 듯) 일이 순조롭게 풀리다.
Yì fān fēng shùn. 이 퐌 풩 슌.

fān yì
翻译 퐌이

㉢ 번역, 통역 ㉧ 번역하다, 통역하다

翻译成韩文。한국어로 번역하다.
Fānyì chéng Hánwén.
퐌이 쳥 한원.

fǎn zhèng
反正 퐌쪙

㊗ 어쨌든

反正说不说都一样。말을 하든 안 하든 똑같다.
Fǎnzhèng shuō bùshuō dōu yíyàng.
퐌쪙 슈어 뿌슈어 또우 이양.

fàn diàn

饭店 퐌띠엔

명 호텔

豪华的饭店 호화로운 호텔
Háohuá de fàndiàn
하오화 더 퐌띠엔

fàn guǎn

饭馆 퐌구안

명 식당

这家饭馆的菜很好吃。
Zhè jiā fànguǎn de cài hěn hǎochī.
쩌 찌아 퐌구안 더 차이 헌 하오츠.
이 식당의 요리는 아주 맛있어.

fāng biàn

方便 퐝삐엔

형 편리하다

这个手机很方便。 이 핸드폰은 편리하다.
Zhège shǒujī hěn fāngbiàn.
쪄거 쇼우찌 헌 퐝삐엔.

F

fāng biàn miàn

方便面 팡삐엔미엔

명 인스턴트 라면

经常吃方便面对身体不好。 라면을 자주 먹으면 건강에 안 좋아.
Jīngcháng chī fāngbiànmiàn duì shēntǐ bù hǎo.
찡챵 츠 팡삐엔미엔 뚜이 션티 뿌 하오.

fáng jiān

房间 팡찌엔

명 방

我家有四个房间。
Wǒ jiā yǒu sìge fángjiān.
워 찌아 요우 쓰거 팡찌엔.
우리 집에는 네 개의 방이 있다.

fàng

放 팡

동 놓다, 풀어 주다

放飞了鸟笼里的小鸟。 새장 속의 새를 풀어 주었다.
Fàng fēi le niǎolóng lǐ de xiǎoniǎo.
팡풰이(ㄹ)러 니아오롱 리 더 씨아오니아오.

fàng biān pào

放鞭炮 퐝 삐엔파오

동 폭죽을 터뜨리다

在中国过春节会放鞭炮。 중국에서는 새해가 되면 폭죽을 터뜨린다.

Zài Zhōngguó guò chūnjié huì fàng biānpào.

짜이 쭝구어 꾸어 춘지에 후이 퐝 삐엔파오.

fàng jià

放假 퐝찌아

동 방학하다

什么时候放假呢? 언제 방학하니?

Shénme shíhòu fàngjià ne?

션머 스호우 퐝찌아 너?

fàng xīn

放心 퐝씬

동 안심하다

请放心，到了那儿我会给你打电话。

Qǐng fàngxīn, dàole nàr wǒ huì gěinǐ dǎ diànhuà.

칭 퐝씬, 따오(ㄹ)러 날 워 후이 게이니 다 띠엔화.

걱정 마, 도착하면 전화할게.

F

fáng jiān

房间 팡지엔 방

yáng dēng
❶ 洋灯 양떵 램프

zhōng
❷ 钟 쫑 시계

chōu ti guì
❸ 抽屉柜 쵸우티꾸이 서랍장

jìng zi
❹ 镜子 찡즈 거울

yǐ zi
❺ 椅子 이즈 의자

bèi zi
❻ 被子 뻬이즈 이불

jìng kuàng
❼ 镜框 찡꽝 액자

chá zhuō
❽ 茶桌 차쮸어 테이블

chuáng
❾ 床 츄왕 침대

zhěn tou
❿ 枕头 젼토우 베개

fēi

飞 풰이

㊐ 날다

树上的小鸟飞走了。 나무 위의 새가 날아갔다.
Shù shang de xiǎoniǎo fēi zǒu le.
슈샹더 씨아오니아오 풰이 조우(ㄹ) 러.

fēi jī

飞机 풰이찌

㊎ 비행기

去中国的飞机已经起飞了。
Qù Zhōngguó de fēijī yǐjing qǐfēi le.
취 쭝구어 더 풰이찌 이징 치풰이(ㄹ) 러.
중국으로 가는 비행기는 이미 이륙했습니다.

fēi cháng

非常 풰이챵

㊊ 매우, 대단히

今年夏天非常热。 이번 여름은 너무 덥다.
Jīnnián xiàtiān fēicháng rè.
찐니엔 씨아티엔 풰이챵 러.

fèi yong

费用

퀘이용 명 비용, 지출

简省费用。비용을 줄이다.
Jiǎnshěng fèiyong. 지엔성 훼이용.

他的留学费用都是自己挣的。
Tā de liúxué fèiyong dōu shì zìjǐ zhèng de.
타더 리우쒜에 훼이용 또우 스 쯔지 쩡 더.
그의 유학 비용은 모두 그가 혼자 벌었다.

fēn

分

휜

동 나누다

我把他们分成两个小组。나는 그들을 두 개의 조로 나누었다.
Wǒ bǎ tāmen fènchéng liǎngge xiǎozǔ.
워 바 타먼 훤 청 리앙 거 씨아오주.

fēn zhōng

分钟

휜쭁

명 (시간) 분

请再等我十分钟。십 분만 더 기다려 주세요.
Qǐng zài děng wǒ shí fēnzhōng.
칭 짜이 덩 워 스 휜쭁.

F

fěn hóng sè

粉红色 펀훙써

명 분홍색

小女孩喜欢穿粉红色的衣服。

Xiǎo nǚhái xǐhuan chuān fěnhóngsè de yīfu.

씨아오 뉘하이 씨환 츄완 펀훙써 더 이푸.

여자 아이들은 분홍색 옷을 좋아한다.

fēng

风 펑

명 바람

风太大了。 바람이 너무 세다.

Fēng tài dà le.

펑 타이 따(ㄹ) 러.

fēng jǐng

风景 펑징

명 풍경

这里的风景很优美。 이곳의 풍경은 매우 아름답다.

Zhè lǐ de fēngjǐng hěn yōuměi.

쩌 리 더 펑징 헌 요우메이.

Fó jiào

佛教 포짜오

명 불교

大部分的中国人都信**佛教**。
Dàbùfen de Zhōngguórén dōu xìn Fójiào.
따뿌펀 더 쭝구어런 또우 씬 포쨔오.
대부분의 중국인은 불교를 믿는다.

fú wù yuán

服务员 푸우위엔

명 종업원

服务员，请给我菜单！
Fúwùyuán, qǐng gěi wǒ càidān!
푸우위엔, 칭 게이 워 차이딴!
(점원에게) 여기 메뉴판 좀 주세요!

fú zhuāng

服装 푸쭈앙

명 복장, 옷차림

我想当**服装**设计师。 나는 의상 디자이너가 되고 싶어.
Wǒ xiǎng dāng fúzhuāng shèjìshī.
워 씨앙 땅 푸쭈앙 셔찌스.

Fǔ shān

釜山 푸산

명 부산

从首尔坐飞机到釜山要多长时间?
Cóng Shǒu'ěr zuò fēijī dào Fǔshān yào duōcháng shíjiān?
총 쇼우얼 쭈어 풰이찌 따오 푸샨 야오 뚜어챵 스찌엔?
서울에서 부산까지 비행기로 가면 얼마나 걸리나요?

fù jìn

附近 푸찐

명 부근, 근처

我在学校附近找到一家很有名的餐厅。
Wǒ zài xuéxiào fùjìn zhǎodào yī jiā hěn yǒumíng de cāntīng.
워 짜이 쒸에씨아오 푸찐 쟈오따오 이 찌아 흐언 요우밍 더 찬팅.
학교 근처에서 유명한 식당 하나를 찾았어.

fù mǔ

父母 푸무

명 부모, 부모님

我们要尊敬父母。
Wǒmen yào zūnjìng fùmǔ.
워먼 야오 쭌찡 푸무.
우리는 부모님을 공경해야 한다.

fù xí

复习 푸씨

㉧ 복습하다

学完了一定要好好儿复习。 배운 것은 반드시 복습해야 한다.
Xué wán le yídìng yào hǎohāor fùxí.
쒸에 완 러 이띵 야오 하오할 푸시.

F

G

gān jìng
干净 깐징

형 깨끗하다

我的房间很**干净**。 내 방은 깨끗합니다.
Wǒ de fángjiān hěn gānjìng.
워 더 퐝찌엔 흐언 깐찡.

gǎn
敢 간

조 감히 ~하다

你**敢**跟我挑战? 감히 나에게 도전을 해?
Nǐ gǎn gēn wǒ tiǎozhàn?
니 간 끄언 워 티아오짠?

gǎn mào

感冒 간마오

동 감기에 걸리다 명 감기

外面非常冷，小心感冒。
Wàimian fēicháng lěng, xiǎoxīn gǎnmào.
와이미엔 풰이창 렁, 씨아오씬 간마오.
밖은 엄청나게 추우니까, 감기 조심하세요.

gǎn xìng qù

感兴趣 간씽취

흥미가 있다

我对中国传统音乐很感兴趣。
Wǒ duì tīng yīnyuè hěn gǎn xìngqù.
워 뚜이 쭝구어 츄완통 인위에 흐언 간 씽취.
저는 중국 음악에 흥미가 있습니다.

gāng cái

刚才 깡차이

명 방금

他刚才出去了。그는 방금 나갔어.
Tā gāngcái chūqù le.
타 깡차이 츄취(ㄹ) 러.

G

gǎng kǒu

港口 강코우 항구

mǎ tou
1 码头 마토우 부두

dēng tǎ
2 灯塔 떵타 등대

fáng bō dī
3 防波堤 팡뽀어띠 방파제

huò wù
4 货物 후어우 화물

chuán wěi
5 船尾 츄완웨이 고물, 선미

hòu jiǎ bǎn
6 后甲板 호우지아반 뒷갑판

kè cāng
7 客舱 커창 선실

léi dá
8 雷达 레이다 레이더

chuán tóu
9 船头 츄완토우 뱃머리

kè chuán
10 客船 커츄안 여객선

chuán shēn
11 船身 츄완썬 선체

jiǎ bǎn
12 甲板 지아반 갑판

máo liàn
13 锚链 마오(ㄹ)리엔 닻줄

máo
14 锚 마오 닻

hǎi
15 海 하이 바다

gāng qín
钢琴 깡친

명 피아노

弹钢琴。피아노를 치다.
Tán gāngqín.
탄 깡친.

gāo
高 까오

형 높다

他个子很高。그는 키가 크다.
Tā gèzi hěn gāo.
타 꺼즈 흐언 까오.

gāo' ěr fū qiú
高尔夫球 까오얼푸 치우

명 골프, 골프공

打高尔夫球。골프를 하다. (골프공을 치다.)
Dǎ gāo'ěrfūqiú.
다 까오얼푸 치우.

gāo xìng
高兴 까오씽

㊖ 기쁘다, 즐겁다

认识你很**高兴**。만나 뵙게 되어 기쁩니다.
Rènshi nǐ hěn gāoxìng.
런스 니 흐언 까오씽.

gào su
告诉 까오쑤

㊍ 알려 주다

别**告诉**别人。다른 사람에게는 알려 주지 마.
Bié gàosu biéren.
비에 까오쑤 비에런.

gē ge
哥哥 끄어거

㊔ 오빠, 형

我的**哥哥**很帅。우리 형은 잘생겼어요.
Wǒ de gēge hěn shuài.
워 더 끄어거 흐언 슈와이.

G

gē shǒu

歌手 끄어쇼우

명 가수

他是我比较喜欢的嘻哈**歌手**之一。
Tā shì wǒ bǐjiào xǐhuan de xīhā gēshǒu zhī yī.
타 스 워 비찌아오 씨환 더 씨하 끄어쇼우 즈 이.
그는 내가 좋아하는 힙합 가수 중 한 명이다.

gē zi

鸽子 끄어즈

명 비둘기

鸽子代表和平。 비둘기는 평화의 상징이다.
Gēzi dàibiǎo hépíng.
끄어즈 따이비아오 흐어핑.

gè zi

个子 꺼즈

명 키

我弟弟的**个子**一下子长高了十公分。
Wǒ dìdi de gèzi yíxiàzi zhǎng gāo le shí gōngfēn.
워 띠디 더 꺼즈 이씨아즈 쟝 까오(ㄹ) 러 스 꽁펀.
남동생의 키가 한 번에 10센티미터나 자랐다.

ge

个 거

㉑ 사물 · 사람 등의 양사

我们买一个冰淇淋吃吧。아이스크림 하나 사먹자.
Wǒmen mǎi yíge bīngqílín chī ba.
워먼 마이 이거 삥치린 츠 바.

gěi

给 게이

㉐ ~에게 ~을 주다 ㉎ ~에게

给你写一封信。너에게 편지를 한 통 쓴다.
Gěi nǐ xiě yì fēng xìn. 게이 니 씨에 이 펑 씬.

这是送给你的礼物。네게 주는 선물이야.
Zhè shì sòng gěi nǐ de lǐwù. 쩌스 쏭 게이 니 더 리우.

gēn jù

根据 끄언쥐

㉎ ~에 근거하여

他的话没有根据。그의 말은 근거가 없다.
Tā de huà méiyǒu gēnjù.
타 더 화 메이요우 끄언쮜.

G

gēn

跟 끄언

㉮ ~와 ㊀ 따라가다

请跟我来。 저를 따라오세요.

Qǐng gēn wǒ lái.

칭 끄언 워(ㄹ) 라이.

gèng

更 껑

㊋ 더욱, 더

这张照片更好看。 이 사진이 더 잘 나온 것 같은데.

Zhè zhāng zhàopiàn gèng hǎokàn.

쩌 쨩 쨔오피엔 껑 하오칸.

gōng chǎng

工厂 꽁챵

㊐ 공장

工厂里有很多工人。 공장에는 많은 노동자들이 있다.

Gōngchǎng li yǒu hěn duō gōngrén.

꽁챵 리 요우 흐언 뚜어 꽁런.

gōng zuò

工作 꽁쭈어

명 일, 노동, 작업 / 직업 동 일하다, 노동하다

工作效率 작업 능률
Gōngzuò xiàolǜ 꽁쭈어 씨아오뤼

积极工作。적극적으로 일하다.
Jījí gōngzuò. 찌지 꽁쭈어.

你做什么工作? 넌 무슨 일을 하니?
Nǐ zuò shénme gōngzuò? 니 쭈어 션머 꽁쭈어?

gōng fu

功夫 꽁푸

명 재능, 중국 무술 동 시간 · 공을 들이다

中国功夫和西洋拳击完全不一样。
Zhōngguó gōngfu hé Xīyáng quánjī wánquán bù yíyàng.
쭝구어 꽁푸 흐어 씨양 취엔찌 완취엔 뿌 이양.
중국 무술과 서양 격투는 완전히 다르다.

gōng jī

攻击 꽁찌 명 공격 동 공격하다

如果外星人攻击地球怎么办?
Rúguǒ wàixīngrén gōngjī dìqiú zěnme bàn?
루구어 와이씽런 꽁찌 띠치우 전머 빤?
외계인이 지구를 공격하면 어떻게 하죠?

G

gōng fēn

公分 꽁펀

양 센티미터(cm)

身高增加了十公分。 키가 10센티미터나 자랐어.
Shēngāo zēngjiā le shí gōngfēn.
션까오 쩡찌아(ㄹ) 러 스 꽁펀.

gōng gòng qì chē

公共汽车 꽁꽁치쳐

명 버스

我每天坐公共汽车上学。
Wǒ měitiān zuò gōnggòngqìchē shàng xué.
워 메이티엔 쭈어 꽁꽁치쳐 샹 쒸에.
나는 매일 아침 버스를 타고 학교에 간다.

gōng jīn

公斤 꽁찐

명 킬로그램(kg)

我比以前瘦了五公斤。
Wǒ bǐ yǐqián shòu le wǔ gōngjīn.
워 비 이치엔 쇼우(ㄹ) 러 우 꽁찐.
나는 예전보다 7킬로그램 빠졌어.

gōng lǐ

公里 꽁리

양 킬로미터(km)

一公里等于多少米? 1킬로미터는 몇 미터일까?

Yì gōnglǐ děngyú duōshao mǐ?

이 꽁리 덩위 뚜어샤오 미?

gōng sī

公司 꽁쓰

명 회사

你在什么公司工作?

Nǐ zài shénme gōngsī gōngzuò?

니 짜이 션머 꽁쓰 꽁쭈어?

어느 회사에서 일하세요?

gōng yuán

公园 꽁위엔

명 공원

我每天晚上去公园散步。

Wǒ měitiān wǎnshang qù gōngyuán sànbù.

워 메이티엔 완샹 취 꽁위엔 싼뿌.

나는 매일 저녁 공원에 가서 산책한다.

G

gǒu

狗 고우

명 (동물) 개

你养**狗**吗? 너는 개를 키우니?
Nǐ yǎng gǒu ma?
니 양 고우 마?

gòu

够 꼬우

형 충분하다, 넉넉하다 / (일정 수준 · 정도에) 다다르다

钱**够**不**够**? 돈이 충분하니?
Qián gòu bu gòu?
치엔 꼬우 부 꼬우?

gǔ lì

鼓励 구(ㄹ)리

동 격려하다, 북돋우다, 장려하다

谢谢你的**鼓励**。 격려해 주셔서 감사합니다.
Xièxie nǐ de gǔlì.
씨에시에 니 더 구(ㄹ)리.

gù shi

故事 꾸스

명 이야기

奶奶常常给我讲故事。

Nǎinai chángcháng gěi wǒ jiǎng gùshi.

나이나이 챵챵 게이 워 지앙 꾸스.

할머니는 자주 나에게 이야기를 들려주셨다.

guā fēng

刮风 꾸아펑

동 바람이 불다

天气预报说明天会刮风下雨。

Tiānqì yùbào shuō míngtiān huì guāfēng xiàyǔ.

티엔치 위빠오 슈어 밍티엔 후이 꾸아펑 씨아위.

일기예보에서 내일은 바람이 불고 비가 온대.

guà

挂 꽈

동 걸다

把衣服挂在衣架上。

Bǎ yīfu guà zài yījià shang.

바 이푸 꽈 짜이 이찌아 샹.

옷을 옷걸이에 걸다.

G

guǎi

拐 과이

동 방향을 바꾸다

下一个十字路口，请往右拐。 다음 사거리에서 우회전하세요.
Xià yíge shízilùkǒu, qǐng wǎng yòu guǎi.
씨아 이거 스쯔루코우, 칭 왕 요우 과이.

guān

关 꾸안

동 닫다, 끄다 / 덮다

请把门关上。 문 닫아 주세요.
Qǐng bǎ mén guān shang.
칭 바 먼 꾸안샹.

guān xi

关系 꾸안씨

명 관계

我们是师生关系。 우리는 사제 관계이다.
Wǒmen shì shīshēng guānxi.
워먼 스 스셩 꾸안씨.

guān xīn

关心 꾸안씬

명 관심 동 관심을 갖다, 관심을 기울이다

关心国家大事。 국가 대사에 관심을 갖다.
Guānxīn guójiā dàshì.
꾸안씬 구어찌아 따스.

guān yú

关于 꾸안위

개 ~에 관하여

关于你的问题，我们已经说好了。
Guānyú nǐ de wèntí, wǒmen yǐjing shuō hǎo le.
꾸안위 니 더 원티, 워먼 이징 슈어 하오(ㄹ) 러.
너의 문제에 대해서 우린 이야기를 마쳤단다.

guān zhào

关照 꾸안짜오

동 돌보다

请多多关照！ 잘 부탁드립니다!
Qǐng duōduō guānzhào!
칭 뚜어뚜어 꾸안짜오!

G

guāng lín
光临 꾸앙린

동 왕림하다

欢迎光临! 어서 오세요!
Huānyíng guānglín!
환잉 꾸앙린!

guǎng bō
广播 구앙뽀

동 방송하다

电视上在广播一条新闻。
Diànshì shang zài guǎngbō yì tiáo xīnwén.
띠엔스 샹 짜이 구앙뽀 이 티아오 씬원.
텔레비전에서 뉴스를 방송하고 있다.

guǎng gào
广告 구앙까오

명 광고, 선전

广告画 포스터
Guǎnggào huà 구앙까오 화

招生广告 학생 모집 광고
Zhāoshēng guǎnggào 짜오셩 구앙까오

Guǎng zhōu

广州 구앙쪼우

㊔ 광주(중국의 지명)

广州是中国的第三大城市。
Guǎngzhōu shì Zhōngguó de dì sān dà chéngshì.
구앙쪼우 스 쭝구어 더 띠 싼 따 청스.
광주는 중국의 세 번째로 큰 도시이다.

guì

贵 꾸이

㊖ 비싸다

蛋糕比面包贵。 케이크는 빵보다 비싸다.
Dàngāo bǐ miànbāo guì.
딴까오 비 미엔빠오 꾸이.

guó jiā

国家 구어찌아

㊔ 국가, 나라

中国是多民族国家。
Zhōngguó shì duōmínzú guójiā.
쭝구어 스 뚜어민쭈 구어찌아.
중국은 다민족 국가이다.

guǒ zhī

果汁 구어즈

명 과일즙

你喜欢什么味道的果汁?

Nǐ xǐhuan shénme wèidào de guǒzhī?

니 씨환 션머 웨이따오 더 구어즈?

너는 어떤 주스를 좋아해?

guò

过 꿔

동 (한 장소에서 다른 장소로) 가다, 건너다, 지나다, 경과하다

过江。 강을 건너다.

Guò jiāng. 꿔 찌앙.

过马路。 큰 길을 건너다.

Guò mǎlù. 꿔 마(ㄹ)루.

过日子。 살아가다.

Guò rìzi. 꿔 르즈.

过节。 명절을 쇠다. 명절을 보내다.

Guò jié. 꿔 지에.

guò lái

过来 꿔(ㄹ)라이

동 오다, (문제나 일 등이) 발생하다

快过来看看。 빨리 와서 봐봐.
Kuài guòlái kànkan.
콰이 꿔(ㄹ)라이 칸칸.

guò qù

过去 꿔취

명 과거 동 지나가다

事情已经过去了，算了吧。
Shìqing yǐjīng guòqù le, suàn le ba.
스칭 이찡 꿔취(ㄹ) 러, 쏸 러 바.
이미 지나간 일이니 그만둡시다.

guo

过 궈

조 ~한 적이 있다

你去过中国吗? 너 중국에 가 본 적 있니?
Nǐ qùguo Zhōngguó ma? 니 취궈 쭝구어 마?

你见过他吗? 그 사람을 만난 적이 있나요?
Nǐ jiànguo tā ma? 니 찌엔궈 타 마?

G

H

hā

哈 하

의 웃는 소리

太有意思了，哈哈哈！ 너무 재미있다. 하하하!
Tài yǒu yìsi le, hā hā hā ! 타이 요우 이스(르) 러, 하하하!

哈利波特与魔法石 해리포터와 마법사의 돌
Hālìbōtè yǔ mófǎshī 하리뽀터 위 모퐈스

hái

还 하이

부 여전히, 아직 / 더, 또

还有别的事情吗? 또 다른 일이 있니?
Hái yǒu bié de shìqing ma?
하이 요우 비에 더 스칭 마?

hái kě yǐ
还可以 하이 크어이

형 괜찮다

这次考试成绩还可以。이번 시험 성적은 그럭저럭 괜찮아.
Zhè cì kǎoshì chéngjì hái kěyǐ.
쪄 츠 카오스 청찌 하이 크어이.

hái shi
还是 하이스

부 여전히, 변함없이
접 아니면(의문문에 쓰여서 선택을 나타냄)

你到底去还是不去? 도대체 갈 거니 아니면 말 거니?
Nǐ dàodǐ qù háishì búqù?
니 따오디 취 하이스 부취?

hái zi
孩子 하이즈

명 아이

孩子们喜欢吃冰淇淋。
Háizimen xǐhuan chī bīngqílín.
하이즈먼 씨환 츠 삥치린.
아이들은 아이스크림을 좋아한다.

hǎi

海 하이

㊔ 바다

夏天可以去海边玩儿。
Xiàtiān kěyǐ qù hǎibian wánr.
씨아티엔 크어이 취 하이비엔 왈.
여름이면 해변에 가서 놀 수 있어.

hǎi tún

海豚 하이툰

㊔ 돌고래

海豚表演 돌고래 쇼
Hǎitún biǎoyǎn
하이툰 비야오옌

hài pà

害怕 하이파

㊍ 무서워하다

晚上我害怕一个人出去。 밤에는 나 혼자 나가기가 무서워요.
Wǎnshang wǒ hàipà yíge rén chūqù.
완샹 워 하이파 이거 런 츄취.

hán jià
寒假 한찌아

명 겨울 방학

今年寒假从12月20号开始。
Jīnnián hánjià cóng shíèr yuè èrshí hào kāishǐ.
찐니엔 한찌아 총 스얼 위에 얼스 하오 카이스.
올해 겨울 방학은 12월 20일부터 시작된다

Hán guó rén
韩国人 한구어런

명 한국인

我是韩国人。 나는 한국인이다.
Wǒ shì Hánguórén.
워 스 한구어런.

hàn bǎo bāo
汉堡包 한바오빠오

명 햄버거

汉堡包吃多了会胖的。
Hànbǎobāo chī duō le huì pàng de.
한바오빠오 츠 뚜어(ㄹ) 러 후이 팡 더.
햄버거를 많이 먹으면 살찐다.

Hàn yǔ
汉语 한위

명 중국어

你会说汉语吗? 중국어를 할 줄 아니?
Nǐ huì shuō Hànyǔ ma?
니 후이 슈어 한위 마?

hǎo
好 하오

형 좋다

老师夸我做了好事。
Lǎoshī kuā wǒ zuò le hǎoshì.
라오스 쿠아 워 쭈어(르) 러 하오스.
선생님께서 좋은 일을 했다고 칭찬해 주셨다.

hǎo bu hǎo
好不好 하오 뿌 하오

~하는 게 어때요?

我去你那儿, 好不好? 네가 있는 곳으로 갈게, 어때?
Wǒ qù nǐ nàr, hǎo bu hǎo?
워 취 니 날, 하오 뿌 하오?

hǎo chī
好吃 하오츠

형 맛있다

这道菜很好吃。이 요리 정말 맛있어.
Zhè dào cài hěn hǎochī.
쩌 따오 차이 흐언 하오츠.

hǎo hāo r
好好儿 하오할

부 잘

你再好好儿想一想吧。다시 한 번 잘 생각해 봐요.
Nǐ zài hǎohāor xiǎng yi xiǎng ba.
니 짜이 하오할 씨앙 이 씨앙 바.

hǎo kàn
好看 하오칸

형 보기 좋다, 예쁘다

你今天穿得很好看。오늘 예쁘게 차려입었네.
Nǐ jīntiān chuān de hěn hǎokàn.
니 찐티엔 츄완 더 흐언 하오칸.

hǎo ma

好吗 하오마?

어때요?

那我们一起去，好吗? 그럼 우리 같이 가자, 어때?

Nà wǒmen yìqǐ qù, hǎo ma ?

나 워먼 이치 취, 하오 마?

hǎo wán r

好玩儿 하오왈

형 재미있다

两个人玩儿，更好玩儿一些。둘이서 같이 하면 더 재미있어.

Liǎng ge rén wánr, gèng hǎo wánr yìxiē.

리앙 거 런 왈, 껑 하오 왈 이씨에.

hǎo xiàng

好像 하오씨앙

동 마치 ~과 같다

我好像以前来过这里。나 여기 와 본 것 같아.

Wǒ hǎoxiàng yǐqián láiguò zhèlǐ.

워 하오씨앙 이치엔 라이궈 쩌리.

H

hào

号 하오

명 번호, (날짜) 일

我的学号是三十六号。 나의 번호는 36번이다.
Wǒ de xuéhào shì sānshíliù hào.
워 더 쉬에하오 스 싼스 리우 하오.

hào mǎ

号码 하오마

명 번호

请告诉我你的手机号码。 핸드폰 번호 좀 알려 주세요.
Qǐng gàosu wǒ nǐ de shǒujī hàomǎ.
칭 까오쑤 워 니 더 쇼우찌 하오마.

hē

喝 흐어

동 마시다

你想喝什么? 뭐 마실래?
Nǐ xiǎng hē shénme?
니 씨앙 흐어 션머?

hé

和 흐어

㉿ ~와

你和我 너와 나

Nǐ hé wǒ

니 흐어 워

hé shì

合适 흐어스

㉭ 어울리다, 알맞다

这双鞋我穿正合适。이 신발 내가 신으니 딱 알맞네.

Zhè shuāng xié wǒ chuān qǐ lái zhèng héshì.

쪄 슈왕 씨에 워 츄완 쪙 흐어스.

hé zi

盒子 흐어즈

㉮ 작은 상자

把这个东西装在盒子里。이 물건을 상자에 담아라.

Bǎ zhège dōngxi zhuāng zài hézi li.

바 쪄거 뚱시 쮸왕 짜이 흐어즈 리.

hé
河 흐어

명 강, 하천

河里有很多鱼。
Héli yǒu hěn duō yú.
흐어리 요우 흐언 뚜어 위.
강물에는 물고기들이 많다.

hé mǎ
河马 흐어마

명 하마

河马力气很大。 하마는 힘이 무척 세다.
Hémǎ lìqi hěn dà.
흐어마 리치 흐언 따.

hè
鹤 허

명 학, 두루미

鹤的腿又长又细。 학의 다리는 길고 가늘다.
Hè de tuǐ yòu cháng yòu xì.
허 더 투이 요우 챵 요우 씨.

hēi

黑 헤이

형 검다, 어둡다

天黑了，我们回家吧。 날이 어두워졌으니 이제 집에 가자.
Tiān hēi le, wǒmen huíjiā ba.
티엔 헤이(르) 러, 워먼 후이찌아 바.

hēi bǎn

黑板 헤이반

명 칠판

你看得见黑板上的字吗? 너는 칠판의 글씨가 보이니?
Nǐ kàn de jiàn hēibǎn shang de zì ma?
니 칸 더 지엔 헤이반 샹 더 쯔 마?

hēi bǐ

黑笔 헤이비

명 검은색 펜

用黑笔写字。 검은색 펜으로 쓰세요.
Yòng hēibǐ xiě zì.
용 헤이비 씨에 쯔.

H

hēi kè

黑客

헤이커

명 해커

电脑黑客 컴퓨터 해커

Diànnǎo hēikè

띠엔나오 헤이커

hēi sè

黑色

헤이써

명 검은색

他平时喜欢穿黑色的衣服。

Tā píngshí xǐhuan chuān hēisè de yīfu.

타 핑스 씨환 츄완 헤이써 더 이푸.

그는 평소에 검은색 옷을 즐겨 입는다.

hěn

很

흐언

부 매우, 대단히

这次数学考试出题很难。

Zhè cì shùxué kǎoshì chūtí hěn nán.

쪄 츠 슈쒸에 카오스 츄티 흐언 난.

이번 수학 시험이 매우 어렵게 출제되었다.

hóng

红 홍

ⓗ 붉다, 빨갛다 / 인기가 많다

你的脸怎么这么红? 너 얼굴이 왜 이렇게 빨갛니?
Nǐ de liǎn zěnme zhème hóng? 니 더 리엔 전머 쩌머 홍?

他是一个很红的明星。그는 매우 인기가 많은 스타이다.
Tā shì yíge hěn hóng de míngxīng. 타 스 이거 헌 홍 더 밍씽.

hóng dēng

红灯 홍떵

명 빨간 등

红灯亮了，请站住!
Hóngdēng liàng le, qǐng zhànzhù!
홍떵 량 러, 칭 짠쭈!
빨간 신호등이 켜졌어요, 발걸음을 멈추세요!

hóng sè

红色 홍써

명 빨간색

红色的连衣裙 빨간 원피스
Hóngsè de liányīqún
홍써 더 리엔이췬

hóng shǔ

红薯 홍슈

명 고구마

吃红薯可以减肥。
Chī hóngshǔ kěyǐ jiǎnféi.
츠 홍슈 크어이 지엔풰이.
고구마를 먹으면 살을 뺄 수 있다.

hóu zi

猴子 호우즈

명 원숭이

猴子爱吃香蕉。
Hóuzi àichī xiāngjiāo.
호우즈 아이츠 씨앙찌아오.
원숭이는 바나나를 좋아합니다.

hòu

后 호우

명 뒤, 후, 다음, 나중, 장래

先看完后再说吧。 먼저 보고 난 후에 다시 이야기하자.
Xiān kànwán hòu zài shuō ba.
씨엔 칸완 호우 짜이 슈어 바.

hòu mian

后面 호우미엔

명 뒤, 뒤쪽, 뒷면

站在最后面的同学是我的朋友。
Zhànzài zuì hòumian de tóngxué shì wǒ de péngyou.
짠짜이 쭈이 호우미엔 더 통쒸에 스 워 더 펑요.
맨 끝에 서 있는 학생이 내 친구이다.

hòu tiān

后天 호우티엔

명 모레

我们学校后天开运动会。 우리 학교에서는 모레 운동회가 열립니다.
Wǒmen xuéxiào hòutiān kāi yùndònghuì.
워먼 쒸에씨아오 호우티엔 카이 윈똥후이.

hú li

狐狸 후리

명 여우

狐狸和狼 여우와 늑대
Húli hé láng
후리 흐어 랑

hú luó bo

胡萝卜 후루어보

명 당근

兔子爱吃胡萝卜。
Tùzi àichī húluóbo.
투즈 아이츠 후루어보.
토끼는 당근을 좋아한다.

hú dié

蝴蝶 후디에

명 나비

两只蝴蝶飞进来了。
Liǎng zhī húdié fēi jìnlái le.
리앙 즈 후디에 풰이 찐라이(ㄹ) 러.
나비 두 마리가 날아왔다.

hǔ

虎 후

명 호랑이

虎是猫科动物。 호랑이는 고양이과에 속한다.
Hǔ shì māokē dòngwù.
후 스 마오크어 뚱우.

hù xiāng

互相 후씨앙

부 서로, 상호

大家互相认识一下吧。 여러분 서로 인사하세요.

Dàjiā hùxiāng rènshi yíxià ba.

따찌아 후씨앙 런스 이씨아 바.

hù shi

护士 후스

명 간호사

我妈妈是护士。 나의 엄마는 간호사입니다.

Wǒ māma shì hùshi.

워 마마 스 후스.

hù zhào

护照 후쨔오

명 여권

去外国旅行一定要有护照。

Qù wàiguó lǚxíng yídìng yào yǒu hùzhào.

취 와이구어 뤼씽 이딩 야오 요우 후쨔오.

외국 여행을 갈 때는 반드시 여권이 있어야 한다.

H

huā

花

후아 명 (~儿) 꽃 동 쓰다, 소비하다

一朵花 한 송이의 꽃

Yì duǒ huā 이 두어 후아

我花了很长时间才写完作业。

Wǒ huā le hěn cháng shíjiān cái xiěwán zuòyè.

워 후아(ㄹ) 러 흐언 챵 스찌엔 차이 씨에완 쭈어예.

나는 많은 시간을 들여서야 비로소 숙제를 완성했다.

Huā yuán

花园

후아위엔

명 화원

我们学校的花园很好看。 우리 학교 화단은 매우 예쁘다.

Wǒmen xuéxiào de huāyuán hěn hǎokàn.

워먼 쒸에씨아오 더 후아위엔 흐언 하오칸.

huá

滑

후아

형 미끄럽다

小心地滑。 바닥이 미끄러우니 조심하세요.

Xiǎoxīn dì huá.

시아오씬 띠 후아.

huā
花 후아 꽃

hú dié huā
蝴蝶花
후디에후아 붓꽃

bǎi hé
百合 바이흐어 백합

mǎn tiān xīng
满天星
만티엔씽 안개꽃

méi gui
玫瑰
메이구이 장미

qiān niú huā
牵牛花
치엔니우후아 나팔꽃

xiàng rì kuí
向日葵
씨앙르쿠이 해바라기

zǐ luó lán huā
紫罗兰花
즈(ㄹ)루어란후아 제비꽃

pú gōng yīng
蒲公英
푸꽁잉 민들레

jú huā
菊花 쥐후아 국화

lán huā
兰花 란후아 난초

dù juān huā
杜鹃花
뚜쮜엔후아 진달래

dà bō sī jú
大波斯菊
따뽀쓰쥐 코스모스

lián huā
莲花 리엔후아 연꽃

yù jīn xiāng
郁金香 위찐씨앙 튤립

huá bīng

滑冰 후아삥

명 스케이트

孩子们都在滑冰。아이들은 모두 스케이트를 타고 있다.
Háizimen dōu zài huábīng.
하이즈먼 또우 짜이 후아삥.

huá xuě

滑雪 후아쒸에

명 스키

滑雪是我最喜欢的冬季运动。
Huáxuě shì wǒ zuì xǐhuan de dōngjì yùndòng.
후아쒸에 스 워 쭈이 씨환 더 똥찌 윈똥.
스키는 내가 제일 좋아하는 겨울 스포츠이다.

huà

画 화

동 (그림을) 그리다

这个老虎是我弟弟画的。이 호랑이는 내 남동생이 그린 것이다.
Zhège lǎohǔ shì wǒ dìdi huà de.
쩌거 라오후 스 워 띠디 화 더.

H

huà bǐ

画笔 화비

명 붓

这个**画笔**太粗了，有没有细的？
Zhè ge huàbǐ tài cū le, yǒu méiyǒu xì de?
쩌거 화비 타이 추(ㄹ)러, 요우 메이요우 씨 더?
이 붓은 너무 두꺼워, 좀 가는 것은 없니?

huài

坏 화이

형 나쁘다 / 고장나다 / 망치다

我的电脑**坏**了，现在用不了。
Wǒ de diànnǎo huài le, xiànzài yòng bu liǎo.
워 더 띠엔나오 화이(ㄹ) 러, 씨엔짜이 용 부 리아오.
내 컴퓨터가 고장나서 사용할 수가 없다.

huān yíng

欢迎 후안잉

동 환영하다

欢迎你来参加聚会。 모임에 오신 것을 환영합니다.
Huānyíng nǐ lái cānjiā jùhuì.
후안잉 니(ㄹ) 라이 찬찌아 쮜후이.

huán

还 후안

동 돌려주다 / 돌아오다

从图书馆借来的书还了吗? 도서관에서 빌린 책 돌려주었니?
Cóng túshūguǎn jièlái de shū huán le ma?
총 투슈관 찌에(ㄹ) 라이 더 슈 후안 러 마?

huán jìng

环境 후안찡

명 환경

教育环境对孩子的影响是很大的。
Jiàoyù huánjìng duì háizi de yǐngxiǎng shì hěn dà de.
찌아오위 후안찡 뚜이 하이즈 더 잉씨앙 스 흐언 따 더.
교육 환경이 아이에게 미치는 영향은 매우 크다.

huàn

换 환

동 교환하다 / 바꾸다, 교체하다

我可以换一个新的吗? 새로운 것으로 교환이 되나요?
Wǒ kěyǐ huàn yíge xīn de ma? 워 크어이 환 이거 씬 더 마?

换衣服。옷을 갈아입다.
Huàn yīfu. 환 이푸.

huáng

黄 후앙

형 노랗다

脸色发黄。얼굴색이 누렇게 되다.

Liǎnsè fā huáng.

리엔써 퐈 후앙.

huáng guā

黄瓜 후앙꾸아

명 오이

贴黄瓜片对皮肤好吗?

Tiē huángguāpiàn duì pífū hǎo ma?

티에 후앙꾸아피엔 뚜이 피푸 하오 마?

오이 팩을 하면 피부에 좋은가요?

huáng sè

黄色 후앙써

명 노란색

香蕉皮是黄色的。

Xiāngjiāo pí shi huángsè de.

씨앙찌아오 피 스 후앙써 더.

바나나의 껍질은 노란색이다.

huī sè

灰色 후이써

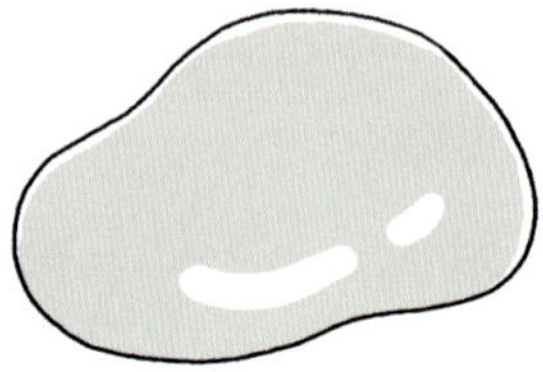

㊔ 회색

灰色西服 회색 양복

Huīsè xīfú

후이써 씨푸

huí

回 후이

㊖ 돌아오다

快去快回! 금방 다녀와!

Kuài qù kuài huí!

콰이 취 콰이 후이!

huí dá

回答 후이다

㊖ 대답하다

快回答老师的话。 선생님의 질문에 빨리 대답해.

Kuài huídá lǎoshī de huà.

콰이 후이다 라오스 더 화.

H

huí guó

回国 후이구어

동 귀국하다

你什么时候回国? 너 언제 귀국하니?
Nǐ shénme shíhou huíguó?
니 션머 스호 후이구어?

huí jiā

回家 후이찌아

동 집에 가다

我想回家看父母。 고향으로 돌아가 부모님을 뵙고 싶다.
Wǒ xiǎng huíjiā kàn fùmǔ.
워 씨앙 후이찌아 칸 푸무.

huí lái

回来 후이(ㄹ)라이

동 돌아오다

你怎么这么晚才回来? 넌 왜 이렇게 늦은 시간에 온 거니?
Nǐ zěnme zhème wǎn cái huílái? 니 전머 쪄머 완 차이 후이(ㄹ) 라이?

爸爸今天出差回来了。 아빠는 오늘 출장에서 돌아오셨습니다.
Bàba jīntiān chūchāi huí lái le. 빠바 찐티엔 츄챠이 후이(ㄹ)라이(ㄹ)러.

huì

会 후이

(조동) ~할 줄 안다

我会说韩语和汉语。 나는 한국어와 중국어를 할 줄 안다.
Wǒ huì shuō Hányǔ hé Hànyǔ.
워 후이 슈어 한위 흐어 한위.

huì yì

会议 후이이

(명) 회의

我今天有一个很重要的会议。
Wǒ jīntiān yǒu yíge hěn zhòngyào de huìyì.
워 찐티엔 요우 이거 흐언 쫑야오 더 후이이.
오늘 중요한 회의가 있다.

hún tún

馄饨 훈툰

(명) 훈툰(중국 음식명)

馄饨源于中国北方。
Húntún yuányú Zhōngguó běifāng.
훈툰 위엔위 쭝구어 베이팡.
훈툰은 중국의 북쪽 지방에서 유래되었다.

H

huǒ
火 후어

명 불

着火了！ 불이야!
Zháo huǒ le!
쟈오 후어(ㄹ) 러!

huǒ chē
火车 후어쳐

명 기차

你坐几点的火车去?
Nǐ zuò jǐ diǎn de huǒchē qù?
니 쭈어 지 디엔 더 후어쳐 취?
몇 시 기차를 타고 가니?

huǒ chē zhàn
火车站 후어쳐짠

명 기차역

我在火车站等你。 기차역에서 기다리고 있을게.
Wǒ zài huǒchēzhàn děng nǐ.
워 짜이 후어쳐짠 덩 니.

huò zhě

或者 후어져

부 아마, 어쩌면, 혹시(…인지 모른다)

접 …이거나, …든지, 혹은, …이 아니면

或者他已经走了。
Huòzhě tā yǐjing zǒu le.
후어져 타 이징 조우(ㄹ) 러.
어쩌면 그는 이미 갔을지도 모른다.

明天我们去看电影，或者去游乐园，怎么样?
Míngtiān wǒmen qù kàn diànyǐng, huòzhě qù yóulèyuán, zěnmeyàng?
밍티엔 워먼 취 칸 띠엔잉, 후어져 취 요우(ㄹ)르어위엔, 전머양?
내일 영화 보러 가자. 아니면 놀이동산 가는 게 어때?

huò dé

获得 훠드어

동 얻다, 손에 넣다

这次比赛他终于获得了胜利。
Zhè cì bǐsài tā zhōngyú huòdé le shènglì.
쩌 츠 비싸이 타 쭝위 훠드어(ㄹ) 러 셩리.
이번 시합에서 그는 드디어 승리를 얻었다.

J

J

jī hū
几乎 찌후

부 거의, 모두

我**几乎**全部忘记了。 난 기억을 거의 잃었다.
Wǒ jīhū quánbù wàngjì le.
워 찌후 취엔뿌 왕찌(ㄹ)러.

jī chǎng
机场 찌창

명 공항

我开车送你去**机场**。
Wǒ kāichē sòng nǐ qù jīchǎng.
워 카이쳐 쏭 니 취 찌창.
내가 차로 공항까지 데려다 줄게.

jī huì

机会 찌후이

명 기회

请再给我一次机会。 한 번 더 기회를 주십시오.

Qǐng zài gěi wǒ yí cì jīhuì.

칭 짜이 게이 워 이 츠 찌후이.

jī piào

机票 찌퍄오

명 항공권, 비행기 표, 비행기 탑승권

我想订一张飞机票。

Wǒ xiǎng dìng yì zhāng fēijīpiào.

워 씨앙 띵 이쨩 풰이찌퍄오.

비행기 표를 예약하고 싶습니다.

jī

鸡 찌

명 닭

鸡生蛋还是蛋生鸡?

Jī shēng dàn háishi dàn shēng jī?

찌 셩 딴 하이스 딴 셩 찌?

닭이 먼저예요, 달걀이 먼저예요?

jī dàn
鸡蛋 찌딴

명 달걀

鸡蛋是全营养食品。
Jīdàn shì quán yíngyǎng shípǐn.
찌딴 스 취엔 잉양 스핀.
달걀은 완전 영양 식품이다.

jī dū jiào
基督教 찌뚜쨔오

명 기독교

你信基督教还是信佛教?
Nǐ xìn jīdūjiào háishi xìn fójiào?
니 씬 찌뚜쨔오 하이스 씬 포쨔오?
넌 기독교를 믿니 불교를 믿니?

jí
极 지

명 정점, 절정, 최고도 부 지극히, 몹시, 매우, 아주

登峰造极。〈성어〉 정상에 이르다. 최고도에 달하다.
Dēng fēng zào jí. 떵펑짜오지.

极少数的人 극소수의 사람들
Jí shǎoshù de rén 지 샤오슈 더 런

jí le

极了 지(ㄹ)러

부 매우, 대단히

好吃极了！ 맛이 정말 좋아!
Hǎo chī jí le !
하오츠 지(ㄹ) 러!

jí yóu

集邮 지요우

명 동 우표 수집(하다)

集邮爱好者 우표 수집가
Jíyóu àihàozhě
지요우 아이하오져

jǐ

几 지

수 (10 이하의 수를 물을 때 사용) 몇

今天星期几? 오늘은 무슨 요일이지?
Jīntiān xīngqī jǐ?
찐티엔 씽치 지?

jǐ

挤 지

동 붐비다

车上人很多，太**挤**了。 차에 사람이 너무 많아서 붐빈다.
Chēshang rén hěn duō, tài jǐ le.
쳐샹 런 흐언 뚜어, 타이 지(ㄹ) 러.

jì de

记得 찌더

동 기억하고 있다

你还**记得**我吗? 나 기억하니?
Nǐ hái jìde wǒ ma?
니 하이 찌더 워 마?

Jì zhōu dǎo

济州岛 찌쪼우다오

명 제주도

济州岛的油菜花很漂亮。 제주도의 유채꽃은 매우 아름답다.
Jìzhōudǎo de yóucàihuā hěn piàoliang.
찌쪼우다오 더 요우차이후아 흐언 피아오량.

jì

系 찌

㊐ 매다, 묶다

系 鞋带。신발끈을 묶다.
Jì xiédài. 찌 시에따이.

把衣服扣子系上。옷의 단추를 채우다.
Bǎ yīfu kòuzi jìshàng. 바 이푸 코우즈 찌샹.

jì jié

季节 찌지에

㊔ 계절

韩国一年有四个季节。한국은 사계절이 있습니다.
Hánguó yì nián yǒu sì ge jìjié. 한구어 이 니엔 요우 쓰 거 찌지에.

你喜欢什么季节? 넌 어느 계절을 좋아하니?
Nǐ xǐhuan shénme jìjié? 니 씨환 션머 찌지에?

jì yòu

既~又~ 찌~ 요우~

㊌ ~할 뿐만 아니라

既简单又方便。쉬울 뿐만 아니라 간편하기도 하다.
Jì jiǎndān yòu fāngbiàn.
찌 지엔딴 요우 팡삐엔.

jì jié

季节 지지에 계절

chūn tiān

春天 춘티엔 봄

xià tiān

夏天 씨아티엔 여름

qiū tiān

秋天 치우티엔 가을

dōng tiān

冬天 똥티엔 겨울

jì xìn

寄信 찌 씬

편지를 부치다

去邮局寄信。
Qù yóujú jì xìn.
취 요우쥐 찌 씬.
우체국에서 편지를 부치다.

jiā

加 찌아

동 더하다, 보태다

加点儿水。 물 좀 더 주세요.
Jiā diǎnr shuǐ.
찌아 디알 쉐이.

Jiā ná dà

加拿大 찌아나따

명 캐나다

他是加拿大人。 그는 캐나다인입니다.
Tā shì Jiānádà rén.
타 스 찌아나따 런.

jiā yóu

加油 찌아요우

동 힘을 내다 / 기름을 넣다

加油！ 힘내!
Jiā yóu! 찌아요우!

我们顺便去加油站加油吧。 주유소에 들러서 기름 넣고 가자.
Wǒmen shùnbiàn qù jiāyóuzhàn jiāyóu ba.
워먼 순비엔 취 찌아요우짠 찌아요우 바.

jiā

家 찌아

명 집

我家离这儿远。
Wǒ jiā lí zhèr yuǎn. 워 찌아 리 쩔 위엔.
우리 집은 여기서 멀어요.

jià gé

价格 찌아그어

명 가격

胡天胡地的价格 터무니없는 가격
Hú tiān hú dì de jiàgé 후 티엔 후 띠 더 찌아그어

价格太贵了。 가격이 너무 비싸다.
Jiàgé tài guì le. 찌아그어 타이 꾸이(ㄹ)러.

jiā zú
家族 찌아쭈 가족

yé ye
□ 爷爷 예예 할아버지

nǎi nai
□ 奶奶 나이나이 할머니

bà ba
□ 爸爸 빠바 아버지

mā ma
□ 妈妈 마마 어머니

shū shu
□ 叔叔 슈슈 삼촌

ā yí
□ 阿姨 아이 이모

□ 哥哥 (gē ge) 끄어거 형, 오빠

□ 弟弟 (dì di) 띠디 남동생

□ 姐姐 (jiě jie) 지에지에 누나, 언니

□ 妹妹 (mèi mei) 메이메이 여동생

□ 儿子 (ér zi) 얼즈 아들

□ 女儿 (nǚ' ér) 뉘얼 딸

□ 侄子 (zhí zi) 즈즈 조카

□ 表兄弟 (biǎo xiōng dì) 비아오씨옹띠 사촌

jià

架 찌아

㊔ 틀, 대, 받침대

这是书**架**。 이것은 책꽂이입니다.
Zhè shì shūjià.
쩌 스 슈찌아.

jiān chí

坚持 찌엔츠

㊍ 고수하다 / 이겨 나가다

你一定要**坚持**下去。 반드시 끝까지 버텨야 해.
Nǐ yídìng yào jiānchí xià qù.
니 이딩 야오 찌엔츠 씨아 취.

jiǎn chá

检查 지엔챠

㊍ 검사하다

老师每天**检查**我们的作业。 선생님은 매일 숙제를 검사한다.
Lǎoshī měitiān jiǎnchá wǒmen de zuòyè.
라오스 메이티엔 지엔챠 워먼 더 쭈어예.

jiǎn
减 지엔

동 빼다, 덜다

三减一等于几? 3 빼기 1은 무엇인가요?
Sān jiǎn yī děngyú jǐ?
싼 지엔 이 덩위 지?

jiǎn dān
简单 지엔딴

형 간단하다

这个问题很简单。 이 문제는 간단해.
Zhège wèntí hěn jiǎndān.
쩌거 원티 헌 지엔딴.

jiàn miàn
见面 찌엔미엔

동 만나다, 대면하다

期待下次的见面。 다음 번 만남을 기대하고 있겠습니다.
Qīdài xiàcì de jiànmiàn.
치따이 씨아츠 더 찌엔미엔.

J

jiàn

件 찌엔

양 옷, 사건 등의 양사

这件衣服很适合你。 이 옷은 너에게 정말 잘 어울린다.
Zhè jiàn yīfu hěn shìhé nǐ.
쪄 찌엔 이푸 흐언 스허 니.

jiàn kāng

健康 찌엔캉

형 건강하다

祝你身体健康！ 건강하세요!
Zhù nǐ shēntǐ jiànkāng!
쭈 니 션티 찌엔캉!

jiàn zi

毽子 찌엔즈

명 제기

过节的时候我和朋友一起踢毽子。
Guò jié de shíhou hé péngyou yìqǐ tī jiànzi.
꿔지에 더 스호 흐어 펑요 이치 티 찌엔즈.
명절에 나는 친구들과 함께 제기를 찬다.

你会踢毽子吗? 넌 제기 찰 줄 아니?
Nǐ huì tī jiànzi ma? 니 후이 티 찌엔즈 마?

jiàn pán
键盘 찌엔판

명 키보드

键盘坏了，不能打字了。
Jiànpán huài le, bùnéng dǎ zì le.
찌엔판 화이(ㄹ) 러, 뿌넝 다 쯔(ㄹ) 러.
키보드가 망가져서 타이핑을 할 수 없다.

jiāng
将 찌앙

부 곧, 장차, 막

飞机将要起飞了。 비행기가 곧 이륙합니다.
Fēijī jiāng yào qǐfēi le.
풰이지 찌앙 야오 치풰이(ㄹ) 러.

jiāng lái
将来 찌앙라이

명 장래, 미래

你将来想当什么? 너는 장래에 뭐가 되고 싶니?
Nǐ jiānglái xiǎng dāng shénme?
니 찌앙라이 씨앙 땅 션머?

jiǎng

讲 지앙

동 말하다, 이야기하다, 설명하다

我和弟弟很喜欢听奶奶讲故事。
Wǒ hé dìdi hěn xǐhuan tīng nǎinai jiǎng gùshi.
워 허 띠디 흐언 씨환 팅 나이나이 지앙 꾸스.
나와 남동생은 할머니가 들려주는 이야기를 좋아한다.

jiāo shuǐ

胶水 찌아오쉐이

명 풀

你有胶水吗，借我用一下！ 풀 있으면 좀 빌려 줄래!
Nǐ yǒu jiāoshuǐ ma, jiè wǒ yòng yíxià!
니 요우 찌아오쉐이 마, 찌에 워 용 이씨아!

jiāo

教 찌아오

동 가르치다

老师教我们写汉字。 선생님은 우리에게 한자를 가르쳐 준다.
Lǎoshī jiāo wǒmen xiě Hànzì.
라오스 찌아오 워먼 씨에 한쯔.

J

jiǎo
角 지아오

명 모서리 / 뿔 / 각

电脑右下**角**有输入法图标。
Diànnǎo yòuxià jiǎo yǒu shūrùfǎ túbiāo.
띠엔나오 요우씨아 지아오 요우 슈루퐈 투삐아오.
컴퓨터 화면 아래쪽에 입력 방식 표시가 있습니다.

jiǎo zi
饺子 지아오즈

명 만두, 교자

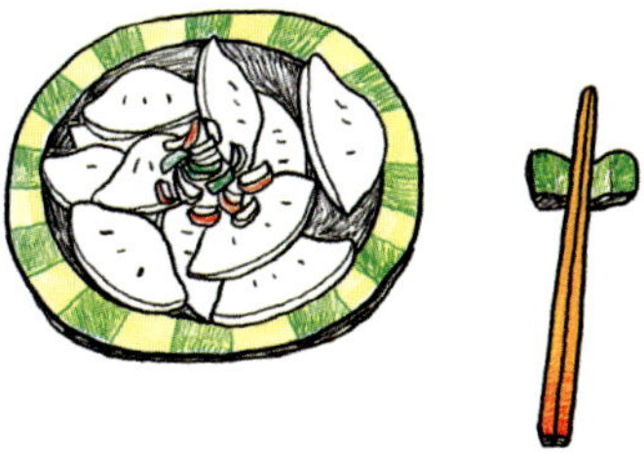

中国过春节吃**饺子**。
Zhōngguó guò chūnjié chī jiǎozi.
쭝구어 꾸어 춘지에 츠 지아오즈.
중국에서는 설날에 만두를 먹는다.

jiǎo
脚 지아오

명 발

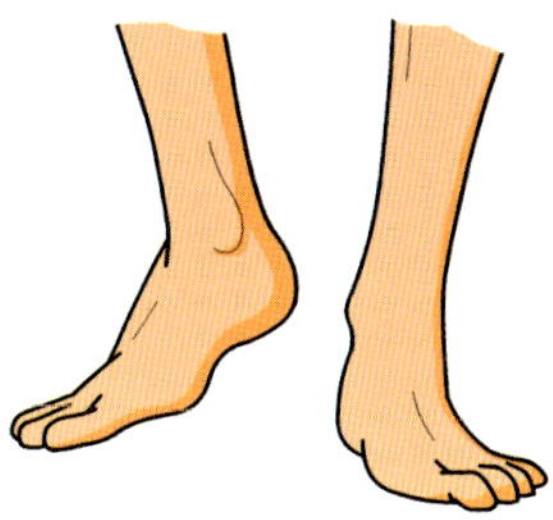

我的**脚**受伤了。발을 다쳤어요.
Wǒ de jiǎo shòushāng le.
워 더 지아오 쇼우샹 러.

jiāo tōng gōng jù
交通工具
찌아오통 꽁쥐 **교통 수단**

qì chē
☐ 汽车 치처 자동차

bā shì
☐ 巴士 빠스 버스

kǎ chē
☐ 卡车 카처 트럭

mó tuō chē
☐ 摩托车 모투어처 오토바이

huǒ chē
☐ 火车 후어처 기차

dì tiě
☐ 地铁 띠티에 지하철

fēi jī

□ 飞机 풰이찌 비행기

huá xiáng jī

□ 滑翔机 후아씨앙찌 글라이더

zhí shēng fēi jī

□ 直升飞机 즈셩 풰이찌 헬리콥터

qì qiú

□ 气球 치치우 기구

chuán

□ 船 츄완 배

xiǎo chuán

□ 小船 씨아오츄완 보트

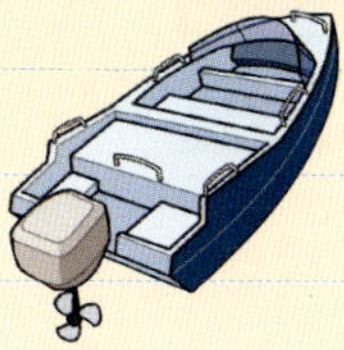

yóu tǐng

□ 游艇 요우팅 요트

jiào

叫 찌아오

동 외치다, 고함치다 / 불러오다 / 찾다

休息时间不要在走廊大声叫。
Xiūxi shíjiān búyào zài zǒuláng dàshēng jiào.
씨우씨 스찌엔 부야오 짜이 조우(ㄹ)랑 따셩 찌아오.
쉬는 시간에 복도에서 소리 지르지 마.

jiào shī

教师 찌아오스

명 교사

中国的教师节是9月10号。
Zhōngguó de jiàoshījié shì jiǔ yuè shí hào.
쭝구어 더 찌아오스지에 스 지우 위에 스 하오.
중국에서 '교사의 날'은 9월 10일입니다.

jiào shì

教室 찌아오스

명 교실

快上课了，我们快进教室吧。
Kuài shàng kè le, wǒmen kuài jìn jiàoshì ba.
콰이 샹 커(ㄹ) 러, 워먼 콰이 찐 찌아오스 바.
곧 수업이야, 빨리 교실로 들어가자.

jiē

接 찌에

㉯ 잇다, 연결하다, 계속하다

接着说，我听着呢。 듣고 있으니까 계속 말해.
Jiēzhe shuō, wǒ tīngzhe ne.
찌에져 슈어, 워 팅져 너.

jiē lì sài pǎo

接力赛跑 찌에(ㄹ)리 싸이파오

㉮ 계주

我是400米接力赛跑的第一棒选手。
Wǒ shì sì bǎi mǐ jiēlì sàipǎo de dì yī bàng xuǎnshǒu.
워 스 쓰 바이 미 찌에(ㄹ)리 싸이파오 더 띠 이 빵 쒸엔쇼우.
나는 400미터 계주의 첫 번째 주자이다.

jiē dào

街道 찌에따오 ㉮ 거리

街道上车太多了。 거리에는 차들이 너무 많다.
Jiēdào shang chē tài duō le.
찌에따오 샹 쳐 타이 뚜어(ㄹ) 러.

街道旁边有很多商店。 길가에는 상점이 참 많다.
Jiēdào pángbiān yǒu hěn duō shāngdiàn.
찌에따오 팡삐엔 요우 흐언 뚜어 샹디엔.

jiào shì
教室 찌아오스 교실

lǎo shī
❶ 老师 라오스 교사

xué sheng
❷ 学生 쒸에셩 학생

zhuō zi
❸ 桌子 쮸어즈 책상

yǐ zi
❹ 椅子 이즈 의자

jiào kē shū
❺ 教科书 찌아오크어슈 교과서

bǐ tǒng
❻ 笔筒 비통 필통

❼ qiān bǐ 铅笔 치엔비 연필

❽ xiàng pí 橡皮 씨앙피 지우개

❾ là bǐ 蜡笔 라비 색연필

❿ chǐ zi 尺子 츠즈 자

⓫ dì qiú yí 地球仪 띠치우이 지구본

⓬ gōng gào lán 公告栏 꽁까오(ㄹ)란 게시판

jié mù

节目 지에무

명 프로그램

这次活动有什么类型的节目?
Zhè cì huódòng yǒu shénme lèixíng de jiémù?
쩌 츠 후어똥 요우 선머 레이씽 더 지에무?
이번 행사에는 어떤 프로그램이 있나요?

jié rì

节日 지에르

명 기념일, 경축일

跟朋友一起过节日。
Gēn péngyou yìqǐ guò jiérì.
끄언 펑요 이치 꿔 지에르.
친구들과 함께 명절을 보내다.

jié guǒ

结果 지에구어

명 결과

这不是我要的结果。이건 내가 원하던 결과가 아니야.
Zhè búshì wǒ yào de jiéguǒ.
쩌 부스 워 야오 더 지에구어.

jié hūn

结婚 지에훈

동 결혼하다

他们什么时候结婚了?
Tāmen shénme shíhòu jiéhūn le?
타먼 션머 스호우 지에훈 러?
그들은 언제 결혼했니?

jié shù

结束 지에슈 동 끝나다, 마치다

还有一天就结束所有的课程。
Háiyǒu yìtiān jiù jiéshù suǒyǒu de kèchéng.
하이요우 이티엔 찌우 지에슈 쑤어요우 더 커청.
하루만 더 있으면 모든 수업 일정이 끝난다.

中国留学生活快要结束了。
Zhōngguó liúxué shēnghuó kuàiyào jiéshù le.
쭝구어 리우쒸에 셩후어 콰이야오 지에슈(르) 러.
중국의 유학 생활도 곧 끝난다.

jiě jie

姐姐 지에지에

명 누나, 언니

姐姐，你去哪儿? 언니, 어디 가?
Jiějie, nǐ qù nǎr? 지에지에, 니 취 날?

J

jiě jué

解决 지에쥐에

동 해결하다

这个问题终于被解决了。 드디어 어려운 문제를 해결했다.
Zhège wèntí zhōngyú bèi jiějué le. 쩌거 원티 쭝위 뻬이 지에쥐에(ㄹ) 러.

这件事情我来解决！ 이 일은 내가 해결할게!
Zhè jiàn shìqíng wǒ lái jiějué! 쩌 지엔 스칭 워(ㄹ) 라이 지에쥐에!

jiè shào

介绍 찌에샤오

동 소개하다

请帮我介绍一个中国朋友。
Qǐng bāng wǒ jièshào yíge Zhōngguó péngyou.
칭 빵 워 찌에샤오 이거 쭝구어 펑요.
중국인 친구 좀 소개시켜 주세요.

jiè

借 찌에

동 빌리다

不要跟朋友借钱。 친구에게 돈 빌리지 마라.
Búyào gēn péngyou jiè qián.
부야오 끄언 펑요 찌에 치엔.

jiè gěi

借给 찌에게이

~에게 빌려 주다

能借给我一把伞吗?
Néng jiègěi wǒ yì bǎ sǎn ma?
넝 찌에게이 워 이 바 싼 마?
우산 좀 빌려 줄 수 있니?

jīn

金 찐

명 금, 금속, 돈

金是个宝物。금은 보물이다.
Jīn shì ge bǎowù. 찐 스 거 바오우.

现金 현금
Xiànjīn 씨엔찐

jīn nián

今年 찐니엔

명 올해

我今年20岁了。저는 올해 스무 살입니다.
Wǒ jīnnián èrshí suì le.
워 찐니엔 얼스 쑤이(ㄹ) 러.

jīn tiān

今天 찐티엔

명 오늘

我**今天**很忙。 오늘은 무척 바쁘다.
Wǒ jīntiān hěn máng.
워 찐티엔 흐언 망.

jīn yú

金鱼 찐위

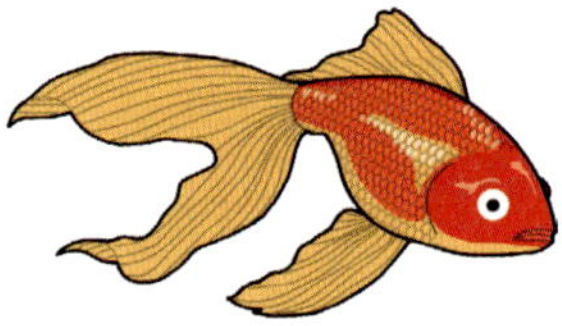

명 금붕어

你看过**金鱼**吗? 금붕어 본 적 있어?
Nǐ kànguo jīnyú ma?
니 칸궈 찐위 마?

jǐn zhāng

紧张 진짱

형 긴장하다, 불안하다 / 긴박하다

不用**紧张**, 慢慢儿来。
Búyòng jǐnzhāng, mànmānr lái.
부용 진짱, 만말 라이.
긴장하지 말고 천천히 해.

jìn
进 찐

동 들어가다, 들어오다

请进，请坐。 들어오세요, 여기 앉으세요.
Qǐng jìn, qǐng zuò.
칭 찐, 칭 쭈어.

jìn lái
进来 찐라이

동 들어오다

快进来喝茶。 빨리 들어와서 차 한잔 드세요.
Kuài jìnlái hē chá.
콰이 찐라이 흐어 차.

jìn qù
进去 찐취

동 들어가다

进去一看就知道了。 들어가 보면 바로 알게 될 거야.
Jìnqù yí kàn jiù zhīdao le. 찐취 이 칸 찌우 쯔다오(ㄹ) 러.

你一个人进去吧！ 너 혼자 들어가!
Nǐ yíge rén jìnqù ba! 니 이거 런 찐취 바!

J

jìn

近 찐

형 가깝다

书店离这儿很近。 서점은 여기서 굉장히 가까워요.
Shūdiàn lí zhèr hěn jìn.
슈띠엔 리 쪌 흐언 찐.

jīng cháng

经常 찡창

부 자주, 늘, 항상

他经常丢东西。 그는 늘 물건을 잃어버린다.
Tā jīngcháng diū dōngxi.
타 찡창 띠우 똥시.

jīng guò

经过 찡꿔

명 과정, 경위
동 (장소 · 시간 · 동작 등을)경과하다, 거치다 / 겪다, 경험하다

事情的经过是这样的。 일의 경위는 바로 이렇습니다.
Shìqing de jīngguò shì zhèyàng de. 스칭 더 찡꿔 스 쩌양 더.

屋子经过打扫，干净多了。
Wūzi jīngguò dǎsǎo, gānjìng duō le. 우즈 찡꿔 다싸오, 깐찡 뚜어(ㄹ)러.
방을 청소하고 나니 훨씬 깨끗해졌다.

jīng lǐ

经理 찡리

명 사장(대기업의 CEO, 전문 경영인)

经理去英国出差了。 사장은 출장을 갔다.
Jīnglǐ qù Yīngguó chūchāi le.
찡리 취 잉구어 츄챠이(ㄹ) 러.
(Cf. 老板 lǎobǎn 라오반 : 중소기업, 상점 등의 사장)

jǐng chá

警察 징챠

명 경찰

他的哥哥是警察。
Tā de gēge shì jǐngchá.
타 더 끄어거 스 징챠.
그의 형은 경찰입니다.

jìng lǐ

敬礼 찡리

명 경례 동 경례하다

向国旗敬礼 국기에 대한 경례
Xiàng guóqí jìnglǐ
썅 구어치 찡리

jìng zi

镜子 찡즈

명 거울

用**镜子**看看。 거울로 좀 보렴.
Yòng jìngzi kànkan.
용 찡즈 칸칸.

jiǔ

九 지우

수 9, 아홉, 아홉째, 아홉 번째

我家狗生了**九**只小狗。
Wǒ jiā gǒu shēng le jiǔ zhī xiǎogǒu.
워 찌아 고우 셩 러 지우 즈 씨아오고우.
우리 집 개가 강아지 아홉 마리를 낳았어.

jiǔ

久 지우

형 오래되다

很**久**以前的事 아주 오래된 일
Hěn jiǔ yǐqián de shì
흐언 지우 이치엔 더 스

jiǔ

酒 지우

㉾ 술

喝酒过量对身体没有好处。
Hē jiǔ guòliàng duì shēntǐ méiyǒu hǎochù.
흐어 지우 꿔량 뚜이 션티 메이요우 하오츄.
술을 많이 마시면 몸에 이롭지 않다.

jiù

旧 찌우

㉻ 옛날의

旧习惯 옛 습관
Jiù xíguàn
찌우 씨꽌

jiù

就 찌우 ㉮ 곧, 즉시

一看书就困。 책을 보면 바로 졸리다.
Yí kàn shū jiù kùn. 이 칸 슈 찌우 쿤.

你一说，我就明白了。 네가 말하자마자 바로 이해했어.
Nǐ yì shuō, wǒ jiù míngbái le. 니 이 슈어, 워 찌우 밍바이(ㄹ)러.

我马上就去。 내가 곧 갈게.
Wǒ mǎshàng jiù qù. 워 마샹 찌우 취.

jiù shì
就是 찌우스

…하면 된다[문장 끝에서 긍정을 표시하며 대부분 了를 붙임]
바로 …이다

明天我一定来，您放心就是了。
Míngtiān wǒ yídìng lái, nín fàngxīn jiùshì le.
밍티엔 워 이딩 라이, 닌 퐝씬 찌우스(르) 러.
나는 내일 꼭 오니까 안심하셔도 됩니다.

就是我。 바로 접니다.
Jiùshì wǒ. 찌우스 워.

jú zi
橘子 쥐즈

명 귤

快来吃橘子。 빨리 와서 귤 먹어라.
Kuài lái chī júzi. 콰이(르) 라이 츠 쥐즈.

jǔ xíng
举行 쥐씽

동 거행하다

开业典礼会在这里举行。 개업 행사가 이곳에서 진행될 것입니다.
Kāiyè diǎnlǐ huì zài zhèli jǔxíng. 카이예 디엔리 후이 짜이 쩌리 쥐씽.

jù zi
句子 쥐즈

명 문장

用'家'字造一个句子。
Yòng 'jiā 'zì zào yíge jùzi.
용 '찌아' 쯔 짜오 이거 쮜즈.
'家' 글자를 이용해 문장을 만들어 보세요.

jué dìng
决定 쥐에띵

명 결정, 결정 사항 동 결정하다, 결심하다

让他自己决定吧。 그가 스스로 결정을 하게 하자.
Ràng tā zìjǐ juédìng ba.
랑 타 쯔지 쥐에띵 바.

jué de
觉得 쥐에더

동 느끼다, 생각하다

我总觉得我自己的交际能力很差。
Wǒ zǒng juéde wǒ zìjǐ de jiāojì nénglì hěn chà.
워 종 쥐에더 워 쯔지 더 찌아오찌 넝리 흐언 차.
나는 항상 사교 능력이 부족하다고 생각한다.

K

kā fēi
咖啡 카페이

명 커피

我已经喝了三杯咖啡。
Wǒ yǐjing hē le sān bēi kāfēi.
워 이 찡 흐어(ㄹ) 러 싼 뻬이 카풰이.
커피를 석 잔이나 마셨어요.

kā fēi sè
咖啡色 카풰이써

명 커피색

我想买一件咖啡色的毛衣。 커피색 스웨터를 사고 싶어요.
Wǒ xiǎng mǎi yí jiàn kāfēisè de máoyī.
워 씨앙 마이 이 찌엔 카풰이써 더 마오이.

kǎ

卡 카

명 카드

我妈妈昨天用信用卡买东西了。
Wǒ māma zuótiān yòng xìnyòngkǎ mǎi dōngxi le.
워 마마 주어티엔 용 씬용카 마이 똥씨(르) 러.
엄마는 어제 신용카드로 물건을 샀다.

kāi

开 카이

동 열다 / 켜다 / 개업하다 / 시작하다

学校前面的书店现在开门了吗？
Xuéxiào qiánmiàn de shūdiàn xiànzài kāi mén le ma？
쒜에씨아오 치엔미엔 더 슈띠엔 씨엔짜이 카이 먼 러 마?
학교 앞에 있는 서점 지금 문을 열었니?

kāi huì

开会 카이후이

동 회의하다

老板在开会，不能接电话。
Lǎobǎn zài kāihuì, bùnéng jiē diànhuà.
라오반 짜이 카이후이, 뿌넝 찌에 띠엔화.
사장님은 지금 회의 중이셔서 전화를 못 받습니다.

K

kāi shǐ

开始 카이스

동 시작하다

明天开始我要减肥。
Míngtiān kāishǐ wǒ yào jiǎnféi.
밍티엔 카이스 워 야오 지엔페이.
내일부터 나는 다이어트를 시작할 것이다.

kāi xīn

开心 카이씬

형 즐겁다

十分开心。 매우 즐겁다.
Shífēn kāixīn.
스펀 카이씬.

kàn

看 칸

동 보다 / 읽다 / 만나다 / 진찰하다

今天我看了一部中国电影。 오늘 중국 영화를 봤어.
Jīntiān wǒ kàn le yí bù Zhōngguó diànyǐng.
찐티엔 워 칸 러 이 뿌 쭝구어 띠엔잉.

你快去医院看病吧。 빨리 병원에 가서 진찰 받아 봐.
Nǐ kuài qù yīyuàn kànbìng ba.
니 콰이 취 이위엔 칸삥 바.

kàn jiàn

看见 칸찌엔

㊀동 보이다, 눈에 띄다 / 만나다

我昨天在学校**看见**她了。 어제 학교에서 그를 만났어.
Wǒ zuótiān zài xuéxiào kànjiàn tā le.
워 주어티엔 짜이 쒸에씨아오 칸찌엔 타(ㄹ) 러.

现在你能**看见**我了吗？ 이제 내가 보이니?
Xiànzài nǐ néng kànjiàn wǒ le ma?
씨엔짜이 니 넝 칸찌엔 워(ㄹ) 러 마?

kǎo juàn

考卷 카오쥐엔

명 시험지

请把**考卷**交上来。
Qǐng bǎ kǎojuàn jiāo shànglai.
칭 바 카오쥐엔 찌아오 샹라이.
시험지를 제출해 주세요.

kǎo lǜ

考虑 카오뤼

명 고려 동 고려하다

再考虑**考虑**吧。 다시 생각해 보자.
Zài kǎolǜ kǎolǜ ba. 짜이 카오뤼 카오뤼 바.

kǎo shì

考试 카오스

명 동 시험(보다)

明天我有汉语考试。
Míngtiān wǒ yǒu Hànyǔ kǎoshì.
밍티엔 워 요우 한위 카오스.
내일 중국어 시험이 있어.

kǎo yā

烤鸭 카오야

명 오리구이

北京烤鸭很有名。 북경 오리구이는 아주 유명합니다.
Běijīng kǎoyā hěn yǒumíng.
베이찡 카오야 흐언 요우밍.

kē xué jiā

科学家 크어쒸에찌아

명 과학자

自然科学家 자연 과학자
Zìrán kēxuéjiā
쯔란 크어쒸에찌아

kē

棵 크어

㉮ 그루, 포기 (식물을 세는 단위)

我们在校园里种了一**棵**大树。
Wǒmen zài xiàoyuán li zhòng le yì kē dà shù.
워먼 짜이 씨아오위엔 리 쫑 러 이 크어 따 슈.
우리는 학교 정원에 큰 나무 한 그루를 심었다.

ké sou

咳嗽 크어소우

㉣ 기침 ㉤ 기침하다

孩子这几天一直**咳嗽**。 요즈음 아이는 계속 기침을 했습니다.
Háizi zhè jǐ tiān yìzhí késou.
하이즈 쪄 지 티엔 이즈 크어소우.

kě ài

可爱 크어아이

㉦ 귀엽다

你真**可爱**。 너 정말 귀엽구나.
Nǐ zhēn kě'ài.
니 쪈 크어아이.

kē mù

科目 크어무 교과목

Hán yǔ

韩语 한위 국어

yīn yuè

音乐 인위에 음악

tǐ yù

体育 티위 체육

měi shù

美术 메이슈 미술

Yīng yǔ

英语 잉위 영어

shù xué

数学 쒸에 수학

kē xué

科学 크어쒸에 과학

jì suàn jī

计算机 찌쏸찌 컴퓨터

shè huì

社会 셔후이 사회

yě wài shí xí

野外实习

예와이 스씨 현장 학습

kè wài huó dòng

课外活动

커와이 후어똥 특별 활동

kě néng

可能 크어넝

부 아마도

他可能不来。 그는 아마 오지 않을 겁니다.
Tā kěnéng bù lái.
타 크어넝 뿌 라이.

kě shì

可是 크어스

접 그러나

这次他尽了很大的努力，可是结果失败了。
Zhè cì tā jìn le hěn dà de nǔlì, kěshì jiéguǒ shībài le.
쩌 츠 타 찐러 흐언 따더 누(ㄹ)리, 크어스 지에구어 스빠이(ㄹ)러.
그는 이번에 매우 노력했지만, 결과는 실패였습니다.

kě yǐ

可以 크어이

조동 ~할 수 있다(가능이나 능력), ~해도 된다(허가)

你可以回去了。 돌아가도 좋습니다.
Nǐ kěyǐ huíqù le.
니 크어이 후이취(ㄹ) 러.

kě

渴 크어

형 목마르다

你渴吗? 목마르니?

Nǐ kě ma?

니 크어 마?

kè

刻 커

동 새기다, 조각하다

快速刻章。신속하게 도장을 파다.

Kuàisù kèzhāng.

콰이쑤 커쨩.

kè

课 커

명 수업

我喜欢听汉语课。중국어 수업을 듣는 것이 좋다.

Wǒ xǐhuan tīng Hànyǔkè.

워 씨환 팅 한위커.

K

kè běn

课本 커번

명 교과서

我没带**课本**。 교과서를 가져오지 않았다.
Wǒ méi dài kèběn.
워 메이 따이 커번.

kè qi

客气 커치

동 사양하다

朋友之间别太**客气**。 친구 사이에 너무 사양하지 마.
Péngyou zhījiān bié tài kèqi.
펑요 즈지엔 비에 타이 커치.

kè rén

客人 커런

명 손님

家里来了很多**客人**。 집에 많은 손님들이 오셨다.
Jiālǐ lái le hěnduō kèrén.
찌아(ㄹ)리 라이(ㄹ) 러 흐언뚜어 커런.

kěn dé jī

肯德基 크언더찌

명 KFC

肯德基的汉堡很好吃。KFC 햄버거는 정말 맛있어.
Kěndéjī de hànbǎo hěn hǎochī.
크언더찌 더 한바오 흐언 하오츠.

kōng qì

空气 콩치

명 공기 / 분위기 / 여론

卫生间要抽抽风，换换空气。
Wèishēngjiān yào chōuchou fēng, huànhuan kōngqì.
웨이셩찌엔 야오 쵸우쵸우 펑, 환환 콩치.
화장실은 통풍시켜서 환기해야 한다.

这一团体的空气与他不适。
Zhè yì tuántǐ de kōngqì yǔ tā búshì.
쪄 이 투안티 더 콩치 위 타 부스.
이 단체의 분위기는 그에게 맞지 않다.

K

kè tīng

客厅 커팅 거실

chuāng lián
1 窗帘 츄왕리엔 커튼

diàn fēng shàn
2 电风扇 띠엔펑샨 선풍기

xī chén qì
3 吸尘器 씨천치 진공청소기

zhuō zi
4 桌子 쭈어스 탁자

shā fā
5 沙发 샤파 소파

dì tǎn
6 地毯 띠탄 카펫

dì bǎn
7 地板 띠반 마루

lā jī tǒng
8 垃圾桶 라찌통 쓰레기통

diàn shì
9 电视 띠엔스 텔레비전

yáo kòng qì
10 遥控器 야오콩치 리모컨

zhào piàn
11 照片 쨔오피엔 사진

guà zhōng
12 挂钟 꽈쭝 벽시계

huā pén
13 花盆 후아펀 화분

táo cí qì
14 陶瓷器 타오츠치 도자기

kōng tiáo

空调 콩티아오

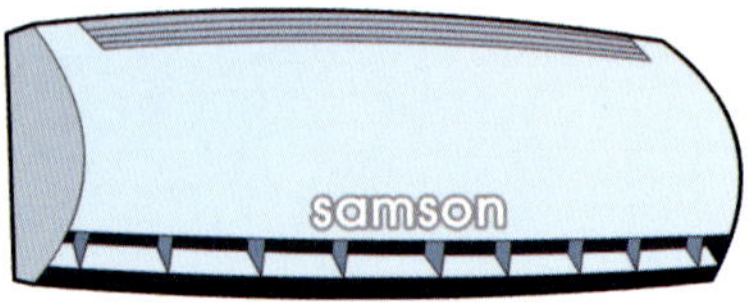

명 에어컨

太热了，我们开空调吧。

Tài rè le, wǒmen kāi kōngtiáo ba.

타이 러(ㄹ) 러, 워먼 카이 콩티아오 바.

너무 덥다, 에어컨 켜자.

kǒng què

孔雀 콩취에

명 공작

孔雀的羽毛很漂亮。 공작의 깃털은 매우 아름답다.

Kǒngquè de yǔmáo hěn piàoliang.

콩취에 더 위마오 흐언 피아오량.

kòng r

空儿 콹

명 틈, 여유, 짬

你今天有空儿吗? 오늘 시간 있어?

Nǐ jīntiān yǒu kòngr ma?

니 찐티엔 요우 콹 마?

kòng zhì

控制 콩즈

동 제어하다

我有时候控制不住自己。 나는 가끔 스스로를 제어하기가 힘들다.
Wǒ yǒu shíhou kòngzhì bú zhù zìjǐ.
워 요우 스호 콩즈 부 쮸 쯔지.

kǒu

口 코우

명 입 양 가족 · 식구를 세는 단위

你家有几口人? 너희 가족은 몇 명이니?
Nǐ jiā yǒu jǐ kǒu rén?
니 찌아 요우 지 코우 런?

kǒu xiāng táng

口香糖 코우씨앙탕

명 껌 (cf. 泡泡糖 pàopaotáng 파오파오탕 풍선껌)

口香糖真甜。 껌이 정말 달다.
Kǒuxiāngtáng zhēn tián. 코우씨앙탕 쩐 티엔.

草莓味道的口香糖 딸기맛 껌
Cǎoméi wèidào de kǒuxiāngtáng 차오메이 웨이따오 더 코우씨앙탕

kòu zi

扣子 코우즈

명 단추

新买的衬衫扣子掉了。 새로 산 셔츠에서 단추가 떨어졌다.
Xīn mǎi de chènshān kòuzi diào le.
씬 마이 더 천샨 코우즈 띠아오(ㄹ) 러.

kū

哭 쿠

동 (소리내어) 울다

想哭就大声地哭吧。
Xiǎng kū jiù dàshēng de kū ba.
씨앙 쿠 찌우 따셩 더 쿠 바.
울고 싶으면 그냥 크게 소리내서 울어.

kǔ

苦 쿠

형 쓰다 / 고통스럽다, 괴롭다, 고되다

这药太苦了。 약이 너무 쓰네요.
Zhè yào tài kǔ le.
쩌 야오 타이 쿠(ㄹ) 러.

K

kù zi

裤子 쿠즈

명 바지

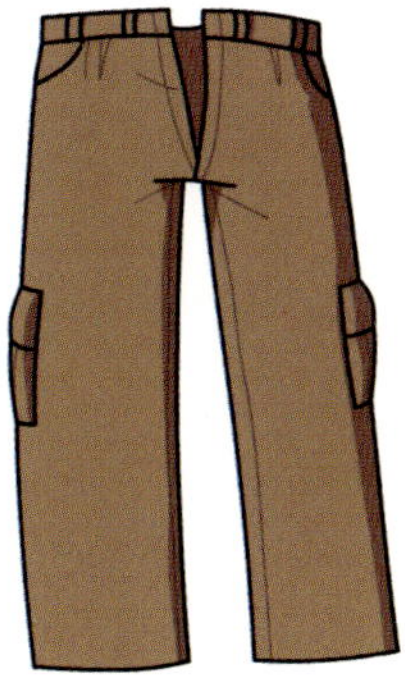

你有几条裤子？ 너는 바지가 몇 벌이나 있니?

Nǐ yǒu jǐ tiáo kùzi?

니 요우 지 티아오 쿠즈?

kuā

夸 쿠아

동 칭찬하다

老师夸我有礼貌。 선생님은 내게 예의 바르다고 칭찬해 주셨다.

Lǎoshī kuā wǒ yǒu lǐmào.

라오스 쿠아 워 요우 리마오.

kuài

快 콰이

형 빠르다

网络速度很快。

Wǎngluò sùdù hěn kuài.

왕뤄 쑤뚜 흐언 콰이.

인터넷 속도가 매우 빠르다.

kuài cān tīng

快餐厅 콰이찬팅

명 패스트푸드점

麦当劳，汉堡王，派派思等这些餐厅叫快餐厅。
Màidāngláo、Hànbǎowáng 、Pàipàisī děng zhèxiē cāntīng jiào kuàicāntīng.
마이땅라오, 한바오왕, 파이파이쓰 덩 쩌씨에 찬팅 찌아오 콰이찬팅.
맥도널드, 버거킹, 파파이스와 같은 가게를 패스트푸드점이라고 한다.

kuài diǎn r

快点儿 콰이 디알

부 빨리

你能不能再快点儿? 너 좀 더 빨리 할 수 없니?
Nǐ néng bu néng zài kuài diǎnr?
니 넝 부 넝 짜이 콰이 디알?

kuài yào le

快要~了 콰이 야오~러

부 곧 ~하다

快要开学了。곧 개학이야.
Kuàiyào kāixué le.
콰이야오 카이쒸에(ㄹ) 러.

kuài lè
快乐 콰이(ㄹ)러

형 즐겁다, 유쾌하다

快乐的心情 즐거운 기분
Kuàilè de xīnqing 콰일러 더 씬칭

祝你生日快乐！ 생일 축하해！
Zhù nǐ shēngrì kuàilè! 쮸 니 셩르 콰이(ㄹ)러!

kuài
块 콰이

명 조각 / 덩이 / 위안(중국의 화폐 단위)

양 덩어리, 조각

小孩儿扔了一块石头。 아이는 돌덩이 하나를 던졌다.
Xiǎoháir rēng le yíkuài shítou.
씨아오할 렁 러 이콰이 스토우.

kuài zi
筷子 콰이즈

명 젓가락

中国的筷子是长长的。
Zhōngguó de kuàizi shì chángcháng de.
쭝구어 더 콰이즈 스 챵챵 더.
중국 젓가락은 길쭉하다.

kùn

困 쿤

㉻ 졸리다 ㉿ 고생하다 / 괴롭히다

这么晚，你不困吗? 시간이 늦었는데 넌 졸리지 않니?
Zhème wǎn, nǐ bú kùn ma? 쩌머 완, 니 부 쿤 마?

为病所困。병으로 고생하다.
Wèi bìng suǒ kùn. 웨이 삥 쑤어 쿤.

L

lā
拉 라 동 끌다 / 배변하다

把门拉开。문을 당겨서 여세요.
Bǎ mén lākāi. 바 먼 라카이.

拉肚子。설사를 하다.
Lā dùzi. 라 뚜즈.

拉车。차를 끌다.
Lā chē. 라 쳐.

lā jī yóu jiàn
垃圾邮件 라찌 요우찌엔

명 스팸 메일

最近邮箱里的垃圾邮件太多了。
Zuìjìn yóuxiāng lǐ de lājī yóujiàn tài duō le.
쭈이찐 요우씨앙 리 더 라찌 요우찌엔 타이 뚜어(ㄹ) 러.
요즘 이메일함에 스팸 메일이 너무 많아.

lā jī xiāng

垃圾箱 라찌씨앙

명 쓰레기통

把垃圾扔到垃圾箱里 쓰레기는 휴지통에

Bǎ lājī rēng dào lājīxiāng lǐ

바 라찌 렁 따오 라찌씨앙 리

là

辣 라

형 맵다

泡菜很辣。 김치는 정말 맵다.

Pàocài hěn là.

파오차이 흐언 라.

là bǐ

蜡笔 라비

명 크레용

我妹妹很喜欢用蜡笔画画儿。

Wǒ mèimei hěn xǐhuan yòng làbǐ huà huàr.

워 메이메이 흐언 씨환 용 라비 화 활.

내 여동생은 크레용으로 그림 그리는 것을 좋아한다.

là zhú

蜡烛 라쥬

명 초, 양초

蜡烛快要烧完了。 초가 거의 다 탔다.
Làzhú kuàiyào shāo wán le.
라쥬 콰이야오 샤오 완 러.

lái

来 라이

동 오다 / (문제나 일 등이) 발생하다, 구체적인 동사를 대신하여 쓰기도 함

你来我家玩儿吧。 우리 집에 놀러 와.
Nǐ lái wǒ jiā wánr ba.
니 라이 워 찌아 왈 바.

lái de jí

来得及 라이 더 지

늦지 않다

现在开始准备考试，来得及吗?
Xiànzài kāishǐ zhǔnbèi kǎoshì, lái de jí ma?
씨엔짜이 카이스 쥰뻬이 카오스, 라이 더 지 마?
시험을 지금부터 준비해도 늦지 않을까요?

L

lán

蓝 란

형 남색의, 남빛의

天是蓝色的。 하늘은 파랗다.
Tiān shì lánsè de.
티엔 스 란써 더.

lán qiú

篮球 란치우

명 농구

我们全家人昨天去体育馆看篮球比赛了。
Wǒmen quánjiārén zuótiān qù tǐyùguǎn kàn lánqiú bǐsài le.
워먼 취엔찌아런 주어티엔 취 티위구안 칸 란치우 비싸이(ㄹ) 러.
우리 식구들은 어제 농구 시합을 보러 체육관에 갔다.

lán sè

蓝色 란써

명 남색, 남빛

蓝色的衣服很好看。
Lánsè de yīfu hěn hǎokàn.
란써 더 이푸 흐언 하오칸.
파란색의 옷이 예쁘다.

lànɡ fèi
浪费 랑풰이

동 낭비하다 형 헛되다 / 비경제적이다

请不要浪费时间。시간을 낭비하지 마세요.
Qǐng bú yào làngfèi shíjiān.
칭 부 야오 랑풰이 스찌엔.

láo dònɡ
劳动 라오똥

명 노동, 일 / 육체 노동

不劳动者，不得食。일하지 않는 자는 먹지 마라.
Bù láodòngzhě, bùdé shí.
뿌 라오똥져, 뿌드어 스.

lǎo
老 라오

형 늙다 / 오래되다

我觉得自己已经老了。
Wǒ juéde zìjǐ yǐjing lǎo le.
워 쥐에더 쯔지 이징 라오(르) 러.
내가 생각할 땐 나도 많이 늙었어.

老朋友 오랜 친구
Lǎo péngyou 라오 펑요

L

lǎo hǔ

老虎 라오후

명 호랑이

老虎和狮子谁更厉害?
Lǎohǔ hé shīzi shéi gèng lìhai?
라오후 흐어 스즈 쉐이 껑 리하이?
호랑이랑 사자 중에 누가 더 셀까?

lǎo shī

老师 라오스

명 선생님

金老师在吗? 김 선생님 계세요?
Jīn lǎoshī zài ma?
찐 라오스 짜이 마?

le

了 러

조 변화, 완료 조사

你变得更漂亮了。 너 굉장히 예뻐졌구나.
Nǐ biànde gèng piàoliang le.
니 삐엔더 껑 피아오량 러.

lèi

累 레이

㉻ 피곤하다

累死了！ 피곤해 죽겠어!

Lèi sǐ le!

레이 쓰(ㄹ) 러!

lěng

冷 렁

㉻ 춥다

四月份了，怎么还这么**冷**？

Sì yuè fèn le, zěnme hái zhème lěng?

쓰 위에 펀 러, 전머 하이 쩌머 렁?

4월인데, 왜 이렇게 춥지?

lí

离 리

㉽ ~에서, ~로부터

超市**离**家不远。 슈퍼는 집에서 가까워요.

Chāoshì lí jiā bù yuǎn.

챠오스 리 찌아 뿌 위엔.

lí kāi

离开 리카이

동 떠나다

李老师已经离开我们，到别的学校去了。
Lǐ lǎoshī yǐjing líkāi wǒmen, dào biéde xuéxiào qù le.
리 라오스 이징 리카이 워먼, 따오 비에더 쒸에씨아오 취(ㄹ) 러.
이 선생님은 이미 우리를 떠나서 다른 학교로 가셨다.

lí zi

梨子 리즈

명 배

梨子很爽口。
Lízi hěn shuǎngkǒu.
리즈 흐언 슈왕코우.
배를 먹으면 입맛이 개운하다.

lǐ mào

礼貌 리마오

명 형 예의(바르다)

小孩子要有礼貌。
Xiǎo háizi yào yǒu lǐmào.
씨아오 하이즈 야오 요우 리마오.
어린이는 예의 바르게 행동해야 한다.

lǐ wù

礼物 리우

명 선물

这是我送给你的生日礼物。
Zhè shì wǒ sòng gěi nǐ de shēngrì lǐwù.
쩌 스 워 쏭게이 니 더 셩르 리우.
이건 내가 주는 생일 선물이야.

lǐ

里 리

명 안

书包里有什么? 책가방 안에는 뭐가 있습니까?
Shūbāo lǐ yǒu shénme?
슈빠오 리 요우 션머?

lǐ bian

里边 리비엔

명 안쪽

从里边向外边看。
Cóng lǐbian xiàng wàibian kàn.
총 리비엔 쌍 와이비엔 칸.
안쪽에서 바깥쪽으로 봐.

lǐ mian
里面 리미엔

명 안

桃子里面有虫。 복숭아 안에 벌레가 있다.
Táozi lǐmian yǒu chóng.
타오즈 리미엔 요우 총.

lì shǐ
历史 리스

명 역사

我们的国家有悠久的历史。
Wǒmen de guójiā yǒu yōujiǔ de lìshǐ.
워먼 더 구어찌아 요우 요우지우 더 리스.
우리나라는 유구한 역사가 있다.

lì hai
厉害 리하이

형 대단하다 / 지독하다

你真厉害！ 너 정말 대단하다!
Nǐ zhēn lìhai!
니 쩐 리하이!

lì zhèng

立正 리쩡

명 차려

立正的姿势 차렷 자세
Lìzhèng de zīshì
리쩡 더 쯔스

lì zi

栗子 리즈

명 밤

从栗子树上掉了一颗栗子。
Cóng lìzi shù shang diào le yì kē lìzi.
총 리즈 슈 샹 띠아오(ㄹ) 러 이 크어 리즈.
밤나무에서 밤이 한 개 떨어졌다.

liǎ

俩 리아

수 두 개 / 두 사람

我们俩是好朋友。 우리 둘은 친한 친구입니다.
Wǒmen liǎ shì hǎo péngyou.
워먼 리아 스 하오 펑요.

L

liàn xì

联系 리엔씨

명 연결, 연락 동 연결하다, 연락하다

请留下你的联系电话。 당신의 연락처를 남겨 주세요.
Qǐng liúxià nǐ de liánxì diànhuà.
칭 리우씨아 니 더 리엔씨 띠엔화.

liǎn

脸 리엔

명 얼굴

他的脸变红了。 그의 얼굴은 붉어졌다.
Tā de liǎn biàn hóng le.
타 더 리엔 삐엔 홍 러.

liàn xí

练习 리엔씨

동 연습하다

回家好好儿练习一下。 집에 가서 연습 좀 해.
Huíjiā hǎohāor liànxí yíxià.
후이찌아 하오할 리엔씨 이씨아.

liáng kuài

凉快 리앙콰이

㉧ 선선하다, 서늘하다

树林里刮风刮得真凉快。
Shùlín li guā fēng guā de zhēn liángkuài.
슈린 리 꾸아펑 꾸아 더 쩐 리앙콰이.
숲 속은 바람이 정말 시원하게 분다

liǎng

两 리앙

㉮ 둘

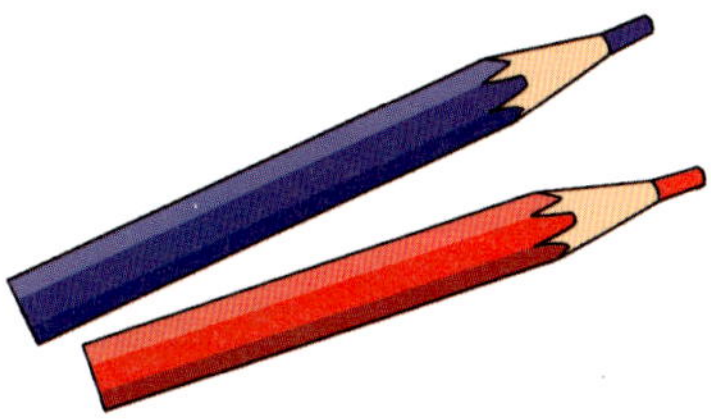

两个人在一起很开心。
Liǎng ge rén zài yìqǐ hěn kāixīn.
리앙 거 런 짜이 이치 흐언 카이씬.
둘이 함께 하니까 너무 즐겁습니다.

liàng

辆 량

㉯ 대, 차량을 셀 때 쓰는 양사

前面开过来一辆车。 앞쪽에서 차 한 대가 들어오고 있다.
Qiánmian kāi guòlái yí liàng chē.
치엔미엔 카이 꾸어(ㄹ)라이 이 량 쳐.

liáo tiān r

聊天儿 리아오티알

동 이야기하다

我想跟你聊天儿。
Wǒ xiǎng gēn nǐ liáotiānr.
워 씨앙 끄언 니 리아오티알.
당신과 얘기하고 싶어요

liǎo bu qǐ

了不起 리아오부치

형 뛰어나다, 보통이 아니다, 놀랍다

真个了不起。 정말로 대단하다.
Zhēnge liǎobuqǐ. 쩐거 리아오부치.

没有什么了不起。 뭐 별로 대단한 것도 아니다.
Méiyǒu shénme liǎobuqǐ. 메이요우 션머 리아오부치.

liǎo jiě

了解 리아오지에

동 알다, 이해하다

对他我还不太了解。 그에 대해서 나는 아직 잘 알지 못한다.
Duì tā wǒ hái bú tài liǎojiě.
뚜이 타 워 하이 부 타이 리아오지에.

lín jū
邻居 린쮜

명 이웃

他们是新来的邻居。 그들은 새로 이사 온 이웃이다.
Tāmen shì xīn lái de línjū.
타 먼 스 씬 라이 더 린쮜.

líng
零 링

수 영, 제로

一减一等于零。 1 빼기 1 은 0이다.
Yī jiǎn yī děngyú líng.
이 지엔 이 덩위 링.

lìng wài
另外 링와이

부 그 밖에

另外还有什么问题吗? 그 밖에 다른 문제가 있습니까?
Lìngwài hái yǒu shénme wèntí ma?
링와이 하이 요우 션머 원티 마?

L

liú

流 리우

㉰ 흘리다, 흐르다, 떠돌다, 퍼지다, 퍼뜨리다

流鼻涕。코를 흘리다.
Liú bítì. 리우 비티.

我感冒流鼻涕。감기에 걸려 콧물이 난다.
Wǒ gǎnmào liú bítì. 워 간마오 리우 비티.

流汗。땀을 흘리다.
Liú hàn. 리우 한.

夏天很容易流汗。여름에는 땀이 잘 난다.
Xiàtiān hěn róngyì liú hàn. 씨아티엔 흐언 롱이 리우 한.

liú xíng

流行 리우싱

명 유행, 성행 동 유행하다, 성행하다

这个样子在全世界流行。이 디자인은 전 세계적으로 유행하고 있다.
Zhège yàngzi zài quán shìjiè liúxíng. 쩌거 양즈 짜이 취엔 스찌에 리우씽.

liú lì

流利 리우(ㄹ)리

형 유창하다

他说英语说得很流利。그는 영어를 유창하게 잘한다.
Tā shuō Yīngyǔ shuō de hěn liúlì. 타 슈어 잉위 슈어 더 흐언 리우(ㄹ)리.

liú xíng gē qǔ

流行歌曲 리우씽 끄어취

명 유행 가요

最近的流行歌曲有哪些? 요즘 유행하는 가요는 뭐가 있습니까?

Zuìjìn de liúxínggēqǔ yǒu nǎxiē?

쭈이찐 더 리우씽 끄어취 요우 나씨에?

liú yán

留言 리우옌

동 말을 남기다

有事请留言。 메시지를 남겨 주세요.

Yǒu shìqing liúyán.

요우 스칭 리우옌.

liù

六 리우

수 6, 여섯, 여섯 번째

箱子里有六个球。

Xiāngzi lǐ yǒu liù ge qiú.

씨앙즈 리 요우 리우 거 치우.

상자 안에는 여섯 개의 공이 있다.

lóng

龙 롱

명 용

龙是人们想象中的一种动物。
Lóng shì rénmen xiǎngxiàng zhōng de yì zhǒng dòngwù.
롱 스 런먼 씨앙씨앙 쭁 더 이 죵 똥우.
용은 상상 속의 동물이다.

lóu

楼 로우

명 건물, 층

我们的办公室就在这个楼里。
Wǒmen de bàngōngshì jiùzài zhège lóu li.
워 먼 더 빤꽁스 찌우짜이 쪄거 로우(ㄹ) 리.
우리 사무실은 바로 이 건물에 있습니다.

lù

鹿 루

명 사슴

我还没看过鹿。 나는 사슴을 본 적이 없다.
Wǒ hái méi kànguo lù.
워 하이 메이 칸궈 루.

lù

路 루

명 길

路上有很多的车辆。
Lù shang yǒu hěn duō de chēliàng.
루 샹 요우 흐언 뚜어 더 처량.
길가에 차들이 아주 많다.

lù kǒu

路口 루코우

명 길목

在十字路口等我。
Zài shízìlùkǒu děng wǒ.
짜이 스쯔루코우 덩 워.
사거리 앞에서 기다려.

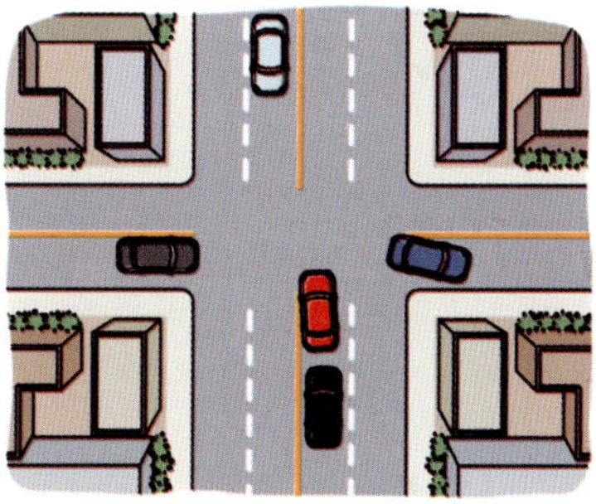

lǚ xíng

旅行 뤼싱

명 여행 동 여행하다

旅行指南 여행 안내
Lǚxíng zhǐnán
뤼씽 즈난

lǚ yóu
旅游 뤼요우

명 여행, 관광 동 여행하다, 관광하다

我想去欧洲旅游。나는 유럽 여행을 가고 싶다.
Wǒ xiǎng qù Ōuzhōu lǚyóu.
워 씨앙 취 오우쪼우 뤼요우.

lǜ
绿 뤼

형 푸르다

青山绿水 푸른 산 푸른 물
Qīng shān lǜ shuǐ
칭산 뤼쉐이

lǜ chá
绿茶 뤼챠

명 녹차

喝绿茶能减肥吗？녹차를 마시면 다이어트가 되나요?
Hē lǜchá néng jiǎnféi ma？
흐어 뤼챠 넝 지엔풰이 마?

lǜ dēng
绿灯 뤼떵

명 녹색등

绿灯亮了，我们走吧。
Lǜdēng liàng le, wǒmen zǒu ba.
뤼떵 량 러, 워먼 조우 바.
녹색불(파란불)이 켜졌으니 건너자.

lǜ sè
绿色 뤼써

명 녹색

绿色产品 환경 보호 제품
Lǜsè chǎnpǐn
뤼써 챤핀

lún chuán
轮船 룬츄완

명 배, 기선

码头上停泊的轮船
Mǎtóu shang tíngbó de lúnchuán
마토우 샹 팅보 더 룬츄완
항구에 정박해 있는 배

ㄴ

luó bo

萝卜 루어보

명 무

拔萝卜。무를 뽑다.
Bá luóbo.
바 루어보.

用萝卜做‘萝卜块泡菜’。무로 깍두기 김치를 담그다.
Yòng luóbo zuò ‘luóbo kuài pàocài ’.
용 루어보 쭈어 ‘루어보 콰이 파오차이’.

luò

落 루어

동 떨어지다

掉落下来。떨어지다. (떨어져 내려오다.)
Diàoluò xiàlái.
띠아오(ㄹ)루어 씨아(ㄹ) 라이.

M

mā ma
妈妈 마마

㉢ 엄마

妈妈的妈妈叫外婆。
Māma de māma jiào wàipó.
마마 더 마마 찌아오 와이포.
어머니의 어머니는 외할머니라고 한다.

má
麻 마

㉭ 저리다

坐久了腿会麻。 오래 앉아 있으면 다리가 저릴 수 있다.
Zuò jiǔ le tuǐ huì má.
쭈어 지우(ㄹ)러 투이 후이 마.

má fan

麻烦 마퐌

㊎ 귀찮다, 번거롭다

麻烦你了。 번거롭게 해드려 죄송합니다.
Máfan nǐ le.
마퐌 니(ㄹ)러.

má jiàng

麻将 마찌앙

㊐ 마작

打麻将。 마작을 하다.
Dǎ májiàng.
다 마찌앙.

mǎ

马 마

㊐ 말

马跑得非常快。 말은 아주 빨리 달린다.
Mǎ pǎo de fēicháng kuài.
마 파오 더 풰이챵 콰이.

mǎ hu

马虎 마후

형 건성건성하다, 소홀하다

做事不能太**马虎**。 일을 너무 건성건성하면 안 된다.
Zuò shì bùnéng tài mǎhu.
쭈어 스 뿌넝 타이 마후.

mǎ lù

马路 마(ㄹ)루

명 큰 길, 도로

过**马路**要小心。
Guò mǎlù yào xiǎoxīn.
꿔 마(ㄹ)루 야오 씨아오씬.
길을 건널 때에는 조심해야 한다.

mǎ shàng

马上 마샹

부 곧, 즉시, 바로

马上就到家了。 금방 집에 도착합니다.
Mǎshàng jiù dào jiā le.
마샹 찌우 따오 찌아(ㄹ) 러.

M

mǎ tǒng

马桶 마통

명 변기

洗手间马桶被堵了。
Xǐshǒujiān mǎtǒng bèi dǔ le.
씨쇼우찌엔 마통 뻬이 두(ㄹ) 러.
화장실 변기가 막혔어.

ma

吗 마

조 문장 끝에 쓰여서 의문을 표시함

能帮我们拍一张照片吗? 사진 좀 찍어 주시겠어요?
Néng bāng wǒmen pāi yì zhāng zhàopiàn ma?
넝 빵 워먼 파이 이 쨩 쨔오피엔 마?

ma

嘛 마

조 사실을 강조, 인정하려는 어기 등을 나타냄

你还是个孩子嘛。너는 아직 어린애잖니.
Nǐ hái shì ge háizi ma.
니 하이 스 거 하이즈 마.

mǎi

买 마이

㊈ 사다, 구입하다

怎么买了这么多？
Zěnme mǎi le zhème duō?
전머 마이(ㄹ) 러 쩌머 뚜어.
왜 이렇게 많이 샀니?

mài bù

迈步 마이뿌

㊈ 발걸음을 내딛다

勇敢地向前迈步。 용감히 앞을 향해 나아가다.
Yǒnggǎn de xiàng qián màibù.
용간 더 썅 치엔 마이뿌.

mài

卖 마이

㊈ 팔다

爸爸把旧车卖给别人了。
Bàba bǎ jiùchē màigěi biérén le.
빠바 바 찌우쳐 마이게이 비에런 러.
아빠는 중고차를 다른 사람에게 팔았다.

mán tou

馒头 만토우

명 만두, 찐빵

早上简单地吃馒头吧。

Zǎoshang jiǎndān de chī mántou ba.

자오샹 지엔딴 더 츠 만토우 바.

아침은 간단하게 찐빵 먹자.

mǎn tiān

满天 만티엔

명 온 하늘

满天都是一片乌云。 온 하늘에 먹구름이 잔뜩 끼어 있다.

Màntiān dōu shì yí piàn wūyún.

만티엔 또우 스 이 피엔 우윈.

mǎn yì

满意 만이

형 만족하다, 만족스럽다

妈妈对这次的考试成绩很满意。

Māma duì zhè cì de kǎoshì chéngjì hěn mǎnyì.

마마 뚜이 쪄 츠 더 카오스 청찌 흐언 만이.

엄마는 이번 시험 성적에 매우 만족해 하신다.

màn
慢 만

㉬ 느리다

慢走!
Màn zǒu!
만조우!
살펴가세요! (조심히 가세요!)

máng
忙 망

㉬ 바쁘다

最近你忙什么? 요즘 뭐하고 지내?
Zuìjìn nǐ máng shénme? 쭈이찐 니 망 션머?
忙得不可开交。 눈코 뜰 새 없이 바쁘다.
Máng de bùkěkāijiāo. 망더 뿌크어 카이찌아오.

māo
猫 마오

㉮ 고양이

我家的猫很可爱。
Wǒ jiā de māo hěn kě'ài.
워 찌아 더 마오 흐언 크어아이.
우리 집 고양이는 귀엽다.

M

māo tóu yīng

猫头鹰 마오토우잉

명 부엉이

猫头鹰白天站在树上睡觉。
Māotóuyīng báitiān zhànzài shùshang shuìjiào.
마오토우잉 바이티엔 짠짜이 슈샹 쉐이찌아오.
부엉이는 낮에 나무 위에 서서 잔다.

máo jīn

毛巾 마오찐

명 수건

用毛巾把头包起来。
Yòng máojīn bǎ tóu bāo qǐ lái.
용 마오찐 바 토우 빠오 치(ㄹ) 라이.
수건으로 머리를 쌌다.

máo yī

毛衣 마오이

명 스웨터

你会织毛衣吗？ 너 스웨터 짤 줄 알아?
Nǐ huì zhī máoyī ma？
니 후이 즈 마오이 마?

mào xiǎn

冒险 마오씨엔

㊍ 모험하다, 위험을 무릅쓰다

喜欢冒险的姑娘 모험을 즐기는 아가씨
Xǐhuan màoxiǎn de gūniang
씨환 마오씨엔 더 꾸니앙

mào zi

帽子 마오즈

㊐ 모자

这帽子是在哪儿买的？ 이 모자 어디서 샀어?
Zhè màozi shì zài nǎr mǎi de？ 쩌 마오즈 스 짜이 날 마이 더?

戴帽子。 모자를 쓰다.
Dài màozi. 따이 마오즈.

Méi yǒu

没(有) 메이(요우)

㊍ 없다, 가지고 있지 않다 ㊋ 아직 …않다(경험 · 행위 · 사실 등이 아직 일어나지 않았음을 의미)

我没有钱。 나는 돈이 없다.
Wǒ méiyǒu qián. 워 메이요우 치엔.

他没来。 그는 오지 않았다.
Tā méi lái. 타 메이(ㄹ) 라이.

M

Méi guān xi

没关系 메이꾸안씨

괜찮다, 문제없다, 염려 없다

A: 我来晚了，对不起！
Wǒ lái wǎn le, duì bu qǐ !
워(ㄹ) 라이 완 러, 뚜이 부 치!
늦게 와서 죄송합니다!

B: 没关系。
Méi guānxi.
메이꾸안씨
괜찮아요.

méi wèn tí

没问题 메이 원티

문제없다, 자신 있다

这点小事，没问题！ 별거 아니네, 아무 문제 없어!
Zhè diǎn xiǎoshì, méi wèntí!
쩌 디엔 씨아오스, 메이 원티!

méi xiǎng dào

没想到 메이 씨앙따오

생각지 못하다, 뜻밖이다, 의외이다

没想到考试这么容易。 뜻밖에도 시험은 매우 쉬웠다.
Méi xiǎngdào kǎoshì zhème róngyì.
메이 씨앙따오 카오스 쩌머 룽이.

méi yǒu lì qi
没有力气 메이요우 리치

힘이 없다

我全身没有力气。 온 몸에 힘이 빠졌다.
Wǒ quánshēn méiyǒu lìqi.
워 취엔션 메이요우 리치.

méi gui huā
玫瑰花 메이꾸이후아

명 장미

送你一朵玫瑰花。
Sòng nǐ yì duǒ méiguihuā.
쏭 니 이 두어 메이꾸이후아.
너에게 장미 한 송이를 선물할게.

měi
每 메이

부 늘, 항상, ~마다

每天都很快乐。 매일 즐겁습니다.
Měitiān dōu hěn kuàilè. 메이티엔 또우 흐언 콰이(ㄹ) 러.

每个星期三 매주 수요일.
Měige xīngqīsān 메이거 씽치싼

M

měi cì
每次 메이츠

부 매번

每次去北京，他们都给我买礼物。
Měicì qù Běijīng, tāmen dōu gěi wǒ mǎi lǐwù.
메이츠 취 베이징, 타먼 또우 게이 워 마이 리우.
매번 북경에 갈 때마다 그들은 나에게 선물을 사준다.

měi tiān
每天 메이티엔

명 매일

我每天晚上打羽毛球。 나는 매일 저녁 배드민턴을 친다.
Wǒ měitiān wǎnshang dǎ yǔmáoqiú.
워 메이티엔 완샹 다 위마오치우.

Měi guó rén
美国人 메이구어런

명 미국인

大卫是美国人。 데이비드는 미국인이다.
Dàwèi shì Měiguórén.
따웨이 스 메이구어런.

mĕi lì

美丽 메이(ㄹ)리

형 아름답다

美丽的风景 아름다운 경치
Mĕilì de fēngjǐng
메이리 더 펑징

mĕi shù guǎn

美术馆 메이슈구안

명 미술관

北京有哪些著名的美术馆?
Bĕijīng yǒu nǎxiē zhùmíng de mĕishùguǎn?
베이찡 요우 나씨에 쮸밍 더 메이슈구안?
북경에서 유명한 미술관은 무엇 무엇인가요?

mèi mei

妹妹 메이메이

명 여동생

我有一个妹妹。 나는 여동생이 있다.
Wǒ yǒu yíge mèimei.
워 요우 이거 메이메이.

M

mēn rè

闷热 먼러

㉻ 무덥다

闷热的天气 무더운 날씨

Mēnrè de tiānqì

먼러 더 티엔치

mén

门 먼

㉹ 문

请把**门**关上。 문 좀 닫아 주세요.

Qǐng bǎ mén guān shang.

칭 바 먼 꾸안 샹.

mén kǒu

门口 먼코우

㉹ 문 입구

有人在学校**门口**等你。

Yǒu rén zài xuéxiào ménkǒu děng nǐ.

요우 런 짜이 쒸에씨아오 먼코우 덩 니.

어떤 사람이 학교 입구에서 너를 기다리고 있어.

mí hóu táo
猕猴桃 미호우타오

명 키위

又酸又甜的猕猴桃 새콤달콤한 키위
Yòu suān yòu tián de míhóutáo
요우 쑤안 요우 티엔 더 미호우타오

mí lù
迷路 미(ㄹ)루

동 길을 잃다 / 잘못된 길로 들어서다, 정도에서 벗어나다

我迷路了，该怎么办? 길을 잃었는데 어떻게 하면 좋을까요?
Wǒ mí lù le, gāi zěnme bàn?
워 미(ㄹ)루 러, 까이 전머 빤?

M

mǐ
米 미

명 쌀

中国的东北米最好吃。
Zhōngguó de Dōngběi mǐ zuì hǎochī.
쭝구어 더 똥베이 미 쭈이 하오츠.
중국에서는 동북 쌀이 제일 맛있다.

mǐ fàn

米饭 미퐌

명 쌀밥, 밥

请再给我一碗米饭。
Qǐng zài gěi wǒ yì wǎn mǐfàn.
칭 짜이 게이 워 이 완 미퐌.
밥 한 그릇 더 주세요.

mì mǎ

密码 미마

명 비밀번호

请输入密码。 비밀번호를 입력해 주십시오.
Qǐng shūrù mìmǎ.
칭 슈루 미마.

miàn bāo

面包 미엔빠오

명 빵

牛奶和面包是我的早餐。
Niúnǎi hé miànbāo shì wǒ de zǎocān.
니우나이 흐어 미엔빠오 스 워 더 짜오찬.
빵과 우유는 나의 아침 식사이다.

miàn bāo chē

面包车 미엔빠오쳐

명 미니버스, 마이크로 버스

你坐过面包车吗?
Nǐ zuò guo miànbāochē ma?
니 쭈어궈 미엔빠오쳐 마?
미니버스를 타 본 적 있니?

miàn tiáo

面条 미엔티아오

명 국수

你喜欢吃面条还是米饭?
Nǐ xǐhuan chī miàntiáo háishi mǐfàn?
니 씨환 츠 미엔티아오 하이스 미퐌?
국수를 좋아하니, 밥을 좋아하니?

miàn xiàng

面向 미엔썅

동 마주 보다, 직면하다 / ~를 향해 가다

面向危机。 위기에 직면하다.
Miànxiàng wēijī. 미엔썅 웨이찌.

面向幸福美好的明天。 아름답고 행복한 내일을 향해 가다.
Miànxiàng xìngfú měihǎo de míngtiān. 미엔썅 씽푸 메이하오 더 밍티엔.

M

míng zi

名字 밍즈

명 이름

你叫什么名字? 이름이 뭐니?

Nǐ jiào shénme míngzi?

니 찌아오 션머 밍즈?

míng bai

明白 밍바이

형 명백하다, 명확하다, 분명하다 동 알다, 이해하다

我的话听明白了吗? 내 말을 모두 이해했나요?

Wǒ de huà tīng míngbai le ma?

워 더 화 팅 밍바이(ㄹ)러 마?

míng dòng

明洞 밍똥

명 명동

很多外国人在明洞购物。 많은 외국인들이 명동에서 물건을 산다.

Hěnduō wàiguórén zài Míngdòng gòuwù.

흐언뚜어 와이구어런 짜이 밍똥 꼬우우.

míng nián

明年 밍니엔

㉢ 내년

明年我打算去巴黎看朋友。
Míngnián wǒ dǎsuan qù Bālí kàn péngyou.
밍니엔 워 다쏸 취 빠리 칸 펑요.
내년에 나는 파리에 가서 친구를 만날 것이다.

míng tiān

明天 밍티엔

㉢ 내일

他**明天**回来。 그는 내일 돌아온다.
Tā míngtiān huílái.
타 밍티엔 후이(ㄹ)라이.

mó tuō chē

摩托车 모투어쳐

㉢ 오토바이

骑**摩托车**很危险。
Qí mótuōchē hěn wēixiǎn.
치 모투어쳐 흐언 웨이씨엔.
오토바이를 타는 것은 위험하다.

Mò xī gē

墨西哥 모씨끄어

명 멕시코

墨西哥的首都是哪里? 멕시코의 수도는 어디입니까?
Mòxīgē de shǒudū shì nǎli?
모씨끄어 더 쇼우뚜 스 나(ㄹ)리?

mò lì huā

茉莉花 모리화

명 [식물] 재스민

我经常喝茉莉花茶。 나는 재스민 차를 자주 마신다.
Wǒ jīngcháng hē mòlìhuā chá.
워 찡챵 흐어 모리화 챠.

mù biāo

目标 무뻬아오

명 목표

我的生活目标是'诚实地做事。
Wǒ de shēnghuó mùbiāo shì 'chéngshí de zuò shì'.
워더 셩후어 무삐아오 스 '청스 더 쭈어 스'.
내 생활의 목표는 '성실하게 일을 하는 것'이다.

N

nà

拿 나

㊐ (손으로) 잡다, 쥐다

手里拿着书。 손에 책을 들고 있다.
Shǒu li názhe shū.
쇼우 리 나저 슈.

nǎ

哪 나

㊎ 무엇, 어느 (것)

你的本子是哪一个? 너의 공책은 어느 것이니?
Nǐ de běnzi shì nǎ yíge?
니 더 번즈 스 나 이거?

N

nǎ r

哪儿 날

㉠ 어디

你去**哪儿**? 어디 가세요?
Nǐ qù nǎr? 니 취 날?

nà

那 나

㉠ 저, 저것

那是谁的巧克力? 저것은 누구의 초콜릿입니까?
Nà shì sheí de qiǎokèlì? 나 스 셰이 더 치아오커(ㄹ)리?

nà me

那么 나머

㉠ 그렇게, 저렇게, 그런, 저런(상태 · 방식 · 정도 등을 표시)
㉡ 그러면, 그렇다면

我不好意思**那么**说。 나는 그렇게 말하는 것이 거북하다.
Wǒ bù haǒ yìsi nàme shuō. 워 뿌 하오 이스 나머 슈어.

那么我先走了。 그럼 나 먼저 갈게.
Nàme wǒ xiān zǒu le. 나머 워 씨엔 조우(ㄹ) 러.

那么漂亮的衣服是在哪儿买的? 그렇게 예쁜 옷은 어디서 샀어?
Nàme piàoliàng de yīfu shì zài nǎr mǎi de?
나머 피아오량더 이푸 스 짜이 날 마이더?

nà r

那儿 날

㉢ 저기, 그곳

他在那儿。그는 저기에 있습니다.
Tā zài nàr.
타 짜이 날.

nǎi nai

奶奶 나이나이

㉤ 할머니

给老奶奶让座。
Gěi lǎo nǎinai ràng zuò.
게이 라오 나이나이 랑 쭈어.
할머니에게 자리를 양보하다.

nǎi yóu

奶油 나이요우

㉤ 버터

用牛奶做奶油。우유를 이용해 버터를 만든다.
Yòng niúnǎi zuò nǎiyóu.
용 니우나이 쭈어 나이요우.

N

nán

男 난

명 남자, 남성

男学生比女学生多。
Nán xuésheng bǐ nǚ xuésheng duō.
난 쒸에셩 비 뉘 쒸에셩 뚜어.
남학생은 여학생보다 많다.

nán rén

男人 난런

명 남자, 남성

男人要坚强。 남자는 굳세어야 한다.
Nánrén yào jiānqiáng. 난런 야오 찌엔치앙.

你认识那个男人吗? 너 그 남자 아니?
Nǐ rènshi nàge nánrén ma? 니 런스 나거 난런 마?

nán

南 난

명 남쪽

他在南边，我在北边。 그는 남쪽에, 나는 북쪽에 있다.
Tā zài nánbian, wǒ zài běibiān.
타 짜이 난비엔, 워 짜이 베이삐엔.

nán bian
南边 난비엔

명 남쪽

学校在公园的南边。 학교는 공원의 남쪽에 있어.
Xuéxiào zài gōngyuán de nánbian.
쉬에씨아오 짜이 꽁위엔 더 난비엔.

nán guā
南瓜 난꾸아

명 호박

南瓜里面是黄色吗？ 호박의 안쪽은 노란색입니까?
Nánguā lǐmiàn shì huángsè de ma？ 난꾸아 리미엔 스 황써 더 마?
我喜欢吃南瓜粥。 나는 호박죽을 좋아한다.
Wǒ xǐhuan chī nánguāzhōu. 워 씨환 츠 난꾸아쪼우.

nán jí
南极 난지

명 남극

南极更冷还是北极更冷?
Nánjí gèng lěng háishi Běijí gèng lěng?
난지 껑 렁 하이스 베이지 껑 렁?
남극이 더 추워, 아니면 북극이 더 추워?

N

nán
难 난

형 어렵다, 힘들다

这个数学题太难了。
Zhège shùxuétí tài nán le.
쩌거 슈쉬에티 타이 난 러.
이 수학 문제 너무 어려운 거 같아.

nán guò
难过 난꿔

형 괴롭다, 슬프다

你别太难过了。 너무 슬퍼하지 마.
Nǐ bié tài nánguò le.
니 비에타이 난꿔(ㄹ)러.

nào zhōng
闹钟 나오쫑

명 자명종, 알람 시계

每天早上六点闹钟就会响。
Měitiān zǎoshang liùdiǎn nàozhōng jiù huì xiǎng.
메이티엔 자오샹 리우디엔 나오쫑 찌우 후이 씨앙.
매일 아침 여섯 시에 알람 시계가 울린다.

ne

呢 너

㉤ 의문 · 지속을 나타내는 어기조사

我是韩国人，你呢？ 나는 한국 사람이야, 너는?
Wǒ shì Hánguórén, nǐ ne？ 워 스 한구어런, 니 너?

这个呢，是你的。这个呢，是我的。 이건 네 것. 이건 내 것.
Zhège ne, shì nǐ de. Zhège ne, shì wǒ de. 쩌거 너, 스 니더. 쩌거 너, 스 워더.

nèn dòu fu

嫩豆腐 넌또우푸

명 연두부

谁知道嫩豆腐的做法？ 누가 연두부를 만드는 방법을 아니?
Shéi zhīdao nèndòufu de zuòfǎ？ 쉐이 쯔다오 넌또우푸 더 쭈어퐈?

néng

能 넝

명 능력, 재능 형 재능[재간]이 있다, 유능하다
조동 ~할 수 있다, 할 줄 알다(능력),
…될 것 같다, …것 같다(가능성)

一专多能。 한 가지 전문 지식과 여러 가지 기능을 가지고 있다.
Yì zhuān duō néng. 이 쮸완 뚜어 넝.

今晚你能来参加聚会吗？ 오늘 저녁에 모임에 올 수 있니?
Jīnwǎn nǐ néng lái cānjiā jùhuì ma？
찐완 니 넝 라이 찬찌아 쮜후이 마?

这个问题我能解决。 나 이 문제 잘 해결할 수 있어.
Zhège wèntí wǒ néng jiějué. 쩌거 원티 워 넝 지에쥐에.

N

néng lì

能力 넝리

명 능력

他经验丰富，工作**能力**强。

Tā jīngyàn fēngfù, gōngzuò nénglì qiáng.

타 찡옌 펑푸, 꽁쭤 넝리 치앙.

그는 경험이 풍부하고 업무 능력이 뛰어나다.

nǐ

你 니

대 너, 당신

我爱**你**。나는 당신을 사랑합니다.

Wǒ ài nǐ.

워 아이 니.

Nǐ kàn

你看！ 니 칸!

봐!

你看，我今天买了很多漂亮的衣服。

Nǐ kàn, wǒ jīntiān mǎi le hěn duō piàoliang de yīfu.

니 칸, 워 찐티엔 마이(ㄹ)러 흐언 뚜어 피아오량 더 이푸.

봐, 나 오늘 예쁜 옷 많이 샀어.

nián

年 니엔

명 년, 해

我在北京呆了三年。 나는 북경에서 3년 동안 있었다.
Wǒ zài Běijīng dāi le sān nián.
워 짜이 베이찡 따이(르)러 싼 니엔.

nián jí

年级 니엔지

명 학년

五年级五班的学生 5학년 5반의 학생
Wǔ niánjí wǔ bān de xuésheng
우 니엔지 우 빤 더 쒸에셩

nián jì

年纪 니엔찌

명 연령, 나이

他比我年纪大。 그는 나보다 나이가 많다.
Tā bǐ wǒ niánjì dà.
타 비 워 니엔찌 따.

N

nián qīng

年轻 니엔칭 형 젊다

你还年轻嘛。 너는 아직 젊은데 뭘.
Nǐ hái niánqīng ma.
니 하이 니엔칭 마.

又年轻又漂亮的老师 젊고 예쁜 선생님
Yòu niánqīng yòu piàoliàng de lǎoshī
요우 니엔칭 요우 피아오량 더 라오스

niàn

念 니엔

동 공부하다, 읽다

他念过几年书。 그는 몇 년 동안이나 공부했다.
Tā niànguo jǐ nián shū. 타 니엔구어 지 니엔 슈.

他在外国念了几年书。 그는 외국에서 몇 년간 유학을 했다.
Tā zài wàiguó niàn le jǐ nián shū. 타 짜이 와이구어 니엔 러 지 니엔 슈.

niǎo

鸟 니아오

명 새

树上有一只小鸟。
Shùshang yǒu yì zhī xiǎo niǎo.
슈샹 요우 이 즈 씨아오 니아오.
나무에 새 한 마리가 앉아 있다.

nín

您 닌

(대) 당신, 귀하

您贵姓？ 당신의 성은 무엇입니까?
Nín guì xìng ?
닌 꾸이 씽?

níng méng

柠檬 닝멍

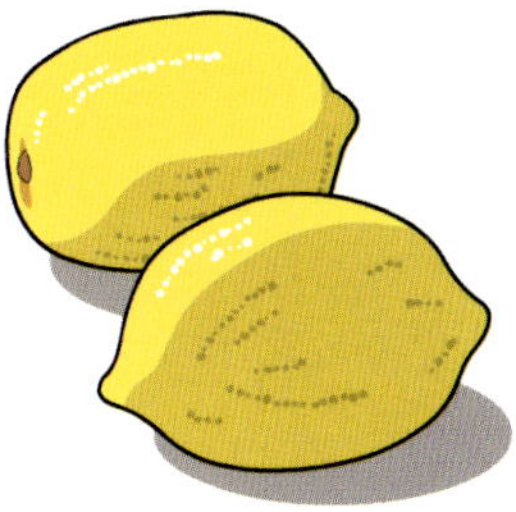

(명) 레몬

酸酸的柠檬汁 새콤한 레몬 주스
Suānsuān de níngméngzhī
쑤안쑤안 더 닝멍즈

niú

牛 니우

(명) 소

牛有很多种类。
Niú yǒu hěnduō zhǒnglèi.
니우 요우 흐언 뚜어 쭁레이.
소의 종류는 매우 다양하다.

N

niǎo lèi

鸟类 니아오(ㄹ)레이 조류

wū yā

乌鸦

우야 까마귀

tū jiù

秃鹫 투찌우 독수리

gē zi

鸽子 끄어즈 비둘기

tiān' é

天鹅 티엔어 백조

má què

麻雀

마취에 참새

yīng

鹰

잉 매

yàn zi

燕子

옌즈 제비

yún què
云雀 윈취에 종달새

hǎi' ōu
海鸥
하이' 오우 갈매기

yīng wǔ
鹦鹉
잉우 앵무새

tuó niǎo
鸵鸟
투어니아오 타조

māo tóu yīng
猫头鹰
마오토우잉 부엉이

hè
鹤 허 학

qǐ' é
企鹅
치으어 펭귄

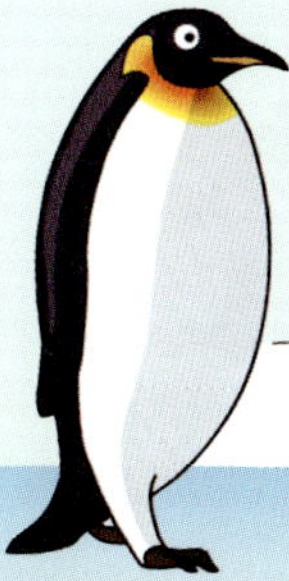

jī
鸡 찌 닭

niú nǎi

牛奶 니우나이

명 우유

喝牛奶会长高吗？
Hē niúnǎi huì zhǎng gāo ma？
흐어 니우나이 후이 쟝 까오 마?
우유를 마시면 키가 클까요?

nóng

浓 농

형 짙다 / 깊다

味道很浓。 깊은 맛이야.
Wèidào hěn nóng.
웨이따오 흐언 농.

nǔ lì

努力 누리

명 노력
동 노력하다, 힘쓰다, 열심히 하다

努力学习。 열심히 공부하다.
Nǔlì xuéxí.
누(ㄹ)리 쒸에씨.

nǚ

女 뉘

명 여자

男女老少 남녀노소
Nán nǚ lǎo shào 난 뉘 라오 샤오

nǚ ér

女儿 뉘얼

명 딸

这是我女儿给的。이건 내 딸이 준 거야.
Zhè shì wǒ nǚ'ér gěi de. 쩌 스 워 뉘얼 게이 더.

今天我跟女儿一起逛街了。
Jīntiān wǒ gēn nǚ'ér yìqǐ guàngjiē le.
찐티엔 워 끄언 뉘얼 이치 꽝찌에(ㄹ)러.
나는 오늘 딸과 함께 쇼핑을 했습니다.

nǚ rén

女人 뉘런

명 여자, 여성

那个女人我好像在哪儿见过。
Nàge nǚrén wǒ hǎoxiàng zài nǎr jiànguo.
나거 뉘런 워 하오씨앙 짜이 날 찌엔구어.
저 여자 어디서 본 것 같은데.

N

nuǎn huo

暖和

누안훠

㉻ 따뜻하다

春天天气暖和。

Chūntiān tiānqì nuǎnhuo.

춘티엔 티엔치 누안훠.

봄에는 날씨가 따뜻하다.

O

ò

哦 오

감 오, 아

哦！原来是你呀！ 아! 너였구나!
Ò ! Yuánlái shì nǐ ya !
오! 위엔라이 스 니 야!

Ōu zhōu

欧洲 오우쬬우

명 유럽주, 구주, 유럽

我想去欧洲旅行。 나는 유럽 여행을 가고 싶어.
Wǒ xiǎng qù Ōuzhōu lǚxíng.
워 씨앙 취 오우쬬우 뤼씽.

O

ǒu rán

偶然 오우란

형 우연하다 부 우연히, 뜻밖에

这样的结果，绝不是偶然的。
Zhè yàng de jiéguǒ, jué búshì ǒurán de.
쪄양 더 지에구어, 쥐에 부스 오우란 더.
이런 결과는 절대로 우연한 것이 아니다.

在机场偶然碰到了他。 공항에서 그를 우연히 만났다.
Zài jīchǎng ǒu'rán pèngdào le tā.
짜이 찌창 오우란 펑따오(르)러 타.

ǒu' ěr

偶尔 오우얼

부 간혹, 이따금 형 우발적인

我们只是偶尔见一次。 우리는 이따금 한번씩 만난다.
Wǒmen zhǐshì ǒu'ěr jiàn yícì.
워먼 즈스 오우'얼 찌엔 이츠.

日月

P

pā

趴 파

동 엎드리다

趴在床上看书。 침대 위에 엎드려서 책을 보다.
Pā zài chuángshang kàn shū.
파 짜이 츄왕샹 칸 슈.

pá

爬 파

동 기다, 기어가다 / 기어오르다

向上爬。 위로 기어 올라가다.
Xiàng shàng pá.
쌍 상 파.

pá shān

爬山 파샨

동 등산하다

爬山很吃力。 등산은 매우 힘들다.
Páshān hěn chīlì.
파샨 헌 츠(ㄹ)리.

pāi zhào

拍照 파이 쨔오

동 사진을 찍다, 촬영하다

在这儿拍个照片吧。 여기서 사진 한 장 찍자.
Zài zhèr pāi ge zhàopiàn ba. 짜이 쩔 파이 거 쨔오피엔 바.

这里禁止拍照。 이곳에서는 사진 촬영 금지입니다.
Zhèli jìnzhǐ pāizhào. 쩌리 찐즈 파이쨔오.

pái duì

排队 파이뚜이

동 줄을 서다

大家请排队。 여러분 줄을 서세요.
Dàjiā qǐng páiduì.
따찌아 칭 파이뚜이.

pái qiú
排球 파이치우

명 배구

你会打排球吗? 배구 할 줄 아세요?
Nǐ huì dǎ páiqiú ma?
니 후이 다 파이치우 마?

pài duì
派对 파이뚜이

명 파티

和朋友们一起开生日派对。 친구들과 함께 생일 파티를 하다.
Hé péngyoumen yìqǐ kāi shēngrì pàiduì.
흐어 펑요먼 이치 카이 셩르 파이뚜이.

pán zi
盘子 판즈

명 쟁반

盘子太小了，有没有大一点儿的?
Pánzi tài xiǎo le, yǒu méiyǒu dà yìdiǎnr de?
판즈 타이 씨아오(ㄹ)러, 요우 메이요우 따 이디알 더?
쟁반이 너무 작네. 좀 더 큰 거 없니?

páng biān

旁边

팡삐엔

명 옆

你坐我的旁边吧。 내 옆에 앉으세요.

Nǐ zuò wǒ de pángbiān ba.

니 쭈어 워 더 팡삐엔 바.

pàng

胖

팡

형 뚱뚱하다, 살찌다

我姐姐很胖。 우리 언니는 뚱뚱하다.

Wǒ jiějie hěn pàng.

워 지에지에 흐언 팡.

pǎo

跑

파오

동 뛰다

他跑到哪儿去了? 그는 어딜 간 거야?

Tā pǎo dào nǎr qù le? 타 파오 따오 날 취(ㄹ) 러?

你别跑，我们还有时间。 뛰지 마, 우리 아직 시간 여유가 있어.

Nǐ bié pǎo, wǒmen háiyǒu shíjiān. 니 비에 파오, 워먼 하이요우 스찌엔.

pǎo bù
跑步 파오뿌

동 달리다

他天天跑步，身体很健康。
Tā tiāntiān pǎobù, shēntǐ hěn jiànkāng.
타 티엔티엔 파오뿌, 션티 흐언 찌엔캉.
그는 매일매일 달리기를 해서 몸이 아주 건강하다.

pào cài
泡菜 파오차이

명 김치

泡菜是韩国的代表食品。 김치는 한국의 대표 음식입니다.
Pàocài shì Hánguó de dàibiǎo shípǐn.
파오차이 스 한구어 더 따이비아오 스핀.

péi xùn bān
培训班 페이쒼빤

명 훈련반, 양성반

我参加了英语培训班。 나는 영어 훈련반에 들어갔다.
Wǒ cānjiā le Yīngyǔ péixùnbān.
워 찬찌아(ㄹ)러 잉위 페이쒼빤.

péng　you
朋友 펑요

명 친구

你是我的好朋友。너는 나의 좋은 친구야.
Nǐ shì wǒde hǎo péngyou.
니 스 워더 하오 펑요.

pèng　dào
碰到 펑따오

동 부딪히다, 마주치다

朋友碰到困难了，怎么帮?
Péngyou pèngdào kùnnán le, zěnme bāng?
펑요 펑따오 쿤난 러, 전머 빵?
친구가 어려움에 맞닥뜨렸다면 어떻게 도와줄까?

pí　jiǔ
啤酒 피지우

명 맥주

青岛啤酒很有名。칭다오 맥주는 아주 유명하다.
Qīngdǎo píjiǔ hěn yǒumíng.
칭다오 피지우 흐언 요우밍.

piān

篇

피엔 ㊣양 편(일정한 형식을 갖춘 문장을 세는 단위)

一篇文章 한 편의 문장
Yì piān wénzhāng 이 피엔 원장

今天的汉语作业是写一篇日记。
Jīntiān de Hànyǔ zuòyè shì xiě yì piān rìjì.
찐티엔 더 한위 쭈어예 스 씨에 이 피엔 르찌.
오늘의 중국어 숙제는 일기 한 편을 쓰는 것입니다.

pián yi

便宜

피엔이

형 싸다

价格很便宜。 가격이 정말 싸다.
Jiàgé hěn piányi.
찌아거 흐언 피엔이.

piāo

飘

피아오 동 나부끼다, 흩날리다

从外边飘来的花香 밖에서 실려온 꽃 향기
Cóng wàibian piāolái de huāxiāng
총 와이비엔 피아오(ㄹ)라이 더 후아씨앙

一片花叶随风飘走了。 한 장의 꽃잎이 바람에 흩날렸다.
Yí piàn huāyè suífēng piāozǒu le.
이 피엔 후아예 수이펑 피아오조우(ㄹ)러.

piào

票 퍄오

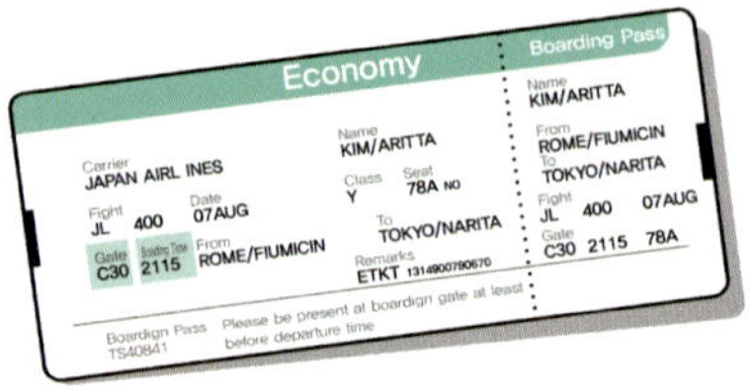

명 표, 티켓

火车票和飞机票都买好了吗？ 기차표와 비행기표 다 샀니?
Huǒchē piào hé fēijī piào dōu mǎi hǎo le ma?
후어쳐 퍄오 흐어 풰이찌 퍄오 마이 하오(ㄹ)러 마?

piào liang

漂亮 피야오량

형 예쁘다

新来的汉语老师很漂亮。 새로 오신 중국어 선생님은 아주 예쁘다.
Xīn láide Hànyǔ lǎoshī hěn piàoliang.
씬 라이더 한위 라오스 흐언 피아오량.

pīng pāng qiú

乒乓球 핑팡치우

명 탁구, 탁구공

你会打乒乓球吗? 탁구 칠 줄 아세요?
Nǐ huì dǎ pīngpāngqiú ma?
니 후이 다 핑팡치우 마?

píng shí
平时 핑스

명 평소

你平时几点睡觉? 넌 평소에 몇 시에 자니?
Nǐ píngshí jǐ diǎn shuìjiào?
니 핑스 지 디엔 쉐이쨔오?

píng guǒ
苹果 핑구어

명 (과일) 사과

我很爱吃苹果。 저는 사과를 즐겨 먹습니다.
Wǒ hěn àichī píngguǒ.
워 흐언 아이츠 핑구어.

píng guǒ pài
苹果派 핑구어파이

명 애플파이

苹果派是用苹果做的吗? 애플파이는 애플로 만들어진 건가?
Píngguǒpài shì yòng píngguǒ zuò de ma?
핑구어파이 스 용 핑구어 쭈어 더 마?

píng

瓶 핑

명 병 양 병을 셀 때 사용함

花瓶 꽃병
Huāpíng 후아핑

一瓶水 물 한 병
Yì píng shuǐ 이 핑 쉐이

pò

破 포

동 부수다, 망가지다 / 구멍이 나다

新的衣服被你弄破了。새 옷이 당신 때문에 구멍 났어요.
Xīn de yīfu bèi nǐ nòng pò le.
씬 더 이푸 뻬이 니 농 포(ㄹ) 러.

pú tao

葡萄 푸타오

명 포도

葡萄对身体好。포도는 몸에 좋다.
Pútao duì shēntǐ hǎo. 푸타오 뚜이 션티 하오.

用葡萄做葡萄酒。포도로 와인을 만들다.
Yòng pútao zuò pútao jiǔ. 용 푸타오 쭤 푸타오 지우.

P

Pǔ tōng huà

普通话 푸통화

명 중국 표준어

你会说**普通话**吗? 당신은 표준어를 할 줄 아세요?

Nǐ huì shuō Pǔtōnghuà ma?

니 후이 슈어 푸통화 마?

Q

qī

七 치

㊉ 7, 일곱

韩国人喜欢数字‘七’，因为‘七’代表幸运。
Hánguórén xǐhuan shùzì ‘qī’, yīnwèi ‘qī’ dàibiǎo xìngyùn.
한구어런 씨환 슈쯔 ‘치’, 인웨이 ‘치’ 따이비아오 씽윈.
한국 사람은 숫자 7을 좋아합니다. 왜냐하면 행운을 나타내기 때문이죠.

qī zi

妻子 치즈

㊔ 아내

丈夫与妻子 남편과 아내
Zhàngfu yǔ qīzi
쨩푸 위 치즈

qí guài

奇怪 치꽈이

㊖ 기이하다, 이상하다

他走路的样子很**奇怪**。 그 아이는 걷는 모습이 진짜 이상해.
Tā zǒu lù de yàngzi hěn qíguài.
타 조우(ㄹ) 루 더 양즈 흐언 치꽈이.

qí

骑 치

㊍ (동물이나 자전거 등에) 타다

骑自行车。 자전거를 타다.
Qí zìxíngchē.
치 쯔씽쳐.

qí mǎ

骑马 치마

㊍ 말을 타다

你会**骑马**吗? 너 말 탈 줄 아니?
Nǐ huì qí mǎ ma?
니 후이 치 마 마?

qí shí

其实 치스

㊋ 사실

其实我还没有做完作业。 사실은 아직 숙제를 하지 못했어요.
Qíshí wǒ hái méiyǒu zuòwán zuòyè.
치스 워 하이 메이요 쭈어완 쭈어예.

qí tā

其他 치타

㊃ 기타

还有其他的事要做吗? 또 다른 할 일이 있나요?
Háiyǒu qítā de shì yào zuò ma?
하이요우 치타 더 스 야오 쭈어 마?

qǐ chuáng

起床 치츄왕

㊌ 기상하다, 일어나다 / 병이 낫다

你每天几点起床?
Nǐ měitiān jǐ diǎn qǐchuáng?
니 메이티엔 지 디엔 치츄왕?
넌 매일 몇 시에 일어나니?

Q

qǐ lái

起来 치(ㄹ)라이

동 일어나다 / 일어나 앉다 / 떠오르다

• (동사 뒤에 붙어) 동작이 위로 향함을 나타냄

站起来。 일어나세요.
Zhàn qǐlái. 짠 치(ㄹ)라이.

把孩子抱起来。 어린아이를 안아 올리다.
Bǎ háizi bāo qǐ lái. 바 하이즈 빠오 치(ㄹ)라이.

• (동사 또는 형용사 뒤에 붙어) 동작이나 상황이 시작되고 또한 계속됨을 나타냄

天气渐渐暖和起来了。
Tiānqi jiànjiàn nuǎnhuo qǐlái le.
티엔치 찌엔찌엔 누안훠 치(ㄹ)라이(ㄹ) 러.
날씨가 점점 따뜻해지기 시작했다.

• (동사 뒤에 붙어) 인상이나 견해를 나타냄

看起来要下雨了。
Kànqǐlái yào xiàyǔ le. 칸치(ㄹ)라이 야오 씨아 위(ㄹ) 러.
보아하니 비가 올 것 같다.

qì qiú

气球 치치우

명 풍선

气球被风吹走了。
Qìqiú bèi fēng chuī zǒu le.
치치우 뻬이 펑 츄이 조우(ㄹ) 러.
바람이 불어 풍선이 날아가 버렸다.

qì chē

汽车 치쳐

명 자동차

你会开汽车吗?
Nǐ huì kāi qìchē ma?
니 후이 카이 치쳐 마?
자동차를 운전할 수 있니?

qì shuǐ

汽水 치쉐이

명 사이다

我要一瓶汽水。 사이다 한 병 주세요.
Wǒ yào yì píng qìshuǐ.
워 야오 이 핑 치쉐이.

qiān

千 치엔

수 1000, 천

数千年前的故事 수 천 년 전의 이야기
Shù qiān nián qián de gùshi
슈 치엔 니엔 치엔 더 꾸스

qiān wàn

千万 치엔완

부 부디, 제발 수 천만 형 수가 많다

千万要记住我说的话。제가 한 말을 부디 기억해 주세요.
Qiānwàn yào jìzhù wǒ shuō de huà.
치엔완 야오 찌쮸 워 슈어 더 화.

qiān bǐ

铅笔 치엔비

명 연필

这么多的铅笔，都是你的吗？
Zhème duō de qiānbǐ, dōu shì nǐ de ma?
쪄머 뚜어 더 치엔비, 또우 스 니 더 마?
이렇게 많은 연필이 다 네 거니?

qián

前 치엔

명 앞

向前看。앞을 봐.
Xiàng qián kàn.
썅 치엔 칸.

qián bian

前边 치엔비엔

명 앞쪽

前边的人 앞 사람
Qiánbian de rén
치엔비엔 더 런

qián mian

前面 치엔미엔

명 앞, 앞부분

前面地滑。앞쪽에 바닥이 미끄럽습니다.
Qiánmian dì huá.
치엔미엔 띠 후아.

qián nián

前年 치엔니엔

명 재작년

前年他已经毕业了。그는 이미 재작년에 졸업을 했다.
Qiánnián tā yǐjing bìyè le.
치엔니엔 타 이징 삐예(ㄹ) 러.

Q

qián tiān
前天 치엔티엔

명 엊그제

前天他住院了。엊그제 그는 입원했다.
Qiántiān tā zhùyuàn le.
치엔티엔 타 쭈위엔 러.

qián
钱 치엔

명 돈

没有钱，怎么买东西?
Méiyǒu qián, zěnme mǎi dōngxi?
메이요우 치엔, 전머 마이 똥시?
돈이 없는데 어떻게 물건을 사나요?

qiáo
桥 치아오

명 다리, 교각

过这条桥就到家了。이 다리를 건너면 바로 집에 도착합니다.
Guò zhè tiáo qiáo jiù dào jiā le.
꾸어 쪄 티아오 치아오 찌우 따오 찌아(ㄹ) 러.

qiǎo kè lì

巧克力 치아오크어(ㄹ)리

명 초콜릿

玲玲爱吃巧克力。 링링은 초콜릿을 좋아한다.

Língling àichī qiǎokèlì.

링링 아이츠 치아오커(ㄹ)리.

qié zi

茄子 치에즈

명 가지

我不喜欢吃茄子。 나는 가지 먹는 게 싫어.

Wǒ bù xǐhuan chī qiézi.

워 뿌 씨환 츠 치에즈.

qīn qi

亲戚 친치

명 친척

有困难可以找亲戚帮忙。 힘들면 친척에게 도움을 청할 수 있다.

Yǒu kùnnan kěyǐ zhǎo qīnqi bāngmáng.

요우 쿤난 크어이 쟈오 친치 빵망.

qīng sè

青色 칭써 명 청색

蓝色和绿色统称青色。
Lánsè hé lǜsè tǒngchēng qīngsè. 란써 흐어 뤼써 통청 칭써.
하늘색과 녹색을 총칭하여 청색이라고 할 수 있다.

qīng wā

青蛙 칭와 명 청개구리

我看过童话剧《青蛙王子》。나는 동화극《개구리 왕자》를 본 적 있다.
Wǒ kànguo tónghuàjù《Qīngwā wángzi》. 워 칸구어 통화쮜 《칭와 왕즈》.

qīng chu

清楚 칭추

형 분명하다, 명확하다, 뚜렷하다, 깔끔하다, 깨끗하다
동 알다, 이해하다

我已经跟他说得很清楚了。
Wǒ yǐjīng gēn tā shuōde hěn qīngchu le.
워 이징 끄언 타 슈어더 헌 칭츄(르)러.
나는 이미 그한테 아주 자세하게 얘기했어.

口音清楚。발음이 분명하다.
Kǒuyīn qīngchu. 코우인 칭추.

这件事的经过他很清楚。
Zhè jiàn shì de jīngguò tā hěn qīngchu. 쩌 찌엔 스 더 찡꿔 타 흐언 칭추.
이 사건의 경과를 그는 잘 이해하고 있다.

qīng

轻 칭

형 가볍다, 젊다

这东西很轻，我一个人可以拿。
Zhè dōngxi hěn qīng, wǒ yíge rén kěyǐ ná.
쪄 똥시 흐언 칭, 워 이거 런 크어이 나.
이 물건은 아주 가벼워서 저 혼자서 들 수 있습니다.

qīng sōng

轻松 칭쑹

형 (일 등이) 수월하다, (기분이) 홀가분하다, 가뿐하다

轻松愉快。가뿐하고 유쾌하다.
Qīngsōng yúkuài. 칭쑹 위콰이.

现在的工作比以前轻松多了。
Xiànzài de gōngzuò bǐ yǐqián qīngsōng duō le.
씨엔짜이 더 꽁쭤 비 이치엔 칭쑹 뚜어(ㄹ) 러.
지금 하는 일이 예전 일보다 훨씬 수월합니다.

qíng

晴 칭

형 (하늘이) 맑다

雨过天晴。비온 뒤 하늘이 맑다.(상황이 호전됨을 뜻하기도 함.)
Yǔ guò tiān qíng. 위 꿔 티엔 칭.

qíng tiān

晴天 칭티엔

명 맑은 날(씨)

天气预报说明天会是晴天。
Tiānqì yùbào shuō, míngtiān huì shì qíngtiān.
티엔치 위빠오 슈어, 밍티엔 후이 스 칭티엔.
일기예보에서, 내일은 맑은 날씨일 거라고 했다.

qǐng

请 칭

동 청하다

请朋友到家里来玩儿。 친구들을 집으로 놀러오라고 초대하다.
Qǐng péngyou dào jiāli lái wánr.
칭 펑요우 따오 찌아리 라이 왈.

qǐng wèn

请问 칭원

말씀 좀 묻겠습니다, 실례합니다

请问，尊姓大名？ 실례지만, 당신의 존함은 어떻게 되십니까?
Qǐngwèn, zūnxìng dàmíng?
칭원 닌, 쭌씽 따밍?

Q

qiū
秋 치우

명 가을

一年有春、夏、秋、冬四个季节。
Yì nián yǒu chūn、xià、qiū、dōng sìge jìjié.
이 니엔 요우 춘, 씨아, 치우, 똥 쓰거 찌지에.
일년에는 봄, 여름, 가을, 겨울 네 개의 계절이 있다.

qiū tiān
秋天 치우티엔

명 가을

秋天是旅游的好季节。
Qiūtiān shì lǚyóu de hǎo jìjié.
치우티엔 스 뤼요우 더 하오 찌지에.
가을은 여행을 다니기에 좋은 계절이다.

qù
去 취

동 가다, 떠나다

我去图书馆。 나는 도서관에 간다.
Wǒ qù túshūguǎn.
워 취 투슈구안.

qù nián
去年 취니엔

명 작년

去年五月我在中国。 작년 5월에 나는 중국에 있었다.
Qùnián wǔ yuè wǒ zài Zhōngguó.
취니엔 우 위에 워 짜이 쭝구어.

quán jiā fú
全家福 취엔찌아푸

명 가족 사진

这是我们家的全家福。
Zhè shì wǒmen jiā de quánjiāfú.
쩌 스 워먼 찌아 더 취엔찌아푸.
이것은 우리 집의 가족 사진이야.

quán lì
权利 취엔리

명 권리

义务和权利 의무와 권리
Yìwù hé quánlì
이우 흐어 취엔리

quē xí

缺席

취에씨

명 결석 동 결석하다

今天的课只有一个人**缺席**。 오늘의 수업은 한 명만 결석을 했다.

Jīntiān de kè zhǐyǒu yíge rén quēxí.

찐티엔 더 커 즈요우 이거 런 취에씨.

qún zi

裙子

췬즈

명 치마

你的**裙子**太短了。

Nǐ de qúnzi tài duǎn le.

니 더 췬즈 타이 두완 러.

너 치마 길이가 너무 짧아.

R

rán hòu

然后 란호우

접 연후에, 그런 후에

先讨论，然后做决定。토론부터 한 뒤에 결정하도록 하죠.
Xiān tǎolùn, ránhòu zuò juédìng.
씨엔 타오(ㄹ)룬, 란호우 쭈어 쥐에띵.

ràng

让 랑

동 양보하다, …하도록 시키다

让他过来找我。그에게 나를 좀 보고 가라고 해라.
Ràng tā guòlái zhǎo wǒ.
랑 타 꿔(ㄹ)라이 쟈오 워.

rè

热 러

형 덥다, 뜨겁다

今年夏天天气很**热**。
Jīnnián xiàtiān tiānqì hěn rè.
찐니엔 씨아티엔 티엔치 흐언 러.
올해 여름은 아주 덥습니다.

rè qíng

热情 러칭

명 열정, 의욕, 정열 형 열정적이다, 친절하다, 정이 두텁다

他是个**热情**的青年。
Tā shì ge rèqíng de qīngnián.
타 스 거 러칭 더 칭니엔.
그는 열정적인 청년이다.

rén

人 런

명 사람

韩国**人** 한국인
Hánguórén
한구어런

Rén sì dòng
仁寺洞 런쓰똥

명 인사동(한국의 지명)

我昨天带外国朋友去了仁寺洞。
Wǒ zuótiān dài wàiguó péngyou qù le Rénsìdòng.
워 주어티엔 따이 와이구어 펑요 취(르) 러 런쓰똥.
나는 어제 외국인 친구를 데리고 인사동에 갔다.

rèn shi
认识 런스

동 (사람, 글자를) 알다 명 인식

我不认识他。 나는 그를 모른다.
Wǒ bú rènshi tā.
워 부 런스 타.

rèn wéi
认为 런웨이

동 …라고 생각하다, 여기다, 인정하다 명 생각, 견해

我也是这么认为的。 저도 그렇게 생각합니다.
Wǒ yě shì zhème rènwéi de.
워 예 스 쩌머 런웨이 더.

rèn zhēn

认真 런쪈

㉻ 진지하다, 착실하다

他是个认真学习的孩子。 그는 열심히 공부하는 어린아이이다.
Tā shì ge rènzhēn xuéxí de háizi.
타 스 거 런쪈 쒸에씨 더 하이즈.

rēng

扔 르엉

㉿ 버리다

别乱扔垃圾。 아무 데나 휴지를 버리지 마십시오.
Bié luàn rēng lājī.
비에 루안 르엉 라찌.

rì

日 르

㉵ 날, 일

来日方长。〈성어〉 앞날이 아직 길다.(창창하다.)
Lái rì fāng cháng. 라이 르 퐝 챵.

日有进展。 나날이 진전이 있다.
Rì yǒu jìnzhǎn. 르 요우 찐잔.

Rì běn rén

日本人 르번런

명 일본인

他是日本人。 그는 일본 사람이다.
Tā shì Rìběnrén.
타 스 르번런.

Rì yǔ

日语 르위

명 일어

学日语。 일본어를 배우다.
Xué Rìyǔ.
쒸에 르위.

róng yì

容易 롱이

형 쉽다

学开车不容易。 운전을 배우는 것은 쉽지가 않다.
Xué kāichē bù róngyì.
쒸에 카이처 뿌 롱이.

R

rú guǒ

如果 루구어

접 만약, 만일

如果外星人攻击地球该怎么办?
Rúguǒ wàixīngrén gōngjī dìqiú gāi zěnme bàn?
루구어 와이씽런 꽁찌 띠치우 까이 전머 빤?
외계인이 지구를 공격하면 어떻게 하죠?

ruǎn wò

软卧 루완워

명 (열차의) 일등 침대 좌석

中国的火车可以分软卧和硬卧。
Zhōngguó de huǒchē kěyǐ fēn ruǎnwò hé yìngwò.
쭝구어 더 후어쳐 크어이 펀 루완워 흐어 잉워.
중국의 기차는 일등석 침대와 이등석 침대가 있다.

ruǎn zuò

软座 루완쭤

명 (열차의) 푹신한 좌석

火车的软座 기차의 일등석
Huǒchē de ruǎnzuò
후어쳐 더 루완쭤

S

sān

三 싼

㊟ 3, 셋

他有三个孩子。 그는 세 명의 아이가 있다.
Tā yǒu sān ge háizi.
타 요우 싼 거 하이즈.

sān míng zhì

三明治 싼밍즈

㊔ 샌드위치

三明治的做法很简单。
Sānmíngzhì de zuòfǎ hěn jiǎndān.
싼밍즈 더 쭈어퐈 흐언 지엔딴.
샌드위치를 만드는 것은 정말 쉽다.

sàn bù

散步 싼뿌

동 산책하다

出去**散步**怎么样?
Chūqù sànbù zěnmeyàng?
츄취 싼뿌 전머양?
나가서 산책이나 하는 게 어때?

sǎng zi

嗓子 쌍즈

명 목(구멍)

嗓子有点儿疼。 목이 조금 아프다.
Sǎngzi yǒudiǎnr téng.
쌍즈 요우디알 텅.

sǎo miáo qì

扫描器 싸오미아오치

명 스캐너

这个**扫描器**怎么用?
Zhège sǎomiáoqì zěnme yòng?
쩌거 싸오미아오치 전머 용?
이 스캐너 어떻게 사용하나요?

sè

涩 써

형 (맛이) 떫다

柿子还没有熟，有点儿涩。감이 아직 덜 익어서 조금 떫다.
Shìzi hái méiyǒu shú, yǒudiǎnr sè.
스즈 하이 메이요우 슈, 요우디알 써.

shā dú ruǎn jiàn

杀毒软件 샤두 루완찌엔

명 백신 프로그램

V3杀毒软件好用。V3 백신은 사용하기 쉽다.
V3 shādú ruǎnjiàn hǎoyòng.
브이쌴 샤두 루완찌엔 하오용.

shā fā

沙发 샤퐈

명 소파

妹妹坐在沙发上看书。
Mèimei zuò zài shāfā shang kàn shū.
메이메이 쭤 짜이 샤퐈샹 칸 슈.
여동생은 소파에 앉아 책을 보고 있다.

S

shā lā

沙拉 샤(ㄹ)라

명 샐러드

一份水果沙拉
Yí fèn shuǐguǒ shālā
이 펀 쉐이구어 샤(ㄹ)라
과일 샐러드 한 접시

shǎn

闪 샨

형 번쩍이다

闪闪的星星 반짝반짝하는 별들
Shǎnshǎn de xīngxing
샨샨 더 씽싱

shǎn diàn

闪电 샨띠엔

명 동 번개(가 번쩍하다)

昨天夜里一直闪电打雷。
Zuótiān yèlǐ yìzhí shǎndiàn dǎléi.
주어티엔 예(ㄹ)리 이즈 샨띠엔 다(ㄹ)레이.
어젯밤 내내 천둥과 번개가 쳤다.

shāng xīn

伤心 샹씬

동 슬퍼하다, 마음 아파하다

对不起，我让你伤心了。 미안해, 슬프게 해서.
Duì bu qǐ, wǒ ràng nǐ shāngxīn le. 뚜이부치, 워 랑 니 샹씬 러.

伤心惨目。〈성어〉 너무 비참하여 차마 눈뜨고 볼 수 없다. 끔찍하다.
Shāng xīn cǎn mù. 샹씬찬무.

shāng diàn

商店 샹띠엔

명 상점

我去商店买点儿东西。 상점에 가서 뭐 좀 사올게.
Wǒ qù shāngdiàn mǎi diǎnr dōngxi.
워 취 샹띠엔 마이 디알 똥시.

shāng rén

商人 샹런

명 상인

市场里有很多商人在做买卖。
Shìchǎng lǐ yǒu hěn duō shāngrén zài zuò mǎimài.
스챵리 요우 흐언 뚜어 샹런 짜이 쭈어 마이마이.
시장 안에는 많은 상인들이 거래를 하고 있다.

S

shàng

上 샹

명 위 형 상등(의), 상위(의) 동 입장하다 / (높은 곳이나 탈 것 등에) 오르다 / (어떤 곳으로) 가다

上等货 상등품, 고급품
Shàngděnghuò 샹덩훠

上飞机。비행기를 타다. 비행기에 오르다.
Shàng fēijī. 샹 풰이찌.

上工厂。공장에 가다.
Shàng gōngchǎng. 샹 꽁창.

shang

上 샹

접미 (명사 뒤에 쓰임) 높은 곳에 있음을 나타냄, 물체의 겉면에 있음을 나타냄

书架上有很多书。책장 위에는 많은 책들이 놓여 있다.
Shūjià shang yǒu hěn duō shū. 슈찌아 샹 요우 흐언 뚜어 슈.

shàng bān

上班 샹빤

동 출근하다

我每天八点上班。나는 매일 8시에 출근해.
Wǒ měitiān bā diǎn shàngbān. 워 메이티엔 빠 디엔 샹빤.

shàng bian
上边 샹비엔

명 위쪽, 위

书桌上边有一台电脑。
Shūzhuō shàngbian yǒu yì tái diànnǎo.
슈쮸어 샹비엔 요우 이 타이 띠엔나오.
책상 위에 컴퓨터 한 대가 놓여 있다.

shàng chē
上车 샹쳐

동 차에 타다

上车的乘客请扶好手把。
Shàngchē de chéngkè qǐng fú hǎo shǒubà.
샹쳐 더 청커 칭 푸 하오 쇼우빠.
승차하시는 분들은 손잡이를 꼭 잡으세요.

Shàng hǎi
上海 샹하이

명 상하이(중국의 도시명)

上海有哪些好玩儿的地方? 상해에선 가 볼만 한 곳이 어디지?
Shànghǎi yǒu nǎxiē hǎowánr de dìfang?
샹하이 요우 나씨에 하오왈 더 띠팡?

S

shàng pù

上铺 상푸

명 이층 침대의 상단

软卧上铺比硬卧便宜。 침대석 위쪽이 일반석보다 싸다.

Ruǎnwò shàngpù bǐ yìngwò piányi.

루완워 샹푸 비 잉워 피엔이.

shàng wǎng

上网 샹왕

동 인터넷을 하다

跟朋友上网聊天儿。 친구와 인터넷 채팅을 하다.

Gēn péngyou shàngwǎng liáotiānr.

끄언 펑요 샹왕 리아오티알.

shàng wǔ

上午 샹우

명 오전

明天上午我要去公园。

Míngtiān shàngwǔ wǒ yào qù gōngyuán.

밍티엔 샹우 워 야오 취 꽁위엔.

내일 오전에 나 공원에 갈 거야.

shàng zǎi

上载 상자이

업로드(하다)

把文件上载到网上。
Bǎ wénjiàn shàngzài dào wǎngshang.
바 원찌엔 상짜이 따오 왕샹.
인터넷에 자료를 업로드하다.

shāo

稍 샤오

부 약간, 좀, 잠시

请稍等一下。 잠시만 기다려 주세요.
Qǐng shāo děng yíxià.
칭 샤오 덩 이씨아.

sháo zi

勺子 샤오즈

명 숟가락

韩国人喜欢用勺子吃饭。
Hánguórén xǐhuan yòng sháozi chīfàn.
한구어런 씨환 용 샤오즈 츠판.
한국인은 숟가락으로 밥을 먹는다.

S

shǎo

少 샤오

형 적다

少吃多餐。 조금씩 자주 먹자.
Shǎo chī duō cān. 샤오 츠 뚜어 찬.

少不了。 없어서는 안 된다. 빼놓을 수 없다.
Shǎo bu liǎo. 샤오 부 리아오.

shé

蛇 셔

명 뱀

上山小心被蛇咬伤。
Shàng shān xiǎoxīn bèi shé yǎo shāng.
샹 샨 씨아오씬 뻬이 셔 야오 샹.
산에서는 뱀을 조심해야 한다.

shéi

谁 셰이

대 누구

这是谁的钱包？ 이것은 누구의 지갑이니?
Zhè shì shéi de qiánbāo?
쩌 스 셰이 더 치엔빠오?

shēn tǐ

身体 션티

명 몸, 신체, 건강

身体健康最重要。 몸이 건강한 것이 제일 중요합니다.
Shēntǐ jiànkāng zuì zhòngyào.
션티 찌엔캉 쭈이 쭁야오.

shén me

什么 션머

대 어떤, 무슨, 무엇

这是什么? 이것은 무엇입니까?
Zhè shì shénme?
쪄 스 션머?

shén me de

什么的 션머더

…등등[따위]

你可以在那儿买电视机，冰箱，电脑什么的。
Nǐ kěyǐ zài nàr mǎi diànshìjī, bīngxiāng, diànnǎo shénme de.
니 크어이 짜이 날 마이 띠엔스찌, 삥씨앙, 띠엔나오 션머 더.
당신은 그곳에서 텔레비전, 냉장고, 컴퓨터 등등을 살 수 있습니다.

S

shēn tǐ
身体 션티 신체

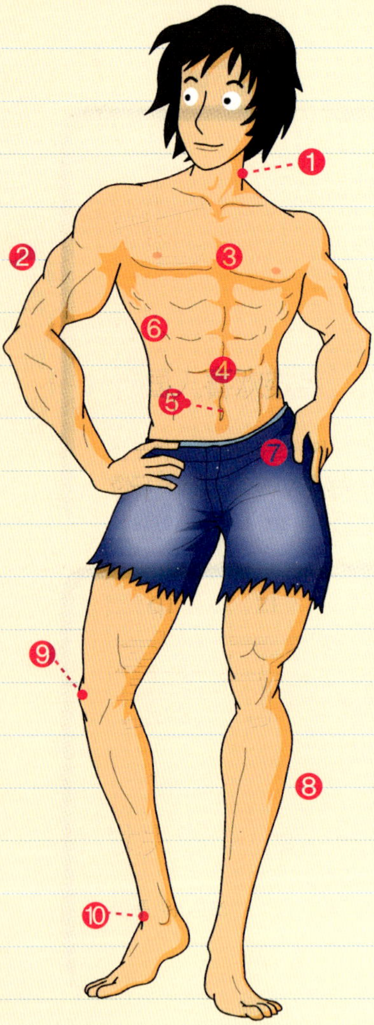

bó zi
1 脖子 보우즈 목

gē bo
2 胳膊 끄어보 팔

xiōng
3 胸 씨옹 가슴

dù zi
4 肚子 뚜즈 배

dù qí
5 肚脐 뚜치 배꼽

lèi gǔ
6 肋骨 레이구 갈비뼈

gǔ pán
7 骨盘 구판 골반

tuǐ
8 腿 투이 다리

xī gài
9 膝盖 씨까이 무릎

jiǎo wàn zi
10 脚腕子 지아오완즈 발목

hòu bèi

1 后背 호우뻬이 등

jiān bǎng

2 肩膀 찌엔방 어깨

shǒu

3 手 쇼우 손

shǒu zhǐ tóu

4 手指头 쇼우즈토우 손가락

gē bó zhǒu zi

5 胳膊肘子 끄어보죠우즈 팔꿈치

tún bù

6 臀部 툰뿌 엉덩이

dà tuǐ

7 大腿 따투이 넓적다리

xiǎo tuǐ

8 小腿 시아오투이 종아리

jiǎo zhǐ tóu

9 脚指头 지아오즈토우 발가락

jiǎo

10 脚 지아오 발

jiǎo hòu gēn

11 脚后跟 지아오호우껀 발뒤꿈치

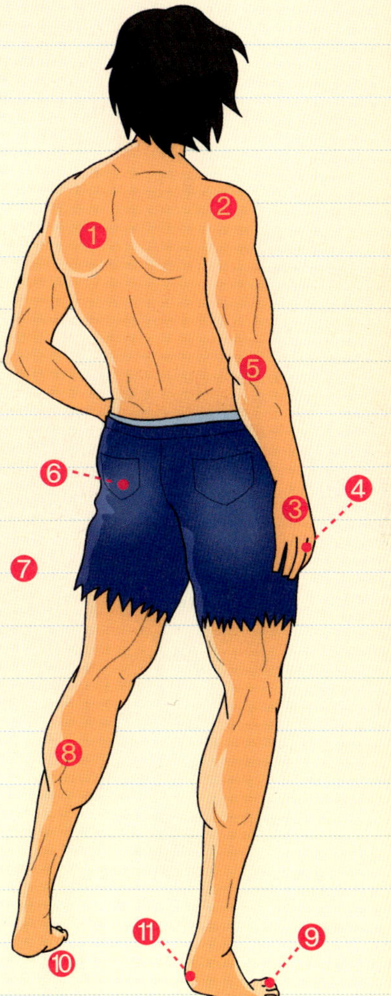

shén me shí hou

什么时候 션머 스호

언제

宴会**什么时候**开始? 연회는 언제 시작해요?

Yànhuì shénme shíhou kāishǐ?

옌후이 션머 스호 카이스?

shēng bìng

生病 셩삥

동 병이 나다, 발병하다

他**生病**了。그는 병이 났다.

Tā shēng bìng le.

타 셩삥 러.

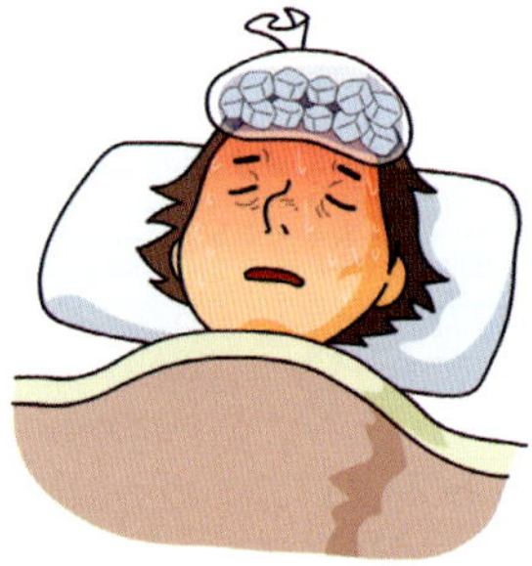

shēng huó

生活 셩후어

동 생활하다

你在农村**生活**过吗? 농촌에서 살아 본 적 있니?

Nǐ zài nóngcūn shēnghuó guo ma?

니 짜이 농춘 셩후어 구어 마?

shēng qì

生气 셩치

동 화내다, 성내다

他生气了。 그는 화가 났다.
Tā shēng qì le.
타 셩치(르) 러.

shēng ri

生日 셩르

명 생일

祝你生日快乐！ 생일 축하합니다!
Zhù nǐ shēngrì kuàilè!
쮸 니 셩르 콰이(르)러!

shēng yīn

声音 셩인

명 소리, 목소리

你说话的声音太大了。 말소리가 너무 커.
Nǐ shuōhuà de shēngyīn tài dà le.
니 슈어화 더 셩인 타이 따(르) 러.

S

Shèng dàn jié

圣诞节 성딴지에

명 크리스마스

圣诞节是十二月二十五号。
Shèngdànjié shì shí'èr yuè èrshí wǔ hào.
셩딴지에 스 스얼 위에 얼스 우 하오.
크리스마스는 12월 25일이다.

shī wàng

失望 스왕

동 희망을 잃다, 실망하다, 낙담하다

你太让我失望了。 넌 나를 너무 실망시켰어.
Nǐ tài ràng wǒ shīwàng le.
니 타이 랑 워 스왕 러.

shī zi

狮子 스즈

명 사자

狮子是动物之王。 사자는 동물의 왕이다.
Shīzi shì dòngwù zhī wáng.
스즈 스 똥우 즈 왕.

shí

十 스

㊌ 10, 열

十天以后要出国了。
Shí tiān yǐhòu yào chūguó le.
스 티엔 이호 야오 츄구어(ㄹ) 러.
10일 후에 해외로 나가게 되었다.

shí zì lù kǒu

十字路口 스쯔 루코우

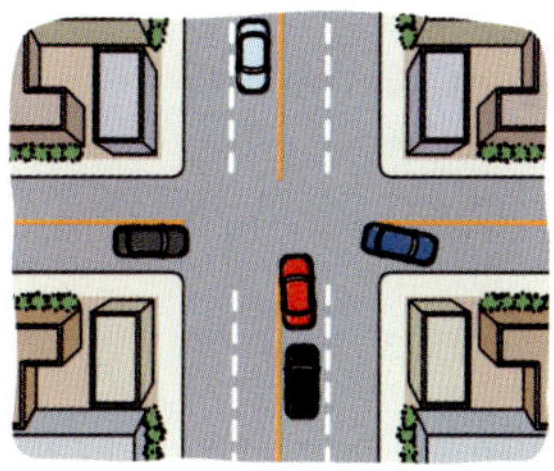

㊔ 사거리

在十字路口见！ 사거리에서 만나!
Zài shízì lùkǒu jiàn!
짜이 스쯔 루코우 찌엔!

shí tou

石头 스토우

㊔ 돌, ('가위바위보'에서) 바위

剪刀石头布 가위 바위 보
Jiǎndāo shítou bù
지엔따오 스토우 뿌

S

shí hou

时候 스호

명 때, 시각, 무렵

明天这个时候我在图书馆等你。
Míngtiān zhège shíhou wǒ zài túshūguǎn děng nǐ.
밍티엔 쩌거 스호 워 짜이 투슈구안 덩 니.
내일 이 시각에 도서관에서 기다릴게.

shí jiān

时间 스찌엔

명 시간

时间还来得及吗? 시간은 아직 충분한가요?
Shíjiān hái láide jí ma?
스찌엔 하이 라이더 지 마?

shǐ

使 스

동 (…에게) …하게 시키다, …시키다

他的话使我非常感动。그의 말은 매우 감동적이었다.
Tā de huà shǐ wǒ fēicháng gǎndòng.
타 더 화 스 워 풰이챵 간똥.

shǐ yòng

使用 스용

명 사용 동 사용하다

使用种种手段。 모든 수단을 다 쓰다.
Shǐyòng zhǒngzhǒng shǒuduàn.
스용 중중 쇼우뚜안.

shì jiè

世界 스찌에

명 세계

世界人口达到七十亿了。 세계 인구가 70억에 다다랐다.
Shìjiè rénkǒu dádào qīshí yì le.
스찌에 런코우 다따오 치스 이(ㄹ) 러.

shì zi

柿子 스즈

명 감

我不爱吃柿子，你呢?
Wǒ bú àichī shìzi, nǐ ne?
워 부 아이츠 스즈, 니 너?
나는 감을 싫어하는데 너는 어때?

S

shì yi shì

试(一)试 스(이)스

좀 …해 보다

你**试一试**这件衣服吧。 이 옷 한번 입어 보세요.

Nǐ shì yi shì zhè jiàn yīfu ba.

니 스 이 스 쪄 찌엔 이푸 바.

shì gù

事故 스꾸

명 사고

昨天发生了很多交通**事故**。

Zuótiān fāshēng le hěn duō jiāotōng shìgù.

쭈어티엔 퐈셩 러 흐언 뚜어 찌아오통 스꾸.

어제 많은 교통사고가 발생했다.

shì qing

事情 스칭

명 일, 사건

我有很多**事情**要办。 나는 해야 할 일이 많다.

Wǒ yǒu hěn duō shìqing yào bàn.

워 요우 흐언 뚜어 스칭 야오 빤.

shì r

事儿 슬

명 일

你有什么事儿? 무슨 일이니?

Nǐ yǒu shénme shìr?

니 요우 션머 슬?

shì shí

事实 스스

명 사실

他说的不是事实。 그가 말한 것은 사실이 아니다.

Tā shuōde búshì shìshí.

타 슈어더 부스 스스.

shì

是 스

동 …이다 형 맞다, 옳다

我是学生。 나는 학생입니다.

Wǒ shì xuésheng.

워 스 쒸에셩.

shì de

是~的 스~더 강조구문

我是从韩国来的。〈장소 강조〉 나는 한국에서 왔습니다.
Wǒ shì cóng Hánguó lái de. 워 스 총 한구어 라이 더.

我是昨天来的。〈시간 강조〉 나는 어제 왔습니다.
Wǒ shì zuótiān lái de. 워 스 주어티엔 라이 더.

我是坐飞机来的。〈방식 · 수단 강조〉 나는 비행기를 타고 왔습니다.
Wǒ shì zuò fēijī lái de. 워 스 쭈어 풰이지 라이 더.

shōu shi

收拾 쇼우스

동 정돈하다, 치우다, 수습하다

自己收拾房间吧。 너 스스로 방을 정리해.
Zìjǐ shōushi fángjiān ba.
쯔지 쇼우스 퐝찌엔 바.

shǒu

手 쇼우

명 손

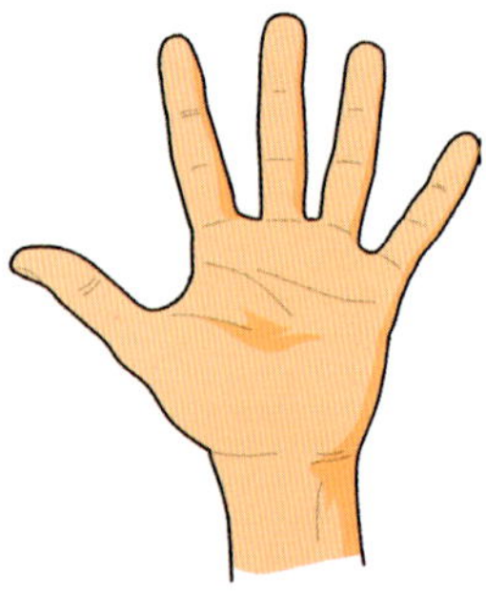

用手抓东西。 손으로 물건을 집다.
Yòng shǒu zhuā dōngxi.
용 쇼우 쮸와 똥시.

shǒu biǎo

手表 쇼우비아오

명 손목시계

这个手表可以防水。 이 시계는 방수가 됩니다.
Zhège shǒubiǎo kěyǐ fángshuǐ.
쩌거 쇼우비아오 크어이 퐝쉐이.

shǒu jī

手机 쇼우찌

명 휴대폰

你的手机是新买的吧?
Nǐ de shǒujī shì xīn mǎide ba?
니 더 쇼우찌 스 씬 마이더 바?
너 핸드폰 새로 샀지?

shǒu xiān

首先 쇼우씨엔

부 맨 먼저, 우선, 무엇보다 먼저

首先报名。 맨 먼저 신청하다.
Shǒuxiān bàomíng.
쇼우씨엔 빠오밍.

Shǒu ěr

首尔 쇼우얼

명 서울

首尔是韩国的首都。
Shǒu'ěr shì Hánguó de shǒudū.
쇼우얼 스 한구어 더 쇼우뚜.
서울은 한국의 수도이다.

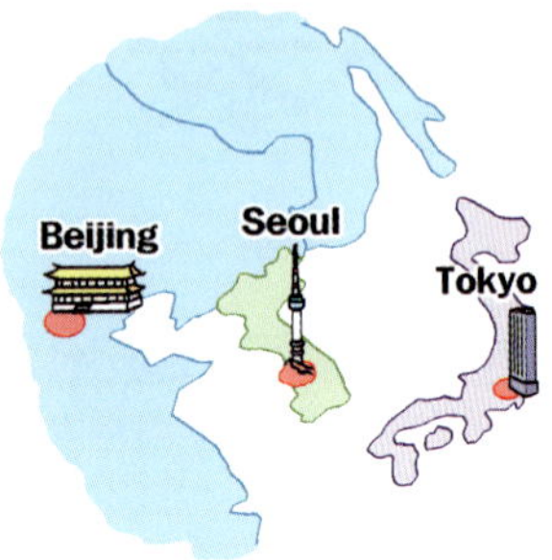

shòu

瘦 쇼우

형 마르다, 여위다

你这几天看起来有点儿瘦了。
Nǐ zhè jǐ tiān kànqǐlái yǒu diǎnr shòu le.
니 쩌 지 티엔 칸치(ㄹ)라이 요우디알 쇼우(ㄹ)러.
보아하니 너 요즘 좀 야윈 것 같다.

shòu bu liǎo

受不了 쇼우 부 리아오

참을 수 없다, 견딜 수 없다

真受不了他那个怪脾气。 그의 괴팍한 성격은 정말 참을 수가 없어.
Zhēn shòubuliǎo tā nàge guài píqì. 쩐 쇼우 부 리아오 타 나거 꽈이 피치.

疼得受不了。 아파서 견딜 수 없다.
Téng de shòu bu liǎo. 텅 더 쇼우 부 리아오.

shòu huò yuán

售货员 쇼우훠위엔

명 점원

售货员的态度很好。

Shòuhuòyuán de tàidù hěn hǎo.

쇼우훠위엔 더 타이뚜 흐언 하오.

종업원의 서비스 태도가 좋습니다.

shū

书 슈

명 책

我的爱好是看书。

Wǒ de àihào shì kànshū.

워 더 아이하오 스 칸슈.

저의 취미는 독서입니다.

shū bāo

书包 슈빠오

명 책가방

她的书包很重。 그의 가방은 매우 무겁다.

Tā de shūbāo hěn zhòng.

타 더 슈빠오 흐언 쫑.

S

shū fu

舒服 슈푸

형 (육체나 정신이) 편안하다, 상쾌하다, 쾌적하다

你哪儿不**舒服**? 어디가 불편하니?
Nǐ nǎr bù shūfu?
니 날 뿌 슈푸?

shū shu

叔叔 슈슈

명 숙부, 삼촌

爸爸的弟弟叫**叔叔**。
Bàba de dìdi jiào shūshu.
빠바 더 띠디 찌아오 슈슈.
아빠의 동생을 삼촌이라고 부릅니다.

shū tóu

梳头 슈토우

동 머리를 빗다

用梳子**梳头**。 빗으로 머리를 빗다.
Yòng shūzi shūtóu.
용 슈즈 슈 토우.

shú xī
熟悉 슈씨

동 숙지하다, 상세히 알다, 확실히 알다

我很**熟悉**这条路。 나 이 길을 잘 알고 있다.
Wǒ hěn shúxī zhè tiáo lù.
워 흐언 슈씨 쪄 티아오(ㄹ) 루.

shǔ jià
暑假 슈찌아

명 여름 방학

今年**暑假**你想干什么?
Jīnnián shǔjià nǐ xiǎng gàn shénme?
찐니엔 슈찌아 니 씨앙 깐 션머?
올해 여름 방학 때 뭐할 거니?

shǔ tiáo
薯条 슈티아오

명 감자튀김

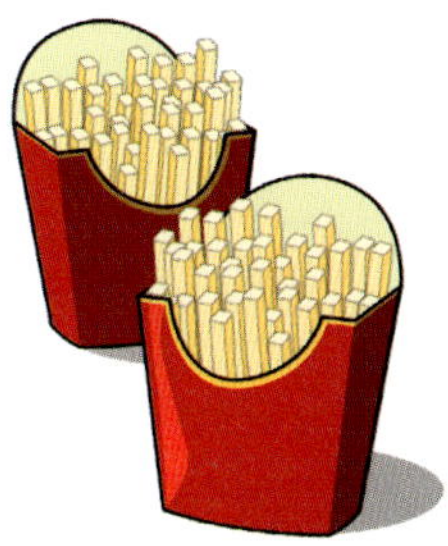

请给我一个汉堡包和炸**薯条**。
Qǐng gěi wǒ yíge hànbǎobāo hé zháshǔtiáo.
칭 게이 워 이거 한바오빠오 흐어 쟈슈티아오.
햄버거 하나와 감자튀김 주세요.

S

shū cài
蔬菜 슈차이 야채

dòu

□ 豆 또우 콩

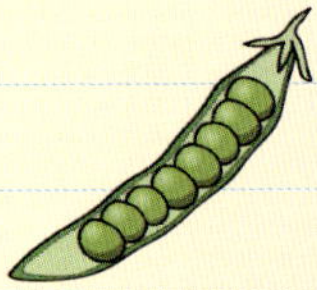

qīng jiāo

□ 青椒 칭찌아오 피망

hóng luó bo

□ 红萝卜 홍루오보 당근

yù mǐ

□ 玉米 위미 옥수수

huáng guā

□ 黄瓜 황꾸아 오이

dà suàn

□ 大蒜 따쏸 마늘

dà cōng

□ 大葱 따총 파

xī shēng cài

□ 西生菜 씨셩차이 양상추

mó gu

□ 蘑菇 모구 버섯

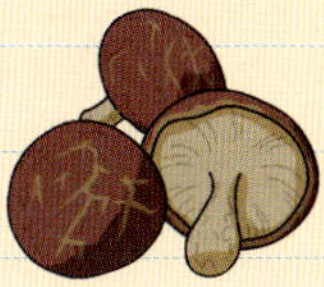

yáng cōng

□ 洋葱 양총 양파

tǔ dòu

□ 土豆 투또우 감자

nán guā

□ 南瓜 난꾸아 호박

luó bo

□ 萝卜 루오보 무

là jiāo

□ 辣椒 라찌아오 고추

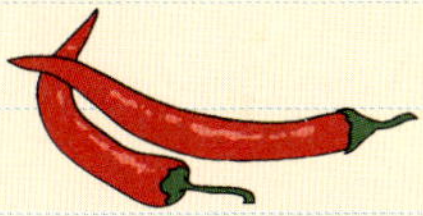

bō cài

□ 菠菜 뽀차이 시금치

hóng shǔ

□ 红薯 홍슈 고구마

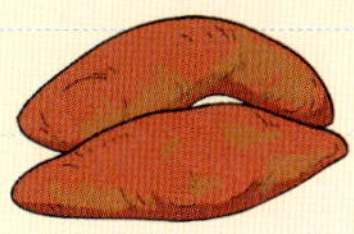

xī hóng shì

□ 西红柿 씨홍스 토마토

shǔ

数 슈

동 세다, 헤아리다, 하나하나 계산하다

数不胜数。(너무 많아서) 셀 수 없다.
shǔ bú shèng shǔ. 슈 부 셩 슈.

从一到十跟老师一起数一下。
Cóng yī dào shí gēn lǎoshī yìqǐ shù yíxià.
총 이 따오 스 끄언 라오스 이치 슈 이씨아.
1부터 10까지 선생님이랑 같이 세어 보자.

shǔ

鼠 슈

명 쥐

我弟弟属鼠，我属狗。내 남동생은 쥐띠이고, 나는 개띠이다.
Wǒ dìdi shǔ shǔ , wǒ shǔ gǒu. 워 띠디 슈 슈, 워 슈 고우.

猫捉老鼠。고양이가 쥐를 잡는다.
Māo zhuō lǎoshǔ. 마오 쮸오 라오슈.

shǔ biāo

鼠标 슈비아오

명 마우스

请点击鼠标的左键。 마우스 왼쪽을 클릭하세요.
Qǐng diǎnjī shǔbiāo de zuǒjiàn.
칭 디엔찌 슈비아오 더 주어찌엔.

shù

数 슈

명 수

人数 사람 수
rénshù 런슈

过数。 수를 세다.
guò shù. 꾸어슈.

shù mǎ xiàng jī

数码相机 슈마 썅찌

명 디지털카메라

现在人人都用数码相机拍照。
Xiànzài rénrén dōu yòng shùmǎ xiàngjī pāizhào.
씨엔짜이 런런 또우 용 슈마 썅찌 파이짜오.
지금은 거의 모든 사람들이 디지털카메라로 사진을 찍고 있다.

shù xué

数学 슈쒸에

명 수학

数学成绩下降了。 수학 성적이 떨어졌어요.
Shùxué chéngjì xiàjiàng le.
슈쒸에 청찌 씨아찌앙 러.

S

shù zì

数字 슈즈 숫자

líng

零 링 영

yī

一 이 하나

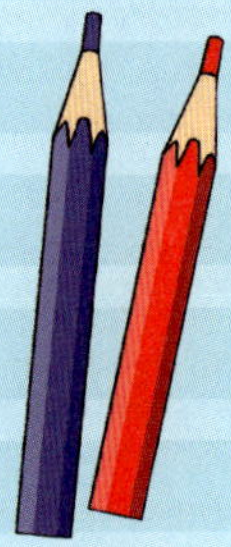

èr

二 얼 둘

sān

三 싼 셋

sì

四 쓰 넷

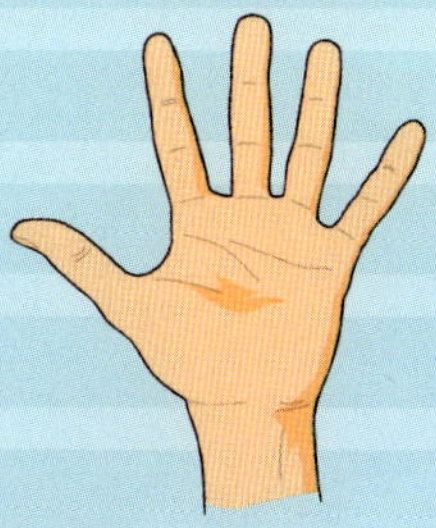

wǔ
五 우 다섯

liù
六 리우 여섯

qī
七 치 일곱

bā
八 빠 여덟

jiǔ
九 지우 아홉

shí
十 스 열

shù

树 슈

명 나무

树上有一只小鸟。

Shùshang yǒu yì zhī xiǎo niǎo.

슈샹 요우 이 즈 씨아오 니아오.

나무 위에 새 한 마리가 있다.

shù yè

树叶 슈예

명 나뭇잎

秋天到了，树叶也开始掉下来了。

Qiūtiān dào le, shùyè yě kāishǐ diào xiàlái le.

치우티엔 따오(ㄹ) 러, 슈예 예 카이스 띠아오 씨아(ㄹ)라이(ㄹ) 러.

가을이 다가오니, 나뭇잎들도 떨어지기 시작한다.

shuā yá

刷牙 슈와 야

동 이를 닦다, 양치하다

吃完饭，别忘了刷牙。

Chīwǎn fàn, bié wàng le shuā yá.

츠완 판, 비에 왕 러 슈와 야.

식사 후 잊지 말고 이를 닦아라.

shuāi dǎo

摔倒 슈와이다오

동 넘어지다, 자빠지다, 던져서 넘어뜨리다

我差点儿**摔倒**了。하마터면 넘어질 뻔했어.

Wǒ chà diǎnr shuāidǎo le.

워 챠 디알 슈와이다오(ㄹ) 러.

shuài

帅 슈와이

형 멋지다, 스마트하다, 잘생기다

韩国男演员长得很**帅**。 한국 남자 연예인들은 잘생겼다.

Hánguó nán yǎnyuán zhǎng de hěn shuài.

한구어 난 옌위엔 쟝 더 흐언 슈와이.

shuāng

双 슈왕

형 두 개의, 쌍(의), 양쪽(의), 짝수의 양 짝, 쌍

昨天我买了一**双**新的运动鞋。

Zuótiān wǒ mǎi le yì shuāng xīnde yùndòngxié.

주어티엔 워 마이(ㄹ) 러 이 슈왕 씬더 윈똥씨에.

나는 어제 새 운동화 한 켤레를 샀다.

S

shuǐ

水 쉐이

명 물

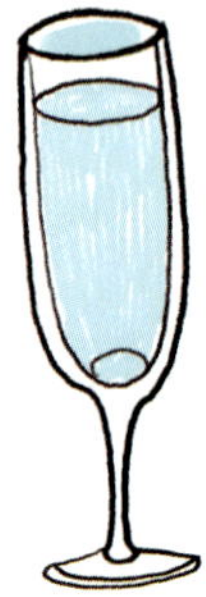

感冒多喝点儿热水好。

Gănmào duō hē diănr rèshuǐ hăo.

간마오 뚜어 흐어 디알 러쉐이 하오.

감기에 걸리면 따뜻한 물을 마시는 것이 좋다.

shuǐ guǒ

水果 쉐이구어

명 과일

西红柿不是水果。토마토는 과일이 아니다.

Xīhóngshì búshì shuǐguǒ.

씨훙스 부스 쉐이구어.

shuǐ píng

水平 쉐이핑 명 수평, 수준

今天我考汉语水平考试。오늘 HSK 시험 본다.

Jīntiān wǒ kăo Hànyǔ shuǐpíng kăoshì.

찐티엔 워 카오 한위 쉐이핑 카오스.

他的汉语水平很高。그의 중국어 수준은 매우 높다.

Tā de Hànyǔ shuǐpíng hěn gāo.

타 더 한위 쉐이핑 흐언 까오.

shuì jiào
睡觉 쉐이쨔오

㊍ 잠을 자다

你每天几点睡觉？
Nǐ měitiān jǐ diǎn shuìjiào?
니 메이티엔 지 디엔 쉐이쨔오?
너 매일 몇 시에 자니?

shuō
说 슈어

㊍ 말하다 / 설명하다, 해설하다

你别再说了。 더 이상 말하지 마.
Nǐ bié zài shuō le.
니 비에 짜이 슈어(ㄹ) 러.

shuō huà
说话 슈어 화

㊍ 말하다, 이야기하다, 잡담하다 / 나무라다

别大声说话。 큰 소리로 말하지 마세요.
Bié dàshēng shuō huà.
비에 따셩 슈어 화.

S

shuǐ guǒ 水果 쉐이구어 과일

píng guǒ
苹果
핑구어 사과

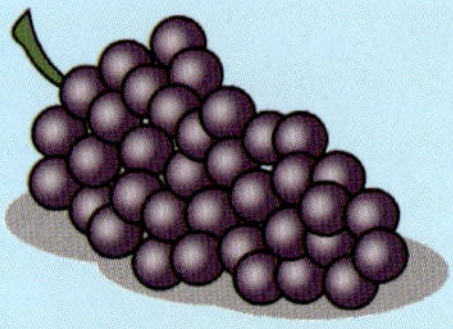

pú tao
葡萄
푸타오 포도

xìng rén
杏仁
씽런 살구

níng méng
柠檬
닝멍 레몬

chéng zi
橙子
청즈 오렌지

xiāng jiāo
香蕉 씨앙찌아오 바나나

lì zi
栗子
리즈 밤

táo zi
桃子 타오즈 복숭아

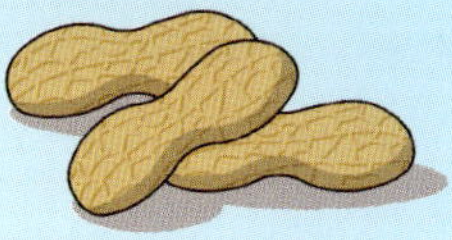

huā shēng
花生 후아셩 땅콩

lí zi
梨子
리즈 배

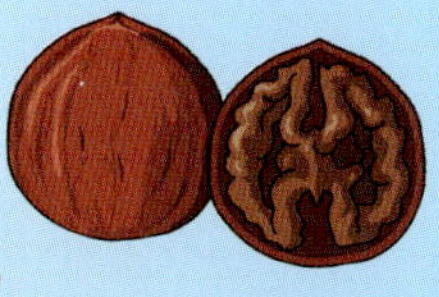

hé táo
核桃 흐어타오 호두

shì zi
柿子
스즈 감

jú zi
橘子 쥐즈 귤

bō luó
菠萝
뽀어루어 파인애플

xī guā
西瓜
씨꾸아 수박

cǎo méi
草莓 차오메이 딸기

shuō míng

说明 슈어밍

동 설명하다 / 증명하다, 입증하다

举个例子来说明。 예를 들어 설명하다.
Jǔge lìzi lái shuōmíng.
쥐거 리즈 라이 슈어밍.

sī jī

司机 쓰찌

명 운전사, 기사

我的叔叔是司机。 우리 삼촌은 운전기사이다.
Wǒde shūshu shì sījī.
워더 슈슈 스 쓰찌.

sì

四 쓰

수 4, 넷

我从四岁开始学习英语。
Wǒ cóng sì suì kāishǐ xuéxí Yīngyǔ.
워 총 쓰 수이 카이스 쒸에씨 잉위.
나는 4살 때부터 영어 공부를 시작했다.

sì jì
四季 쓰찌

명 사계절

他一年四季每个星期天都会去游泳。
Tā yìnián sìjì měi ge xīngqītiān dōu huì qù yóuyǒng.
타 이니엔 쓰찌 메이 거 씽치티엔 또우 후이 취 요우용.
그는 일년 사계절 매주 일요일마다 수영을 하러 다닌다.

sōng shǔ
松鼠 쏭슈

명 다람쥐

松鼠喜欢吃栗子。 다람쥐는 도토리를 좋아한다.
Sōngshǔ xǐhuan chī lìzi.
쏭슈 씨환 츠 리즈.

S

sōng shù
松树 쏭슈

명 소나무

山上有很多松树。
Shānshang yǒu hěn duō sōngshù.
샨샹 요우 흐언 뚜어 쏭슈.
산에는 소나무가 많다.

sòng
送 쏭

동 보내다, 배달하다, 주다, 증정하다 / 배웅하다, 데려다 주다

我送你回家吧。 너 집에 데려다 줄게.
Wǒ sòng nǐ huíjiā ba.
워 쏭 니 후이찌아 바.

sòng gěi
送给 쏭게이

동 주다, 선사하다

送给你礼物。 선물이야. 선물을 줄게.
Sònggěi nǐ lǐwù.
쏭게이 니 리우.

suān
酸 쑤안

형 (냄새 · 맛 등이) 시다, 시큼하다 / 비통하다, 슬프다

我喜欢吃酸的泡菜。 나는 신 김치를 좋아한다.
Wǒ xǐhuan chī suān de pàocài.
워 씨환 츠 쑤안 더 파오차이.

suān nǎi

酸奶 쑤안나이

명 요구르트

酸奶不能加热喝。 요구르트는 데워서 먹지 않는다.
Suānnǎi bùnéng jiā rè hē.
쑤안나이 뿌넝 찌아 러 흐어.

sù shè

宿舍 쑤셔

명 숙사, 기숙사

学校**宿舍**的环境非常好。 학교 기숙사 환경은 매우 좋다.
Xuéxiào sùshè de huánjìng fēicháng hǎo.
쒸에씨아오 쑤셔 더 후안찡 풰이쨩 하오.

suī rán

虽然 쑤이란

접 비록 …이지만, 설령 …일지라도

虽然他有一些缺点，但也有许多优点。
Suīrán tā yǒu yìxiē quēdiǎn, dàn yě yǒu xǔduō yōudiǎn.
쑤이란 타 요우 이씨에 취에디엔, 딴 예 요우 쉬뚜어 요우디엔.
그에게는 단점도 있지만 많은 장점이 있다.

S

suí shēn tīng

随身听 쑤이션팅

명 휴대용 녹음기 겸 라디오, 워크맨(walkman)

这次生日爸爸送了我一个随身听。
Zhè cì shēngrì bàba sòng le wǒ yíge suíshēntīng.
쪄 츠 셩르 빠바 쏭 러 워 이거 쑤이션팅.
이번 생일에 아빠는 나에게 워크맨을 선물로 주셨다.

suì

岁 쑤이

명 (연령) ~살, ~세

我妹妹今年五岁了。제 여동생은 올해 다섯 살입니다.
Wǒ mèimei jīnnián wǔ suì le.
워 메이메이 찐니엔 우 쑤이(ㄹ) 러.

sūn zi

孙子 쑨즈

명 손자

我孙子今年小学三年级了。
Wǒ sūnzi jīnnián xiǎoxué sān niánjí le.
워 쑨즈 찐니엔 씨아오쒸에 싼 니엔지(ㄹ)러.
내 손자는 올해 초등학교 3학년이 되었다

suǒ yǐ

所以 쑤어이

㉆ 그래서, 그런 까닭에

今天我考了100分，所以很开心。

Jīntiān wǒ kǎo le yìbǎi fèn, suǒyǐ hěn kāixīn.

찐티엔 워 카오(ㄹ) 러 이바이 펀, 쑤어이 흐언 카이씬.

오늘 나는 100점을 맞아 기분이 너무 좋다.

S

T

tā

他 타

㉹ 그, 그 남자

他是律师。 그는 변호사입니다.
Tā shì lǜshī.
타 스 뤼스.

tā

她 타

㉹ 그녀, 그 여자

她是谁? 그녀는 누구냐?
Tā shì shéi?
타 스 쉐이?

tā

它 타

㉻ 그, 저(사람 이외의 것을 가리킴.)

动物和东西可以叫'它'。
Dòngwù hé dōngxi kěyǐ jiào 'tā'.
똥우 흐어 똥시 크어이 찌아오 타.
동물과 물건은 '它(그것)'라고 할 수 있다.

tái

台 타이

㉹ 대, 단, 무대 ㉸ 기계나 연극의 공연 횟수 등을 세는 단위

看台 (경기장의) 관람석, 스탠드
Kàntái 칸타이

桌子上有一台电脑。 책상에 컴퓨터 한 대가 있다.
Zhuōzi shang yǒu yì tái diànnǎo. 쭈어즈샹 요우 이타이 띠엔나오.

tái shì diàn nǎo

台式电脑 타이스 띠엔나오

㉹ 데스크탑

我家有台式电脑。 우리 집에는 데스크탑 컴퓨터가 있다.
Wǒ jiā yǒu táishì diànnǎo.
워 찌아 요우 타이스 띠엔나오.

T

tái quán dào

跆拳道 타이취엔따오

명 태권도

跆拳道能锻炼身体。 태권도는 신체를 단련시킬 수 있다.
Táiquándào néng duànliàn shēntǐ.
타이취엔따오 넝 뚜안리엔 션티.

tài

太 타이

부 대단히, 매우

电脑太旧了。 컴퓨터가 너무 낡았다.
Diànnǎo tài jiù le.
띠엔나오 타이 찌우(ㄹ)러.

tài yáng

太阳 타이양

명 태양

太阳落山了。 해가 저물었다.
Tàiyáng luòshān le.
타이양 루어샨 러.

tán
谈 탄

㊐ 말하다, 이야기하다, 토론하다 ㊔ 담화, 이야기, 말, 언론

你们在谈什么? 너희들은 무슨 이야기를 하고 있니?
Nǐmen zài tán shénme?
니먼 짜이 탄 션머?

tán gāng qín
弹钢琴 탄 깡친

㊐ 피아노를 치다

你会弹钢琴吗? 피아노 칠 줄 알아?
Nǐ huì tán gāngqín ma?
니 후이 탄 깡친 마?

tāng
汤 탕

㊔ 뜨거운 물, 끓는 물, 탕, 국

韩国人过生日喝海带汤。
Hánguórén guò shēngrì hē hǎidàitāng.
한구어런 꾸어 셩르 흐어 하이따이탕.
한국 사람들은 생일에 미역국을 먹습니다.

T

táng

糖 탕

명 설탕, 설탕의 총칭; 사탕, 캔디

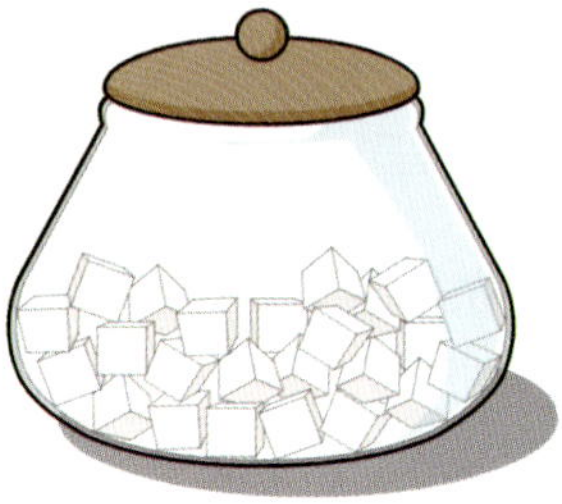

你喝咖啡加糖吗？
Nǐ hē kāfēi jiā táng ma？
니 흐어 카퀘이 찌아 탕 마?
넌 커피를 마실 때 설탕을 넣니?

táng guǒ

糖果 탕구어

명 사탕, 과자, 캔디

糖果吃多了会牙疼。
Tángguǒ chī duō le huì yá téng.
탕구어 츠 뚜어(ㄹ) 러 후이 야 텅.
사탕을 많이 먹으면 이가 아프다.

tǎng

躺 탕

동 옆으로 드러눕다, 가로눕다

躺在沙发上看电视。 쇼파에 누워서 TV를 보다.
Tǎng zài shāfā shang kàn diànshì.
탕 짜이 샤퐈 샹 칸 띠엔스.

táo bì

逃避 타오삐

동 도피하다

不要**逃避**现实。 현실을 도피하지 마.
Búyào táobì xiànshí.
부야오 타오삐 씨엔스.

táo zi

桃子 타오즈

명 복숭아

什么样的**桃子**最好吃?
Shénmeyàng de táozi zuì hǎochī?
션머양더 타오즈 쭈이 하오츠?
어떻게 생긴 복숭아가 제일 맛있어요?

tǎo lùn

讨论 타오룬

명 토론 동 토론하다

大家来**讨论**一下吧。 여러분 토론합시다.
Dàjiā lái tǎolùn yíxià ba.
따찌아 라이 타오(ㄹ)룬 이씨아 바.

T

tè bié

特别 터비에

형 특별하다, 특이하다, 별다르다

부 특히, 각별히, 아주, 유달리

今天特别热。 오늘은 유달리 덥네요.
Jīntiān tèbié rè. 찐티엔 터비에 러.

送一个很特别的礼物。 아주 특별한 것을 선물해 주다.
Sòng yíge hěn tèbié de lǐwù. 쏭 이거 흐언 터비에 더 리우.

téng

疼 텅

형 아프다

嗓子疼。 목이 아프다.
Sǎngzi téng.
쌍즈 텅.

tī zú qiú

踢足球 티 주치우

동 축구를 하다

大多数女生不喜欢踢足球。
Dàduōshù nǚshēng bù xǐhuan tī zúqiú.
따뚜어슈 뉘셩 뿌 씨환 티 주치우.
대다수의 여학생은 축구를 싫어한다.

tí gāo

提高 티까오

㊍ 향상시키다

提高产品质量 제품의 품질 향상
Tígāo chǎnpǐn zhìliàng
티 까오 챤핀 쯔리앙

tí

题 티

㊔ 제목 / 문제, 연습 문제, 시험 문제

讨论题。 토론의 제목, 토론 주제
Tǎolùntí 타오룬티

你知道这个题的答案吗? 이 문제의 정답을 아니?
Nǐ zhīdao zhège tí de dá'àn ma? 니 쯔다오 쩌거 티 더 다안 마?

tǐ yù

体育 티위

㊔ 체육

下节课是体育课。
Xià jié kè shì tǐyùkè.
씨아 지에 커 스 티위커.
다음 시간은 체육 시간이다.

T

tǐ yù guǎn

体育馆 티위관

명 체육관

昨天到体育馆打了篮球。 어제 체육관에서 농구를 했다.

Zuótiān dào tǐyùguǎn dǎ le lánqiú.

주어티엔 따오 티위구안 다(ㄹ) 러 란치우.

Tiān é

天鹅 티엔' 으어

명 백조

湖边有一只小天鹅。

Húbiān yǒu yì zhī xiǎo tiān'é.

후삐엔 요우 이 즈 씨아오 티엔으어.

호수에는 한 마리의 작은 백조가 있다.

tiān kōng

天空 티엔콩

명 하늘

蓝色的天空上有朵白色的云。

Lánsè de tiānkōng shang yǒu duǒ báisè de yún.

란써 더 티엔콩 샹 요우 두어 바이써 더 윈.

파란 하늘에 하얀색의 뭉게구름이 떠 있다.

tiān qì

天气 티엔치

명 날씨

今天天气很好。오늘 날씨가 정말 좋다.
Jīntiān tiānqì hěn hǎo. 찐티엔 티엔치 흐언 하오.

天气预报 일기예보
Tiānqì yùbào 티엔치 위빠오

tián

甜 티엔

형 (맛이) 달다 / (생활이) 즐겁다

这次买的西瓜不甜。 이번에 산 수박은 달지 않다.
Zhè cì mǎi de xīguā bù tián.
쪄 츠 마이 더 씨꾸아 뿌 티엔.

tián de

甜的 티엔 더

명 단것

说实话，味道甜的食品对身体不太好。
Shuō shíhuà, wèidao tián de shípǐn duì shēntǐ bú tài hǎo.
슈어 스화, 웨이따오 티엔 더 스핀 뚜이 션티 부 타이 하오.
솔직히 말해서, 단맛의 음식이 몸에 좋지 않다.

T

tiān qì
天气 티엔치 날씨

yīn tiān
阴天 인티엔 흐림

qíng tiān
晴天 칭티엔 맑음

guā fēng
刮风
꾸아펑 바람 부는

yǔ tiān
雨天 위티엔 비 오는

yǒu wù
有雾 요우우 안개 낀

hóng shuǐ
洪水 홍쉐이 홍수

xuě
雪 쒸에 눈

cǎi hóng
彩虹 차이홍 무지개

shǎn diàn
闪电 샨띠엔 번개

rè
热 러 덥다

tiáo

条 티아오

㊣양 가늘고 긴 것 혹은 가늘고 긴 느낌이 있는 유형 · 무형의 것을 세는 단위

一条线 한 가닥의 선
Yì tiáo xiàn 이 티아오 씨엔

一条鱼 물고기 한 마리
Yì tiáo yú 이 티아오 위

一条船 배 한 척
Yì tiáo chuán 이 티아오 츄완

tiào

跳 티아오

동 뛰다, 뛰어오르다

他高兴得直跳。 그는 기뻐서 뛰어올랐다.
Tā gāoxing de zhí tiào. 타 까오씽 더 즈 티아오.

tiào shéng

跳绳 티아오셩

명 줄넘기

跳绳是全身运动。 줄넘기는 전신 운동이다.
Tiàoshéng shì quánshēn yùndòng. 티아오셩 스 취엔션 윈똥.

他们在那儿跳绳呢！ 그들은 저기에서 줄넘기를 하고 있어!
Tāmen zài nàr tiàoshéng ne ! 타먼 짜이 날 티아오셩 너!

tiào wǔ

跳舞 티아오우 동 춤을 추다

他跳舞跳得很好。 그는 춤을 잘 춘다.
Tā tiàowǔ tiào de hěn hǎo. 타 티아오 우 티아오 더 헌 하오.

我们一起来跳舞吧。 우리 함께 춤을 추어요.
Wǒmen yìqǐ lái tiàowǔ ba.
워먼 이치(ㄹ) 라이 티아오우 바.

tīng

听 팅

동 듣다

上学要好好儿听老师的话。
Shàngxué yào hǎohāor tīng lǎoshī de huà.
샹쒸에 야오 하오할 팅 라오스 더 화.
학교에 가면 선생님의 말씀을 잘 들어야 한다.

听音乐。 음악을 듣다, 음악을 감상하다.
Tīng yīnyuè. 팅 인위에.

tīng shuō

听说 팅슈어

동 듣는 바로는, 듣자 하니

听说他从日本回来了。 그가 일본에서 돌아왔다고 한다.
Tīngshuō tā cóng Rìběn huílái le.
팅슈어 타 총 르번 후이라이(ㄹ) 러.

T

tīng xiě

听写 팅씨에

동 받아쓰다

听写汉语单词有点儿难。 중국어를 받아쓰는 것은 좀 어렵다.
Tīngxiě Hànyǔ dāncí yǒudiǎnr nán.
팅씨에 한위 딴츠 요우디알 난.

tíng

停 팅

동 멈추다

这里不能停车。 이곳에 차를 세우면 안 됩니다.
Zhèlǐ bùnéng tíng chē.
쩌리 뿌넝 팅 쳐.

tóng suì

同岁 통쑤이

동 동갑이다

他跟我同岁。 그는 나와 동갑이다.
Tā gēn wǒ tóngsuì.
타 끄언 워 통쑤이.

tóng shì
同事 통스

명 직장 동료

昨天爸爸的同事来我们家玩儿了。
Zuótiān bàba de tóngshì lái wǒmen jiā wánr le.
주어티엔 빠바 더 통스 라이 워먼 찌아 왈 러.
어제 아빠 직장 동료분이 우리 집에 놀러 오셨다.

tóng xué
同学 통쉬에

명 학우, 동창

她是我的同班同学。 그녀는 나와 같은 반 친구이다.
Tā shì wǒ de tóngbān tóngxué. 타 스 워 더 통빤 통쉬에.
他是我的小学同学。 그는 내 초등학교 동창이야.
Tā shì wǒ de xiǎoxué tóngxué. 타 스 워 더 씨아오쒀에 통쒀에.

tóng yì
同意 통이

명 동 동의(하다), 승인(하다), 찬성(하다)

我同意你的意见。 저는 당신의 의견에 동의합니다.
Wǒ tóngyì nǐ de yìjiàn.
워 통이 니 더 이찌엔.

T

tòng kuai
痛快 통콰이

형 통쾌하다, 유쾌하다, 즐겁다 / (성격이) 시원스럽다, 솔직하다

痛快地大笑一场。통쾌하게 한바탕 웃다.
Tòngkuai de dàxiào yì chǎng. 통콰이 더 따씨아오 이 창.

他是一个性格痛快的人。그는 성격이 시원스러운 사람이다.
Tā shì yíge xìnggé tòngkuai de rén. 타 스 이거 씽그어 통콰이 더 런.

tóu fa
头发 토우퐈

명 머리카락

头发太长了，去剪一剪吧。
Tóufa tài cháng le, qù jiǎn yi jiǎn ba.
토우퐈 타이 창 러, 취 지엔 이 지엔 바.
머리가 너무 길다, 좀 자르렴.

tū jiù
秃鹫 투찌우

명 (대머리) 독수리

可怕的秃鹫 무서운 독수리
Kěpà de tūjiù 크어파 더 투찌우

我在电视上看过秃鹫。나는 텔레비전에서 독수리를 본 적 있다.
Wǒ zài diànshì shang kànguo tūjiù. 워 짜이 띠엔스 샹 칸궈 투찌우.

tū rán

突然 투란

㊒ 갑작스럽다, 돌연하다 ㊇ 갑자기, 별안간

他**突然**笑起来了。 그는 갑자기 웃기 시작했다.

Tā tūrán xiào qǐ lái le.

타 투란 씨아오 치(ㄹ) 라이(ㄹ) 러.

tú shū guǎn

图书馆 투슈구완

㊔ 도서관

我们学校的**图书馆**里有很多外国书。

Wǒmen xuéxiào de túshūguǎn li yǒu hěn duō wàiguó shū.

워먼 쒸에씨아오 더 투슈구안 리 요우 흐언 뚜어 와이구어 슈.

우리 학교 도서관에는 외국 서적들이 아주 많다.

tǔ dòu

土豆 투또우

㊔ 감자

蒸**土豆** 찐 감자

Zhēng tǔdòu

쪙 투또우

tù zi

兔子 투즈

명 토끼

白色的兔子 흰색 토끼
Báisè de tùzi
바이써 더 투즈

tuī

推 투이

동 밀다

在后面帮我推一下。 뒤에서 좀 밀어 주실래요.
Zài hòumiàn bāng wǒ tuī yíxià.
짜이 호우미엔 빵 워 투이 이씨아.

tuǐ

腿 투이

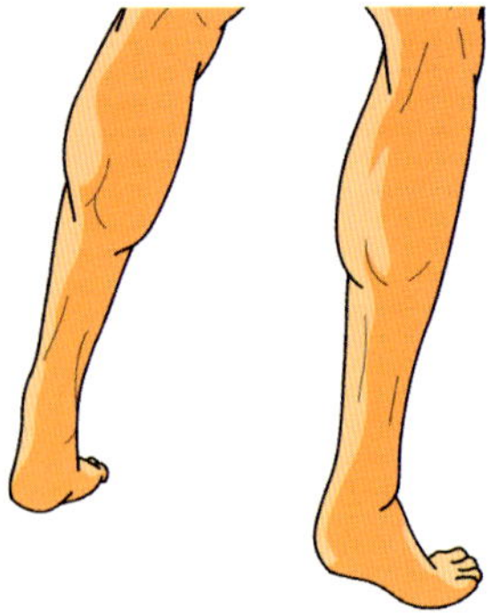

명 다리

我弟弟腿受伤了。
Wǒ dìdi tuǐ shòushāng le.
워 띠디 투이 쇼우샹 러.
내 남동생은 다리를 다쳤다.

tuǐ téng

腿疼 투이 텅

다리가 아프다

奶奶总是说**腿疼**。 할머니는 늘 다리가 아프다고 하신다.
Nǎinai zǒngshì shuō tuǐ téng.
나이나이 종스 슈어 투이 텅.

tuì chū

退出 투이츄

동 물러나다, 탈퇴하다

退出舞台。 무대에서 물러나 은퇴하다.
Tuìchū wǔtái.
투이츄 우타이.

tuō

脱 투어

동 벗다, 제거하다, (털이) 빠지다, 이탈하다

不热吗? 把衣服**脱**了吧。 덥지 않니? 옷을 벗어.
Bú rè ma? Bǎ yīfu tuō le ba.
부 러 마? 바 이푸 투어(ㄹ)러 바.

T

tuó niǎo

鸵鸟

투어니아오

명 타조

鸵鸟的脖子很长。

Tuóniǎo de bózi hěn cháng.

투어니아오 더 보즈 흐언 챵.

타조의 목은 아주 길다.

W

wá wa
娃娃 와와

명 인형

妹妹的生日送一个娃娃好。
Mèimei de shēngrì sòng yíge wáwa hǎo.
메이메이 더 셩르 쏭 이거 와와 하오.
여동생의 생일에 인형 하나를 선물해 주는 것이 좋을 것 같아.

wà
哇 와

감 아!, 와!, 어머! (뜻밖의 놀람을 나타낼 때 단독으로 쓰임.)

哇！好大的圣诞礼物！ 와! 정말 큰 크리스마스 선물이네요 !
Wa ! hǎo dà de Shèngdàn lǐwù!
와! 하오 따 더 셩딴 리우!

wà zi

袜子 와즈

명 양말

补袜子。 양말을 깁다.
Bǔ wàzi. 부 와즈.

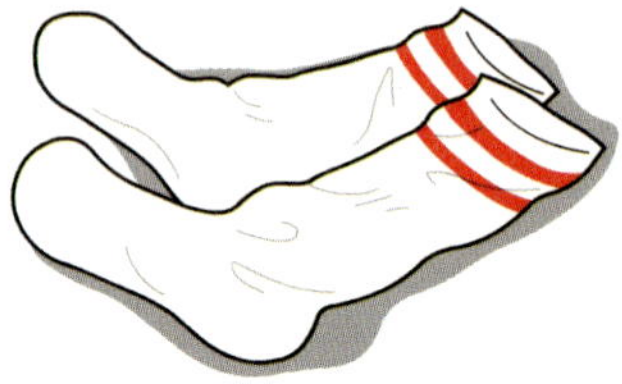

wài

外 와이

명 겉, 밖, 바깥

窗外有一只蝴蝶在飞。 창밖에서 나비 한 마리가 날아다니고 있다.
Chuāngwài yǒu yì zhī húdié zài fēi.
츄왕와이 요우 이 즈 후디에 짜이 풰이.

wài bian

外边 와이비엔

명 밖, 바깥(쪽)

外边有人在敲门。 밖에서 누군가 문을 두드리고 있어.
Wàibian yǒu rén zài qiāo mén.
와이비엔 요우 런 짜이 치아오 먼.

wài gōng
外公
와이꽁

명 외조부

妈妈的爸爸叫**外公**。
Māma de bàba jiào wàigōng.
마마 더 빠바 찌아오 와이꽁.
엄마의 아빠는 외할아버지라고 부릅니다.

wài guó rén
外国人
와이구어런

명 외국인

如何跟**外国人**打交道?
Rúhé gēn wàiguórén dǎ jiāodào?
루흐어 끄언 와이구어런 다 찌아오따오?
외국인과 어떻게 교류하나요?

wài mian
外面
와이미엔

명 바깥, 밖, 겉면

外面下大雨，妈妈不让我出去。
Wàimian xià dàyǔ, māma bú ràng wǒ chūqù.
와이미엔 씨아 따위, 마마 부 랑 워 추취.
바깥에 비가 많이 와서 엄마가 못 나가게 하셨다.

wài pó

外婆 와이포어

명 외할머니

我喜欢听外婆讲故事。
Wǒ xǐhuan tīng wàipó jiǎng gùshi.
워 씨환 팅 와이포어 지앙 꾸스.
나는 외할머니가 들려주는 이야기를 좋아한다.

wán

完 완

형 완전하다, 완벽하다
동 다하다, 없어지다 / 완결하다, 끝나다

你说完了吗? 말 다 했니?
Nǐ shuō wán le ma?
니 슈어 완 러 마?

wán chéng

完成 완청

동 완성하다

终于完成了任务。드디어 임무를 완성했다.
Zhōngyú wánchéng le rènwù.
쭝위 완청 러 런우.

玩儿

wán r

왈

동 놀다, 놀이하다, 장난하다

弟弟整天玩儿游戏。
Dìdi zhěngtiān wánr yóuxì.
띠디 정티엔 왈 요우씨.
남동생은 하루 종일 게임을 한다.

有空来我家玩儿。
Yǒu kòng lái wǒ jiā wánr. 요우 콩 라이 워 찌아 왈.
시간 있을 때 우리 집에 놀러 와.

玩儿电脑。 컴퓨터를 하다.
Wánr diànnǎo. 왈 띠엔나오.

长时间玩儿电脑对眼睛不好。
Cháng shíjiān wánr diànnǎo duì yǎnjing bù hǎo.
챵 스찌엔 왈 띠엔나오 뚜이 옌징 뿌 하오.
장시간 컴퓨터 사용은 눈에 좋지 않다.

玩具

wán jù

완쥐

명 장난감, 완구

他弄坏了我的玩具。
Tā nòng huài le wǒ de wánjù.
타 농 화이(ㄹ) 러 워 더 완쥐.
그가 내 장난감을 망가뜨렸다.

wǎn

碗 완

명 사발, 공기, 그릇
양 그릇 · 공기 · 사발 등을 세는 단위

再给我一碗饭。 밥 한 그릇 더 주세요.
Zài gěi wǒ yì wǎn fàn.
짜이 게이 워 이완 퐌.

wǎn fàn

晚饭 완퐌

명 저녁밥

我们去哪儿吃晚饭? 저녁은 어디에 가서 먹을까?
Wǒmen qù nǎr chī wǎnfàn?
워먼 취 날 츠 완퐌?

wǎn shang

晚上 완샹

명 저녁

晚上在家学习。
Wǎnshang zài jiā xuéxí.
완샹 짜이 찌아 쒸에씨.
나는 저녁에 집에서 공부한다.

wàn

万 완

㈜ 만

这个月我赚了一万块钱。 이번 달에 1만 위엔을 벌었다.
Zhège yuè wǒ zhuàn le yí wàn kuài qián.
쩌거 위에 워 쮸완 러 이 완 콰이 치엔.

wáng zǐ

王子 왕즈

㊔ 왕자

〈青蛙王子〉的故事 〈개구리 왕자〉의 이야기
〈Qīngwā wángzǐ〉 de gùshì
〈칭와 왕즈〉 더 꾸스

wǎng qiú

网球 왕치우

㊔ 테니스

你会打网球吗? 테니스 칠 줄 아니?
Nǐ huì dǎ wǎngqiú ma?
니 후이 다 왕치우 마?

wǎng zhàn
网站 왕짠

명 웹 사이트

我告诉你我们学校的**网站**地址。
Wǒ gàosu nǐ wǒmen xuéxiào de wǎngzhàn dìzhǐ.
워 까오쑤 니 워먼 쒸에씨아오 더 왕짠 띠즈.
우리 학교 홈페이지를 알려줄게.

wǎng
往 왕

동 가다, (…로) 향하다 형 이전의, 옛날의
개 …쪽으로, …(을) 향해

一来一**往**。 왔다갔다하다.
Yī lái yī wǎng.
이(ㄹ)라이 이 왕.

往年 왕년. 옛날
Wǎngnián
왕니엔

往前看。 앞쪽을 보다.
Wǎng qián kàn.
왕 치엔 칸.

水**往**低处流。 물은 낮은 곳으로 흐른다.
Shuǐ wǎng dīchù liú.
쉐이 왕 띠추 리우.

一直**往**前走。 앞으로 쭉 가세요.
Yìzhí wǎng qián zǒu.
이즈 왕 치엔 조우.

wàng

忘 왕

동 잊다, 망각하다

那件事令我难忘。 그 일은 잘 잊혀지지 않는다.
Nà jiàn shì lìng wǒ nánwàng.
나 찌엔 스 링 워 난왕.

wàng jì

忘记 왕지

동 (지난 일을) 잊다, 잊어버리다, 소홀히 하다

差点儿忘记了一件重要的事。
Chà diǎnr wàngjì le yí jiàn zhòngyào de shì.
챠 디알 왕지(ㄹ)러 이 찌엔 쭁야오 더 스.
하마터면 중요한 일을 잊을 뻔했어.

wēi xiǎn

危险 웨이씨엔

명 위험 형 위험하다

一个人去旅游是不是很危险?
Yíge rén qù lǚyóu shì bu shì hěn wēixiǎn?
이거 런 취 뤼요우 스 부 스 흐언 웨이씨엔?
혼자 여행하는 것은 위험한가요?

wéi qún

围裙 웨이췬

명 앞치마

在中国很多爸爸都会带着围裙做饭。
Zài Zhōngguó hěn duō bàba dōu huì dàizhe wéiqún zuòfàn.
짜이 쭁구어 흐언 뚜어 빠바 또우 후이 따이져 웨이췬 쭈어퐌.
중국에서는 많은 아빠들이 앞치마를 두르고 밥을 한다.

wěi ba

尾巴 웨이바

명 꼬리

哪种动物的尾巴最长? 어떤 동물의 꼬리가 제일 긴가요?
Nǎ zhǒng dòngwù de wěiba zuì cháng?
나 죵 똥우 더 웨이바 쭈이 챵?

wèi shēng zhǐ

卫生纸 웨이셩즈

명 화장지

卫生纸用完了。 화장지를 다 썼다.
Wèishēngzhǐ yòng wán le.
웨이셩즈 용 완 러.

wèi

为 웨이

㉮ [행위의 대상] …에게, …을 위해, [목적] …을(하기) 위하여

为祖国牺牲自己。 나라를 위해서 자신을 희생하다.
Wèi zǔguó xīshēng zìjǐ.
웨이 주구어 씨셩 쯔지.

wèi le

为了 웨이(ㄹ)러

㉮ [목적을 나타냄] …을 위하여

为了提高汉语水平用功学习。
Wèile tígāo Hànyǔ shuǐpíng yònggōng xuéxí.
웨이(ㄹ)러 티까오 한위 쉐이핑 용꽁 쒸에씨.
중국어 실력을 향상시키기 위해서 열심히 공부한다.

wèi shén me

为什么 웨이션머

㉤ 왜, 어째서, 무엇 때문에

你昨天为什么没来? 어제는 왜 안 왔니?
Nǐ zuótiān wèishénme méi lái?
니 주어티엔 웨이션머 메이(ㄹ) 라이?

wèi dao

味道 웨이다오

명 맛, 느낌, 기분 / 흥미, 재미

这道菜的味道怎么样? 이 음식은 맛이 어때요?
Zhè dào cài de wèidao zěnmeyàng?
쪄 따오 차이 더 웨이다오 전머양?

wèi

位 웨이

명 자리, 곳, 위치, 직위 양 분, 명(사람을 공대하여 세는 단위)

这是空位，请坐。 이곳은 빈자리입니다. 앉으세요.
Zhè shì kòngwèi, qǐng zuò. 쪄 스 콩웨이, 칭 쭈어.

我家来了几位客人。 우리 집에 손님 몇 분이 오셨다.
Wǒ jiā lái le jǐ wèi kèrén. 워 찌아 라이(ㄹ) 러 지 웨이 커런.

wèi

喂 웨이

감 야, 어이, 여보세요 (부르는 소리)
동 (동물에게) 먹이 주다 / (사람에게) 음식을 먹이다

喂，你好。 여보세요, 안녕하세요.
Wéi, nǐ hǎo.
웨이, 니 하오. (전화를 걸 때는 2성으로 발음하는 경우가 많다.)

喂鸡。 닭 모이를 주다, 닭을 치다, 닭을 기르다.
Wèi jī. 웨이 찌.

wén huà
文化 우언화

명 문화

各国的文化都不一样。 각국의 문화는 모두 차이가 있다.
Gèguó de wénhuà dōu bù yíyàng.
꺼구어 더 원화 또우 뿌 이양.

wén jù diàn
文具店 원쮜띠엔

명 문구점

文具店里有什么?
Wénjùdiàn lǐ yǒu shénme?
원쮜띠엔 리 요우 션머?
문구점엔 무엇이 있나요?

wén zhāng
文章 원짱

명 문장

这篇文章写得太完美了。 이 문장은 정말 완벽하네요.
Zhè piān wénzhāng xiě de tài wánměi le.
쪄 피엔 원짱 씨에 더 타이 완메이(ㄹ) 러.

W

wén

闻 원

명 소식, 뉴스, 소문 동 듣다 / 냄새를 맡다

新闻 뉴스
Xīnwén 씬원

耳闻不如目见。〈성어〉 백문(百聞)이 불여일견(不如一見).
Ěr wén bùrú mù jiàn. 얼 원 뿌루 무 찌엔.
[=百闻不如一见。Bǎi wén bù rú yí jiàn. 바이 원 뿌루 이 찌엔.]

闻到了很香的味道。아주 좋은 냄새를 맡았다.
Wén dào le hěn xiāng de wèidào. 원 따오(ㄹ)러 흐언 씨앙 더 웨이따오.

wěn

吻 원

명 입술 동 뽀뽀하다, 입맞춤하다

把‘请问’说成‘请吻’了。
Bǎ ‘Qǐng wèn’ shuōchéng ‘Qǐng wěn’ le. 바 ‘칭 원’ 슈어청 ‘칭 원’ 러.
‘말씀 좀 여쭐게요’를 ‘뽀뽀해 주세요’로 말했다.

wèn

问 원

동 묻다, 질문하다 / 추궁하다

不明白的可以问老师。 모르는 것은 선생님에게 질문하세요.
Bù míngbai de kěyǐ wèn lǎoshī.
뿌 밍바이 더 크어이 원 라오스.

wèn tí

问题 원티

㊔ 질문, 문제

我想问一个问题。 한 가지 묻고 싶은 게 있는데요.
Wǒ xiǎng wèn yíge wèntí.
워 씨앙 원 이거 원티.

wǒ

我 워

㊖ 나

我是老师。 나는 교사입니다.
Wǒ shì lǎoshī. 워 스 라오스.
我是学生。 나는 학생입니다.
Wǒ shì xuésheng. 워 스 쒸에셩.

wǒ men

我们 워먼

㊖ 우리(들)

我们班有四十名学生。 우리반에는 40명의 학생이 있다.
Wǒmen bān yǒu sìshí míng xuésheng.
워먼 빤 요우 쓰스밍 쒸에셩.

W

wū dǐng

屋顶 우딩

명 옥상, 지붕

屋顶上有一只猫。 지붕 위에 고양이 한 마리가 있다.
Wūdǐng shang yǒu yì zhī māo.
우딩 샹 요우 이 즈 마오.

wú liáo

无聊 우리아오

형 무료하다, 지루하다, 심심하다

这部电影太无聊了。 이 영화 너무 지루하다.
Zhè bù diànyǐng tài wúliáo le.
쩌 뿌 띠엔잉 타이 우리아오(ㄹ) 러.

wú lùn

无论 우룬

접 …에도 불구하고[막론하고], …에 관계없이

无论是谁都要遵守规则。 누구든지 규칙은 지켜야 한다.
Wúlùn shì shéi dōu yào zūnshǒu guīzé.
우룬 스 셰이 또우 야오 쭌쇼우 꾸이저.

wǔ fàn
午饭 우퐌

명 점심

吃午饭了吗? 점심 먹었니?
Chī wǔfàn le ma?
츠 우퐌 러 마?

wǔ
五 우

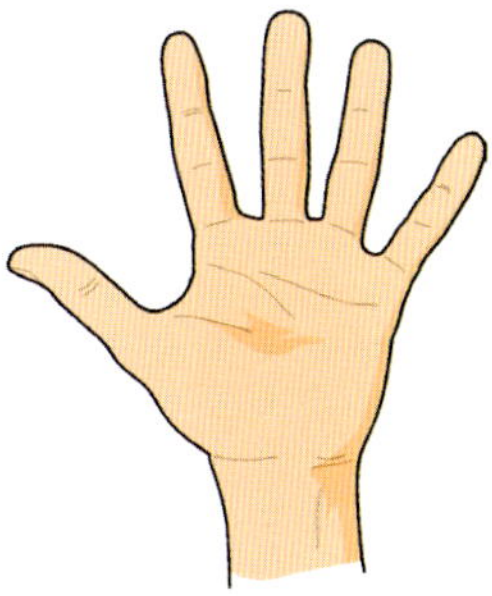

수 5, 다섯, 다섯째

我们一共点了五道菜。
Wǒmen yígòng diǎn le wǔ dào cài.
워먼 이꽁 디엔 러 우 따오 차이.
우리는 다섯 가지 음식을 시켰다.

wù
雾 우

명 안개

今天雾很大，小心开车。
Jīntiān wù hěn dà, xiǎoxīn kāichē.
찐티엔 우 흐언 따, 씨아오씬 카이쳐.
오늘은 안개가 많으니 운전 조심해요.

W

X

xī

西 씨

명 서쪽

由东到西 동쪽에서 서쪽까지
Yóu dōng dào xī 요우 똥 따오 씨

xī bian

西边 씨비엔

명 서쪽

太阳从东边出来西边下去。 태양은 동쪽에서 떠올라 서쪽으로 진다.
Tàiyáng cóng dōngbian chūlái xībian xiàqù.
타이양 총 똥비엔 츄(ㄹ)라이 씨삐엔 씨아취.

今天太阳从西边出来了? 오늘은 해가 서쪽에서 떴나?
Jīntiān tàiyáng cóng xībian chūlái le?
찐티엔 타이양 총 씨삐엔 츄라이(ㄹ) 러?

xī guā
西瓜 씨꾸아

명 수박

吃西瓜能减肥吗? 수박 먹으면 다이어트가 되나요?
Chī xīguā néng jiǎnféi ma?
츠 씨꾸아 넝 지엔풰이 마?

xī hóng shì
西红柿 씨홍스

명 토마토

中国人喜欢吃西红柿炒鸡蛋吗?
Zhōngguórén xǐhuan chī xīhóngshì chǎo jīdàn ma?
쭝구어런 씨환 츠 씨홍스 챠오 찌딴 마?
중국 사람들은 토마토 계란 요리를 좋아하니?

xī wàng
希望 씨왕

명 희망 동 희망하다, 바라다

希望你早日成功。 하루 빨리 성공하길 빕니다.
Xīwàng nǐ zǎorì chénggōng.
씨왕 니 자오르 청꽁.

X

xī gài

膝盖 씨까이

명 무릎

膝盖被摔伤了。넘어져서 무릎을 다쳤다.
Xīgài bèi shuāishāng le.
씨까이 뻬이 슈와이샹 러.

xí guàn

习惯 씨꽌

명 습관, 버릇, 습성 동 습관[버릇]이 되다, 익숙해지다

我已经习惯了。난 이미 적응됐어.
Wǒ yǐjing xíguàn le.
워 이징 씨꽌 러.

xǐ huan

喜欢 씨환

동 좋아하다, 호감을 가지다, 마음에 들다, 기뻐하다
형 유쾌하다, 즐겁다

我喜欢小狗。나는 강아지를 좋아한다.
Wǒ xǐhuan xiǎogǒu.
워 씨환 씨아오고우.

xǐ

洗 씨

동 씻다, 빨다

先洗手，后吃饭。 손 먼저 씻고 밥 먹자.

Xiān xǐshǒu, hòu chīfàn.

씨엔 씨쇼우, 호우 츠퐌.

xǐ fà jì

洗发剂 씨퐈찌

명 샴푸

哪个牌子的洗发剂好? 어떤 브랜드 샴푸가 좋지?

Nǎ ge páizi de xǐfàjì hǎo?

나 거 파이즈 더 씨퐈찌 하오?

xǐ shǒu jiān

洗手间 씨쇼우찌엔

명 화장실

洗手间在哪儿? 화장실이 어디죠?

Xǐshǒujiān zài nǎr?

씨쇼우찌엔 짜이 날?

X

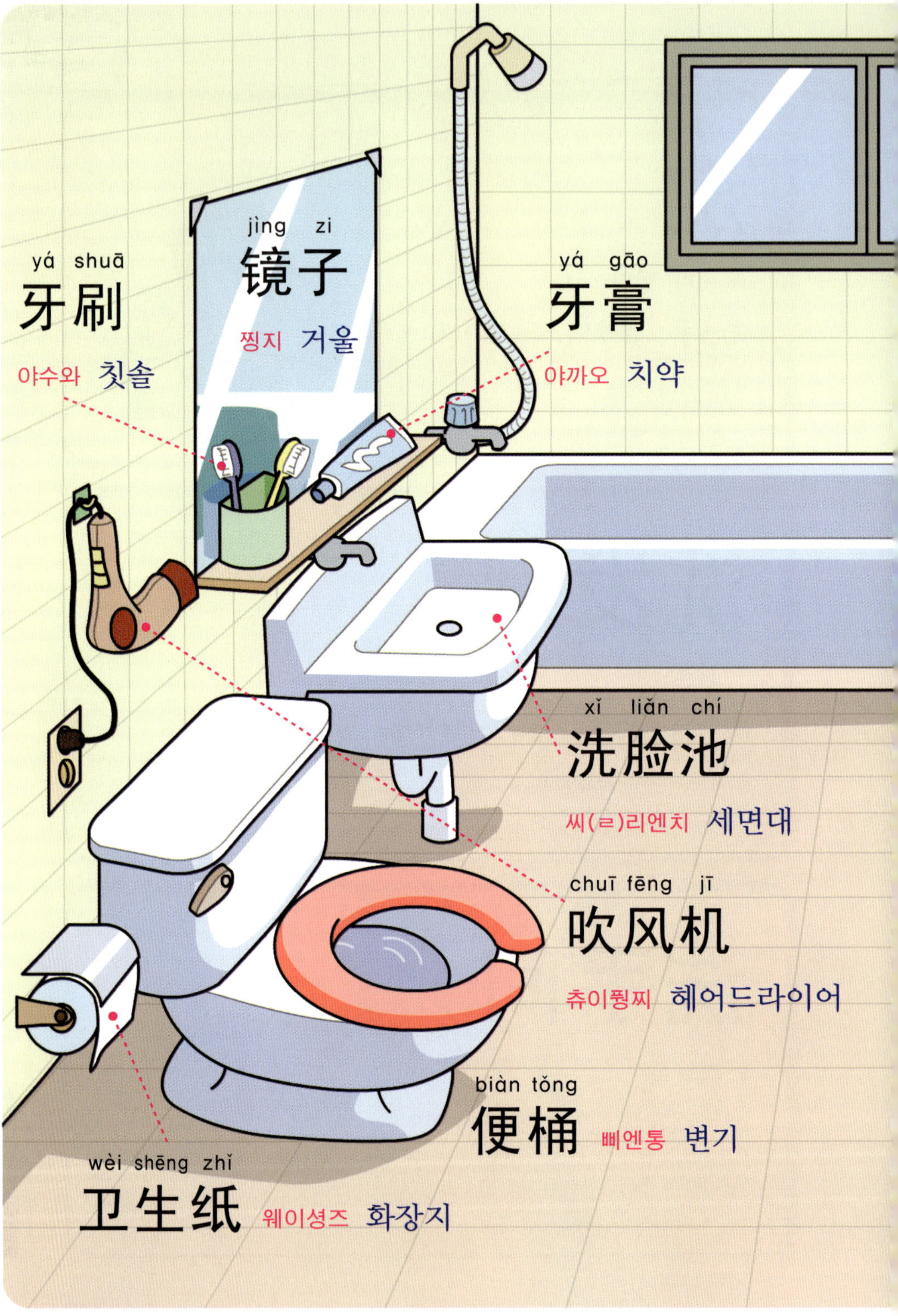
yá shuā
牙刷
야수와 칫솔
jìng zi
镜子
찡지 거울
yá gāo
牙膏
야까오 치약
xǐ liǎn chí
洗脸池
씨(ㄹ)리엔치 세면대
chuī fēng jī
吹风机
츄이펑찌 헤어드라이어
biàn tǒng
便桶
삐엔통 변기
wèi shēng zhǐ
卫生纸
웨이셩즈 화장지

xǐ fà jīng
洗发精 시파찡 샴푸
yù chí
浴池
위츠 욕조
máo jīn
毛巾
마오찐 수건
xǐ yī jī
洗衣机
시이찌 세탁기
féi zào
肥皂 풰이짜오 비누
xǐ shǒu jiān
洗手间 씨쇼우찌엔 화장실

xǐ yī jī

洗衣机 씨이찌

명 세탁기

用洗衣机洗衣服。 세탁기로 옷을 빨다.
Yòng xǐyījī xǐ yīfu.
용 씨이찌 씨 이푸.

xǐ zǎo

洗澡 씨자오

동 목욕하다, 몸을 씻다

小弟弟已经长大了，能自己洗澡了。
Xiǎo dìdi yǐjing zhǎng dà le, néng zìjǐ xǐzǎo le.
씨아오 띠디 이징 쟝 따(ㄹ) 러, 넝 쯔지 씨자오(ㄹ)러.
남동생은 이제 다 커서 스스로 목욕을 할 수 있어요.

xì

系 씨

명 계통, 계열 / 학과 동 맺다, 관련하다

我是中文系的学生。 저는 중문과입니다.
Wǒ shì zhōngwén xì de xuésheng.
워 스 쭝원씨 더 쒸에셩.

xià

下 씨아

명 아래, 밑 / 저급, 하급 / 나중, 다음
동 (높은 곳에서 낮은 곳으로) 내려가다 / (비 · 눈이) 내리다

再往下走100米就到了。 아래로 100미터 더 가면 됩니다.
Zài wǎng xià zǒu yì bǎi mǐ jiù dào le.
짜이 왕 씨아 조우 이 바이 미 찌우 따오(ㄹ) 러.

下雨。
Xià yǔ. 씨아위.
비가 내리다.

下雪。
Xià xuě. 씨아쒸에.
눈이 내리다.

xià wéi qí

下围棋 씨아 웨이치

동 바둑을 두다

你会下围棋吗? 바둑 둘 줄 아니?
Nǐ huì xià wéiqí ma?
니 후이 씨아 웨이치 마?

xià zài

下载 씨아짜이 명 동 다운로드(하다)

在网上可以下载这些歌曲。
Zài wǎng shang kěyǐ xiàzài zhèxiē gēqǔ.
짜이 왕샹 크어이 씨아짜이 쪄씨에 끄어취.
인터넷에서 이 노래들을 다운 받을 수 있어.

xià ge xīng qī

下个星期 씨아 거 씽치

명 다음 주

下个星期我们去看电影吧。 다음 주에 영화 보러 가자.
Xiàge xīngqī wǒmen qù kàn diànyǐng ba.
씨아 거 씽치 워먼 취 칸 띠엔잉 바.

xià kè

下课 씨아커

동 수업이 끝나다, 수업을 마치다

下课以后我们一起去图书馆，怎么样?
Xiàkè yǐhòu wǒmen yìqǐ qù túshūguǎn, zěnmeyàng?
씨아커 이호우 워먼 이치 취 투슈구안, 전머양?
수업 끝나고 같이 도서관 가는 것, 어때?

xià pù

下铺 씨아푸

명 아래 칸 침대

软卧的**下铺** 일등석 침대 칸의 아래 침대
Ruǎnwò de xiàpù
루완워 더 씨아푸

xià wǔ

下午 씨아우

명 오후

明天下午五点在学校门口见。
Míngtiān xiàwǔ wǔ diǎn zài xuéxiào ménkǒu jiàn.
밍티엔 씨아우 우 디엔 짜이 쒸에씨아오 먼코우 찌엔.
내일 오후 다섯 시에 학교 입구에서 만나자.

xià yǔ

下雨 씨아위

동 비가 내리다

外面还在下雨吗?
Wàimian hái zài xiàyǔ ma?
와이미엔 하이 짜이 씨아위 마?
밖에 아직도 비가 내리고 있니?

xià

夏 씨아

명 여름

春,夏,秋,冬中我最喜欢夏天。
Chūn xià qiū dōng zhōng wǒ zuì xǐhuan xiàtiān.
춘 씨아 치우 똥 쭝 워 쭈이 씨환 씨아티엔.
봄, 여름, 가을, 겨울 중 나는 여름이 제일 좋다.

X

xià líng yíng

夏令营 씨아링잉

명 여름 학교, 하계 캠프

这次夏令营我去不了了。나는 이번 여름 캠프에 갈 수가 없다.
Zhè cì xiàlìngyíng wǒ qùbuliǎo le. 쪄츠 씨아링잉 워 취부리아오(ㄹ) 러.

xià tiān

夏天 씨아티엔

명 여름

夏天可以去海边玩儿。여름에는 바닷가에 가서 놀 수 있다.
Xiàtiān kěyǐ qù hǎibian wánr. 씨아티엔 크어이 취 하이비엔 왈.

xiān

先 씨엔

명 앞, 선두 동 앞서 가다, 선행하다 부 먼저, 우선, 앞서, 미리

你先走吧。너 먼저 가.
Nǐ xiān zǒu ba. 니 씨엔 조우 바.

事先做了准备。사전에 미리 준비하였다.
Shìxiān zuò le zhǔnbèi. 스씨엔 쭈어(ㄹ) 러 쥰뻬이.

他比我先到学校。그는 나보다 학교에 먼저 도착하였다.
Tā bǐ wǒ xiān dào xuéxiào. 타 비 워 씨엔 따오 쒸에씨아오.

先人后己。자신보다 남을 먼저 생각하다.
Xiān rén hòu jǐ. 씨엔 런 호우 지.

xiān sheng

先生 씨엔셩

명 (성인 남자에 대한 존칭) 선생님, …씨

李先生在吗? 이 선생님 계십니까?
Lǐ xiānsheng zài ma?
리 씨엔셩 짜이 마?

xiān

鲜 씨엔

형 신선하다, 싱싱하다 / 맛이나 향기가 좋다

你做的菜味道很鲜。 네가 한 요리가 아주 맛있어.
Nǐ zuò de cài wèidao hěn xiān.
니 쭈어 더 차이 웨이다오 헌 씨엔.

xián

咸 씨엔

형 (맛이) 짜다, 소금기가 있다

这个菜太咸了。 반찬이 너무 짜다.
Zhè ge cài tài xián le.
쪄거 차이 타이 씨엔러.

xiǎn shì qì

显示器 씨엔스치

명 모니터

液晶显示器 LCD 모니터
Yèjīng xiǎnshìqì
예찡 씨엔스치

xiàn zài

现在 씨엔짜이

명 지금, 현재, 이제

现在几点? 지금 몇 시입니까?
Xiànzài jǐ diǎn?
씨엔짜이 지 디엔?

xiàn mù

羡慕 씨엔무

형 부러워하다, 흠모하다, 탐내다

我很羡慕他会说四种语言。
Wǒ hěn xiànmù tā huì shuō sì zhǒng yǔyán.
워 흐언 씨엔무 타 후이 슈어 쓰 쭁 위옌.
나는 네 가지 언어를 할 줄 아는 그가 부럽다.

xiāng tóng

相同 씨앙통

혱 서로 같다

我们俩的想法完全**相同**。 우리 둘 생각이 완전히 같아.

Wǒmen liǎ de xiǎngfǎ wánquán xiāngtóng.

워먼 리아 더 씨앙파 완취엔 씨앙통.

xiāng xìn

相信 씨앙씬

동 믿다, 신임하다

我**相信**你说的话。 난 너의 말을 믿어.

Wǒ xiāngxìn nǐ shuō de huà.

워 씨앙씬 니 슈어 더 화.

xiāng

香 씨앙

혱 향기롭다, 맛있다

味道真**香**！ 정말 맛있다! 향기 정말 좋다!

Wèidao zhēn xiāng !

웨이다오 쩐 씨앙!

X

xiāng cài

香菜

씨앙차이

명 (식물) 고수풀

韩国人不习惯香菜的味道。 한국인은 고수풀 맛에 익숙하지 않다.
Hánguórén bù xíguàn xiāngcài de wèidao.
한구어런 뿌 씨꽌 씨앙차이 더 웨이다오.

xiāng guā

香瓜

씨앙꾸아

명 참외

香瓜和西瓜，你喜欢吃哪一个?
Xiāngguā hé xīguā, nǐ xǐhuan chī nǎ yíge?
씨앙꾸아 흐어 씨꾸아, 니 씨환 츠 나 이거?
참외랑 수박 중에서 넌 어떤 걸 더 좋아하니?

xiāng jiāo

香蕉

씨앙찌아오

명 바나나

香蕉是热带水果。 바나나는 열대 과일이다.
Xiāngjiāo shì rèdài shuǐguǒ.
씨앙찌아오 스 러따이 쉐이구어.

xiāng zào

香皂

씨앙짜오 명 비누

用香皂洗手。비누로 손을 씻다.
Yòng xiāngzào xǐ shǒu.
용 씨앙짜오 씨 쇼우.

xiǎng

响

씨앙

명 울림, 소리, 음향 동 소리를 내다, 소리가 나다, 울리다
형 소리가 크다, 우렁차다

手机铃声响了。 핸드폰 벨이 울렸다.
Shǒujī língshēng xiǎng le. 쇼우찌 링셩 씨앙 러.

他不声不响地消失了。 그는 아무 말 없이 조용히 사라져 버렸다.
Tā bù shēng bù xiǎng de xiāoshī le.
타 뿌 셩 뿌 씨앙 더 씨아오스(ㄹ) 러.

xiǎng

想

씨앙

조동 생각하다, 추측하다, 예상하다, 그리워하다
바라다, …하고 싶다, …하려 하다

你想得太周到了。너의 아이디어가 정말 좋은 것 같아.
Nǐ xiǎng de tài zhōudao le. 니 씨앙 더 타이 쬬우다오(ㄹ) 러.

我想去中国旅游。중국에 여행 가고 싶어.
Wǒ xiǎng qù Zhōngguó lǚyóu. 워 씨앙 취 쭝구어 뤼요우.

X

xiàng

像 쌍

동 닮다, 비슷하다

他们父子俩长得很像。 그들 부자지간은 아주 닮았다.
Tāmen fùzǐ liǎ zhǎng de hěn xiàng.
타먼 푸쯔 리아 장 더 흐언 썅.

xiàng pí

橡皮 썅피

명 지우개

你能借给我橡皮吗? 네 지우개 좀 빌려 줄래?
Nǐ néng jiègěi wǒ xiàngpí ma?
니 넝 찌에게이 워 썅피 마?

xiàng

向 쌍

명 방향 동 (앞을) 향하다 개 …을 향해서, …로

向前跑。 앞쪽으로 뛰다.
Xiàng qián pǎo.
썅 치엔 파오.

xiǎo

小 씨아오

㉻ (크기 · 소리가) 작다 / (수량이) 적다 / (나이가) 어리다
㉾ 약간, 조금, 잠깐

我比你小一岁。 나는 너보다 한 살 어리다.
Wǒ bǐ nǐ xiǎo yí suì. 워 비 니 씨아오 이 쑤이.

女儿的手很小。 딸의 손은 아주 작다.
Nǚ'ér de shǒu hěn xiǎo. 뉘얼 더 쇼우 헌 씨아오.

xiǎo jiě

小姐 씨아오지에

㊔ 아가씨 (시집가지 않은 여자를 높여 부르는 말)

她还没有结婚，是小姐。
Tā hái méiyǒu jiéhūn, shì xiǎojiě.
타 하이 메이요우 지에훈, 스 씨아오지에.
그녀는 아직 결혼을 하지 않아 아가씨입니다.

xiǎo shí

小时 씨아오스

㊔ 시간 (시간 단위)

我已经等了你两个小时了。
Wǒ yǐjīng děng le nǐ liǎng ge xiǎoshí le.
워 이징 덩 러 니 리앙 거 씨아오스(르) 러.
나 벌써 너 두 시간째 기다리고 있어.

X

xiǎo shuō

小说 씨아오슈어

명 소설

我喜欢看历史小说。 나는 역사 소설을 좋아한다.
Wǒ xǐhuan kàn lìshǐ xiǎoshuō.
워 씨환 칸 리스 씨아오슈어.

xiǎo xīn

小心 씨아오씬

동 조심하다, 주의하다
형 조심스럽다, 주의 깊다, 세심하다

路上小心。 길 조심해.
Lù shang xiǎoxīn. 루 샹 씨아오씬.

他是个很小心的人。 그는 아주 세심한 사람이다.
Tā shì ge hěn xiǎoxīn de rén. 타 스 거 흐언 씨아오씬 더 런.

xiǎo xué

小学 씨아오쒸에

명 초등학교

我是小学老师。 나는 초등학교 교사입니다.
Wǒ shì xiǎoxué lǎoshī.
워 스 씨아오쒸에 라오스.

xiào yuán

校园 씨아오위엔

명 교정

我带你去校园逛逛。 내가 캠퍼스 구경시켜 줄게.
Wǒ dài nǐ qù xiàoyuán guàngguang.
워 따이 니 취 씨아오위엔 꽝광.

xiào zhǎng

校长 씨아오쟝

명 교장

校长办公室在哪儿? 교장실은 어디에 있나요?
Xiàozhǎng bàngōngshì zài nǎr?
씨아오쟝 빤꽁스 짜이 날?

xiào

笑 씨아오

동 웃다

一听我的话他就笑。
Yì tīng wǒ de huà tā jiù xiào.
이 팅 워 더 화 타 찌우 씨아오.
내 말을 듣자마자 그는 웃었다.

X

xiē

些 씨에

㊣ 조금, 약간, 몇

这本书比那本书厚一些。이 책은 저 책보다 조금 더 두껍다.
Zhè běn shū bǐ nà běn shū hòu yì xiē.
쩌 번 슈 비 나 번 슈 호우 이 씨에.

xié zuò

协作 씨에쭈어

㊣ 협조해서 일하다, 협력하다 ㊣ 협업

谢谢你们的协作。협조해 주셔서 감사합니다.
Xièxie nǐmen de xiézuò.
씨에시에 니먼 더 씨에쭈어.

xié

鞋 씨에

㊣ 신(발)

这双鞋太小了。신발이 너무 작아요.
Zhè shuāng xié tài xiǎo le.
쩌 슈왕 씨에 타이 씨아오(ㄹ) 러.

xiě

写 씨에

동 (글씨를) 쓰다, 글을 짓다

用汉语写日记。 중국어로 일기를 쓰다.
Yòng Hànyǔ xiě rìjì.
용 한위 씨에 르지.

xiě zuò

写作 씨에쭈어

동 글을 짓다, 저작하다 명 (문예) 작품, 창작

今天有汉语写作课。 오늘은 중국어 글짓기 수업이 있다.
Jīntiān yǒu Hànyǔ xiězuòkè.
찐티엔 요우 한위 씨에쭈어커.

xiè xie

谢谢 씨에시에

감사합니다

谢谢你的关心。
Xièxie nǐ de guānxīn.
씨에시에 니더 꾸안씬.
관심을 가져 주셔서 감사합니다.

xīn qíng

心情 씬칭

명 심정, 마음, 기분

他最近心情不好。 그는 요즘 기분이 안 좋아.
Tā zuìjìn xīnqíng bù hǎo.
타 쭈이찐 씬칭 뿌 하오.

xīn kǔ

辛苦 씬쿠

명 고생, 수고 동 고생하다, 수고하다
형 고생스럽다, 수고롭다, 고되다

辛苦了! 수고하셨습니다!
Xīnkǔle! 씬쿠(ㄹ)러!

这样的活儿很辛苦。 이런 일은 너무 고되다.
Zhè yàng de huór hěn xīnkǔ. 쩌 양 더 후얼 흐언 씬쿠.

xīn

新 씬

형 새롭다, 새로운 동 새롭게 하다, 새로워지다

他是新来的同学。 저 친구는 새로 온 친구야.
Tā shì xīn lái de tóngxué.
타 스 씬 라이 더 통쒸에.

xīn wén

新闻 씬원

명 뉴스

今天你看新闻了吗? 오늘 뉴스 봤니?
Jīntiān nǐ kàn xīnwén le ma?
찐티엔 니 칸 씬원 러 마?

xīn xiān

新鲜 씬씨엔

형 신선하다, 싱싱하다 / (사물이) 새롭다, 신기하다

新鲜的水果 신선한 과일
Xīnxiān de shuǐguǒ 씬씨엔 더 쉐이구어

这里的空气很新鲜。 여기 공기 참 좋다.
Zhèlǐ de kōngqì hěn xīnxiān. 쪄리 더 콩치 헌 씬씨엔.

这话真新鲜。 이 말은 정말 새롭다.
Zhè huà zhēn xīnxiān. 쪄 화 쩐 씬씨엔.

xìn

信 씬

명 편지

我给朋友写了一封信。 나는 친구에게 편지 한 통을 썼다.
Wǒ gěi péngyou xiě le yì fēng xìn.
워 게이 펑요우 씨에(ㄹ)러 이 펑 씬.

xìn fēng

信封 씬펑

명 편지 봉투

韩国和中国的**信封**格式不一样。
Hánguó hé Zhōngguó de xìnfēng géshì bù yíyàng.
한구어 흐어 쭝구어 더 씬펑 끄어스 뿌 이양.
한국과 중국의 편지 봉투 격식은 다릅니다.

xīng fèn

兴奋 씽펀

동 흥분하다, 감격하다, 감동하다

每到世界杯比赛，人们都**兴奋**地看足球比赛。
Měi dào shìjièbēi bǐsài, rénmen dōu xīngfèn de kàn zúqiúbysài.
메이 따오 스찌에뻬이 비싸이, 런먼 또우 씽펀 더 칸 쭈치우비싸이.
월드컵 때마다 사람들은 축구에 흥분을 한다.

xīng qī

星期 씽치

명 요일, 주

这**星期**一有空儿吗? 이번 주 월요일에 시간 있어?
Zhè xīngqīyī yǒu kòngr ma?
쪄 씽치이 요우 콹 마?

xīng xing

星星 씽싱

명 별

天上的星星在闪亮。
Tiānshang de xīngxing zài shǎnliàng.
티엔샹 더 씽싱 짜이 샨량.
하늘에 별들이 반짝이고 있다.

xíng

行 씽

형 괜찮다, 좋다

这样做，行吗？ 이렇게 하면 되나요?
Zhèyàng zuò, xíng ma？
쪄양 쭈어, 씽 마?

xíng dòng

行动 씽똥

명 행동 동 행동하다

他今天的行动有点儿奇怪。 그의 행동은 오늘 왠지 좀 이상해.
Tā jīntiān de xíngdòng yǒu diǎnr qíguài.
타 찐티엔 더 씽똥 요우디알 치꽈이.

X

xíng tài

形态 씽타이 모양

lì fāng tǐ

☐ 立方体 리퐝티 정육면체

yuán zhù tǐ

☐ 圆柱体 위엔쮸티 원기둥

yuán zhuī tǐ

☐ 圆锥体 위엔쮸이티 원추형

sān jiǎo zhuī tǐ

☐ 三角锥体 싼지아오쮸이티 각뿔

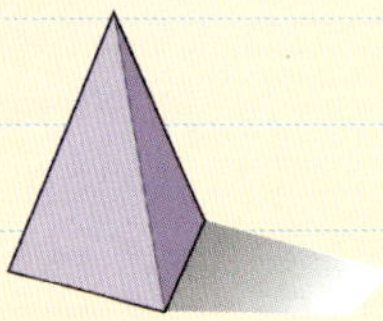

qiú tǐ

☐ 球体 치우티 구

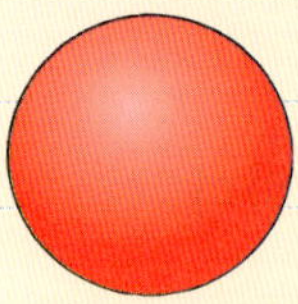

yuán quān

☐ 圆圈 위엔취엔 동그라미

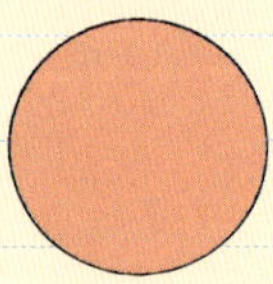

tuǒ yuán xíng
☐ 椭圆形 투어위엔씽 타원형

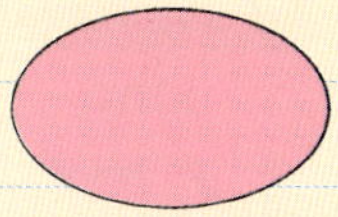

sān jiǎo xíng
☐ 三角形 싼지아오씽 삼각형

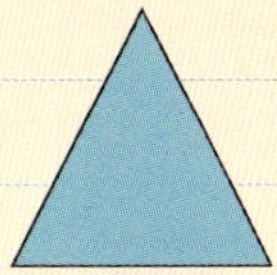

zhèng fāng xíng
☐ 正方形 쩡퐝씽 정사각형

cháng fāng xíng
☐ 长方形 쟝퐝씽 직사각형

líng xíng
☐ 菱形 링씽 마름모

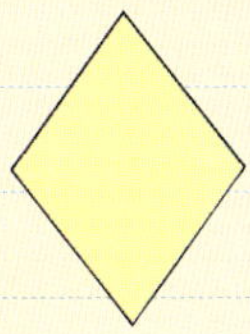

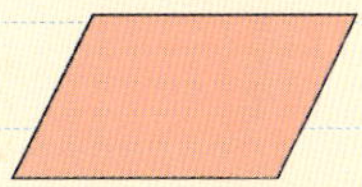

píng xíng sì biān xíng
☐ 平行四边形 핑씽쓰삐엔씽 평행사변형

wǔ biān xíng
☐ 五边形 우삐엔씽 오각형

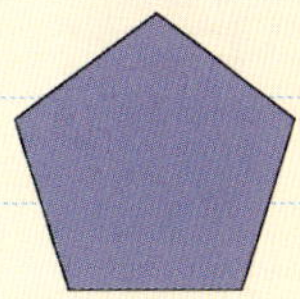

liù biān xíng
☐ 六边形 리우삐엔씽 육각형

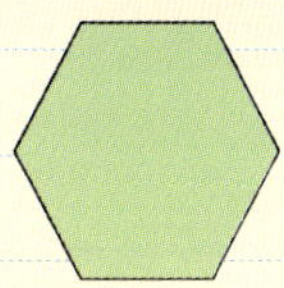

xíng li xiāng

行李箱 씽리씨앙

명 짐가방, 트렁크

到哪儿取行李箱? 짐은 어디에서 찾아야 되나요?
Dào nǎr qǔ xínglixiāng?
따오 날 취 씽리씨앙?

xíng rén

行人 싱런

명 행인, 보행자

行人要走人行道。 보행자는 인도로 걸어 다녀야 한다.
Xíngrén yào zǒu rénxíngdào.
씽런 야오 조우 런씽따오.

xǐng

醒 씽

동 깨다, 깨닫다, 각성하다

我今天早上五点钟就醒了。 나는 오늘 아침 5시에 일찍 일어났다.
Wǒ jīntiān zǎoshang wǔ diǎn zhōng jiù xǐng le.
워 찐티엔 자오샹 우 디엔 쭝 찌우 씽 러.

xìng qù

兴趣 씽취

명 흥미, 취미, 재미 / 의향, 의욕

对音乐感兴趣。 음악에 관심이 있다.
Duì yīnyuè gǎn xìngqù. 뚜이 인위에 간 씽취.

你的兴趣真特别啊！ 너 취미가 정말 독특하구나!
Nǐ de xìngqù zhēn tèbié a! 니 더 씽취 쩐 터비에!

xìng gé(r)

性格 씽끄어(ㄹ)

명 성격

她的性格很开朗。 그녀의 성격이 아주 명랑합니다.
Tā de xìnggé hěn kāilǎng.
타 더 씽끄어 흐언 카이(ㄹ)랑.

xìng

姓 씽

명 성(씨) 동 성이 …이다, …을 성으로 하다

你姓什么? 당신의 성은 무엇입니까?
Nǐ xìng shénme?
니 씽 션머?

X

xìng fú

幸福 씽푸

명 행복 형 행복하다

幸福的一天 행복한 하루
Xìngfú de yìtiān 씽푸 더 이티엔

为了我的幸福，我要更加努力。
Wèi le wǒ de xìngfú, wǒ yào gèng jiā nǔlì.
웨이(ㄹ)러 워 더 씽푸, 워 야오 껑 찌아 누(ㄹ)리.
나의 행복을 위해, 더 노력해야겠다.

xióng māo

熊猫 씨옹마오

명 판다

熊猫是代表中国的一种动物。
Xióngmāo shì dàibiǎo Zhōngguó de yì zhǒng dòngwù.
씨옹마오 스 따이비아오 쭝구어 더 이 죵 똥우.
판다는 중국을 대표하는 동물이다.

xiū xi

休息 씨우씨

명 휴식, 휴양, 휴업 동 휴식하다, 휴양하다, 휴업하다

休息十分钟。10분 휴식하겠습니다.
Xiūxi shí fēn zhōng. 씨우씨 스 펀 쭝.

xū yào
需要 쒸야오

동 필요로 하다, 요구되다 명 요구, 필요, 수요, 욕구

你需要什么? 뭐 필요하니?
Nǐ xūyào shénme?
니 쒸야오 션머?

xǔ duō
许多 쒸뚜어

형 대단히 많은, 허다한

我还有许多话要跟你说。 난 아직 너랑 할 얘기가 많아.
Wǒ háiyǒu xǔduō huà yào gēn nǐ shuō.
워 하이요우 쒸뚜어 화 야오 끄언 니 슈어.

xuǎn zé
选择 쒸엔저

동 고르다, 선택하다

这是你自己选择的。 이건 네 스스로 선택한 거야.
Zhè shì nǐ zìjǐ xuǎnzé de. 쩌스 니 쯔지 쒸엔저 더.
这是谁的选择? 이것은 누구의 선택입니까?
Zhè shì shéi de xuǎnzé? 쩌스 셰이 더 쒸엔저?

xué sheng

学生 쒸에셩

명 학생

我是大学生，他是高中生。
Wǒ shì dàxuésheng, tā shì gāozhōngshēng.
워 스 따쒸에셩, 타 스 까오쭁셩.
나는 대학생이고 그는 고등학생입니다.

xué xí

学习 쒸에씨

명 동 학습(하다), 공부(하다)

他很用功学习。그는 아주 열심히 공부를 한다.
Tā hěn yònggōng xuéxí. 타 흐언 용꽁 쒸에씨.

他的学习成绩一直很好。그의 학습 성적은 줄곧 우수하다.
Tā de xuéxí chéngjì yìzhí hěn hǎo. 타더 쒸에씨 청찌 이즈 흐언 하오.

xué xiào

学校 쒸에씨아오

명 학교

我们学校有很多外国学生。
Wǒmen xuéxiào yǒu hěn duō wàiguó xuésheng.
워먼 쒸에씨아오 요우 흐언 뚜어 와이구어 쒸에셩.
우리 학교에는 외국인 학생들이 많다.

xuě

雪 쒸에

명 눈

中国南方地区很少下雪。
Zhōngguó nánfāng dìqū hěn shǎo xiàxuě.
쭝구어 난퐝 띠취 흐언 샤오 씨아쒸에.
중국 남방쪽은 눈 내리는 경우가 매우 드물다.

xuě huā

雪花 쒸에후아

명 눈송이, 눈꽃

洁白的雪花 새하얀 눈송이
Jiébái de xuěhuā 지에바이 더 쒸에후아

雪花飘飘的样子像是一朵花。
Xuěhuā piāopiāo de yàngzi xiàng shì yì duǒ huā.
쒸에후아 피아오 피아오 더 양즈 썅 스 이 두어 후아.
눈꽃이 휘날리는 것이 마치 한 송이의 꽃과 같다.

X

y

yā lì
压力
야(ㄹ)리

명 압력, 정신적 부담, 스트레스

不要给我这么大的压力。
Búyào gěi wǒ zhème dà de yālì.
부야오 게이 워 쩌머 따 더 야(ㄹ)리.
나에게 이렇게 큰 부담을 주지 마.

yā zi
鸭子
야즈

명 오리

小时候我们家养了几只鸭子。
Xiǎo shíhou wǒmen jiā yǎng le jǐ zhī yāzi.
씨아오 스호 워먼 찌아 양 러 지 즈 야즈.
어릴 때 우리 집에서는 오리 몇 마리를 키웠었다.

y

yá chǐ

牙齿 야츠

명 치아

怎样能拥有一个洁白的牙齿呢?
Zěnyàng néng yōngyǒu yíge jiébái de yáchǐ ne?
전양 넝 용요우 이거 지에바이 더 야츠 너?
어떻게 하면 깨끗하고 새하얀 치아를 가질 수 있을까요?

yá gāo

牙膏 야까오

명 치약

挤牙膏。 치약을 짜다.
Jǐ yágāo.
지 야까오.

yá kē

牙科 야크어

명 치과

我哥哥是牙科医生。
Wǒ gēge shì yákē yīshēng.
워 끄어거 스 야크어 이성.
우리 형은 치과 의사이다.

yá shuā

牙刷 야슈와

명 칫솔

用**牙刷**刷牙。칫솔로 이를 닦다.
Yòng yáshuā shuā yá.
용 야슈와 슈와 야.

yá téng

牙疼 야텅

명 치통 형 이가 아프다

糖吃多了会**牙疼**的。
Táng chīduō le huì yá téng de.
탕 츠뚜어(ㄹ) 러 후이 야 텅 더.
사탕을 많이 먹으면 이가 아파요.

yá

芽 야

명 (나무나 풀의) 눈, 싹

豆芽开始发**芽**了。콩나물에서 싹이 나기 시작했습니다.
Dòuyá kāishǐ fāyá le.
또우야 카이스 퐈야(ㄹ)러.

yán zhòng
严重 옌쭝

형 중대하다, 심각하다, 모질다

他的病严重吗? 그의 병은 심각한가요?
Tā de bìng yánzhòng ma?
타더 삥 옌쭝 마?

yán
盐 옌

명 소금

太淡了，在放点儿盐。
Tài dàn le, zài fàng diǎnr yán.
타이 딴 러, 짜이 퐝 디알 옌.
너무 싱거워, 소금을 좀 더 넣어.

yán liào
颜料 옌리아오

명 물감

这附近在哪儿可以买绘画颜料?
Zhè fùjìn zài nǎr kěyǐ mǎi huìhuà yánliào?
쪄 푸찐 짜이날 크어이 마이 후이화 옌랴오?
근처 어디에서 회화 물감을 살 수 있나요?

yán sè

颜色 옌써

명 색, 색깔

这两种颜色不配。 이 두 가지 색깔은 서로 맞지 않다.
Zhè liǎng zhǒng yánsè bú pèi.
쩌 리앙 죵 옌써 부 페이.

yǎn jìng r

眼镜(儿) 옌찡

명 안경

他戴了一副度数很高的眼镜。
Tā dài le yí fù dùshù hěn gāo de yǎnjìng.
타 따이(ㄹ)러 이 푸 뚜슈 흐언 까오 더 옌찡.
그는 도수가 아주 높은 안경을 쓰고 있다.

yǎn jing

眼睛 옌징

명 눈

不要用脏手揉眼睛。 더러운 손으로 눈을 비비지 마세요.
Búyào yòng zāng shǒu róu yǎnjing.
부야오 용 짱 쇼우 로우 옌징.

yǎn chàng huì

演唱会 옌창후이

명 콘서트

我喜欢去看**演唱会**。
Wǒ xǐhuan qù kàn yǎnchànghuì.
워 씨환 취 칸 옌창후이.
나는 콘서트에 가는 것을 좋아합니다.

yáng

羊 양

명 양

亡**羊**补牢。〈속담〉 소 잃고 외양간 고친다.
Wáng yáng bǔ láo.
왕 양 부(ㄹ) 라오.

yáng ròu

羊肉 양로우

명 양고기

我喜欢吃**羊肉**串儿。 나는 양꼬치를 좋아한다.
Wǒ xǐhuan chī yángròuchuànr.
워 씨환 츠 양로우촬.

yán sè
颜色 엔써 색

hēi sè
☐ 黑色 헤이써 검정색

huī sè
☐ 灰色 후이써 회색

bái sè
☐ 白色 바이써 흰색

lán sè
☐ 蓝色 란써 청색

hóng sè
☐ 红色 홍써 빨간색

huáng sè
☐ 黄色 황써 노란색

lǜ sè
□ 绿色 뤼써 녹색

zōng sè
□ 棕色 쫑써 갈색

zǐ sè
□ 紫色 즈써 보라색

fěn hóng sè
□ 粉红色 펀홍써 분홍색

yá sè
□ 牙色 야써 상아색

shēn lán sè
□ 深蓝色 션란써 짙은 청색

yín sè
□ 银色 인써 은색

zhū huáng sè
□ 朱黄色 쮸황써 주황색

mǐ huáng sè
□ 米黄色 미황써 베이지색

yáng bái cài
洋白菜 양바이차이

명 양배추

洋白菜与大白菜有什么区别? 양배추와 배추는 뭐가 다르죠?
Yángbáicài yǔ dàbáicài yǒu shénme qūbié?
양바이차이 위 따바이차이 요우 션머 취비에?

yáng cōng
洋葱 양총

명 양파

洋葱发芽了也能吃吗?
Yángcōng fā yá le yě néng chī ma?
양총 퐈 야(ㄹ) 러 예 넝 츠 마?
양파에 싹이 나도 먹을 수 있나요?

yǎng
养 양

동 기르다, 양육하다 / (습관 등을) 함양하다, 양성하다

他的爱好是养动物。 그의 취미는 동물을 기르는 것이다.
Tā de àihào shì yǎng dòngwù.
타 더 아이하오 스 양 똥우.

yāo qiú
要求 야오치우

명 요구, 요망 동 요구하다, 요망하다

你**要求**得太多了。 너는 요구하는 게 너무 많아.
Nǐ yāoqiú de tài duō le.
니 야오치우 더 타이 뚜어(ㄹ) 러.

yāo téng
腰疼 야오 텅

허리가 아프다

奶奶，拿这么重的东西会**腰疼**的。
Nǎinai, ná zhème zhòng de dōngxi huì yāo téng de.
나이나이, 나 쩌머 쭁 더 똥시 후이 야오 텅 더.
할머니, 이렇게 무거운 물건 드시면 허리 아프세요.

yáo kòng qì
遥控器 야오콩치

명 리모컨

你知道电视**遥控器**放在哪儿了吗?
Nǐ zhīdao diànshì yáokòngqì fàngzài nǎr le ma?
니 쯔다오 띠엔스 야오콩치 팡짜이 날 러 마?
TV 리모컨은 어디에 놨는지 아니?

yáo tóu

摇头 야오 토우

동 고개를 젓다

他总是摇头不答应。
Tā zǒngshì yáotóu bù dāying.
타 종스 야오토우 뿌 따잉.
그는 고개를 저으며 거절했다.

yào

药 야오

명 약, 약물

吃药一定要跟医生商量。
Chī yào yídìng yào gēn yīshēng shāngliang.
츠 야오 이딩 야오 끄언 이셩 샹리앙.
약은 반드시 의사에게 상담 받고 드세요.

yào diàn

药店 야오띠엔

명 약국

在药店售药和配药。
Zài yàodiàn shòu yào hé pèi yào.
짜이 야오띠엔 쇼우 야오 흐어 페이 야오.
약국에서는 약을 팔기도 하고 약을 조제하기도 한다.

yào fáng

药房 야오팡

명 약방

这附近有没有药房?
Zhè fùjìn yǒu méiyǒu yàofáng?
쩌 푸찐 요우 메이요우 야오팡?
이 근처에 약국이 있나요?

* 药店 yàodiàn 과 药房 yàofáng
: 두 단어 모두 약국을 의미하지만, 병원이나 진료소 내에 있는 약국을 지칭할 때는 药房 yàofáng을 많이 사용함.

yào

要 야오

동 원하다, 바라다, 필요하다
조동 …할 것이다(염원이나 굳은 의지), 마땅히 …해야 한다(당위성), …하려 하고 있다, 막 …하려 하다(필연성)

你要什么? 너는 무엇이 필요하니?
Nǐ yào shénme? 니 야오 션머?

他要学溜冰。그는 스케이트를 배우려 한다.
Tā yào xué liūbīng. 타 야오 쒸에 리우삥.

你要好好儿学习。 공부를 열심히 해야 해.
Nǐ yào hǎohāor xuéxí. 니 야오 하오할 쒸에씨.

要下雨了。비가 오려고 한다.
Yào xiàyǔ le. 야오 씨아위(르) 러.

药店 야오띠엔 약국
yào diàn

jiāo náng
☐ 胶囊 찌아오낭 캡슐

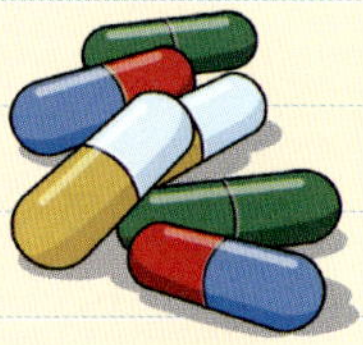

yào wán
☐ 药丸 야오완 알약

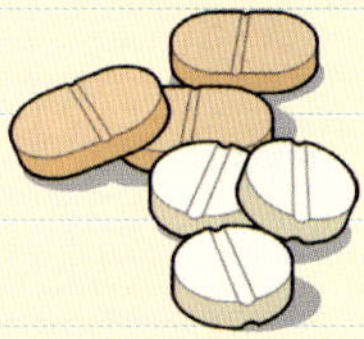

hán yào táng jiāng
☐ 含药糖浆 한야오탕찌앙 물약

yào gāo
☐ 药膏 야오까오 연고

bāng dí
☐ 帮迪 빵디 일회용 밴드

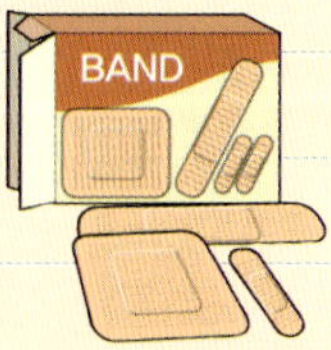

yán bō
□ 研钵 옌뽀 막자 사발

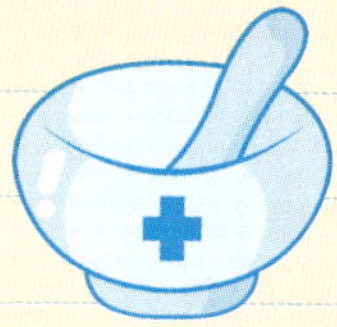

kǒu zhào
□ 口罩 코우쨔오 마스크

bēng dài
□ 绷带 뺑따이 붕대

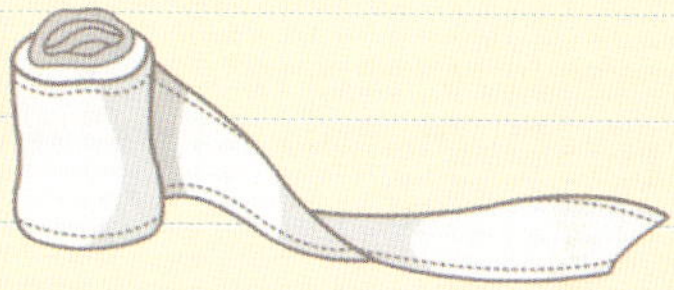

yǎn zhào
□ 眼罩 옌쨔오 안대

bīng dài
□ 冰袋 삥따이 얼음주머니

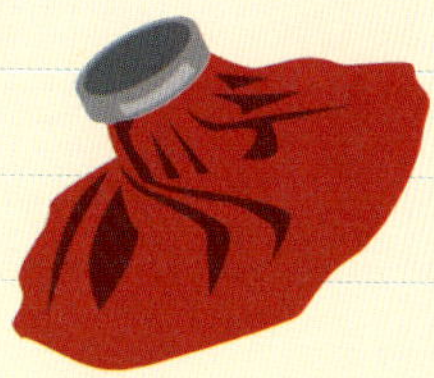

jí jiù yào xiāng
□ 急救药箱 지찌우야오씨앙 구급상자

xuè yā jì
□ 血压计 쒸에야찌 혈압계

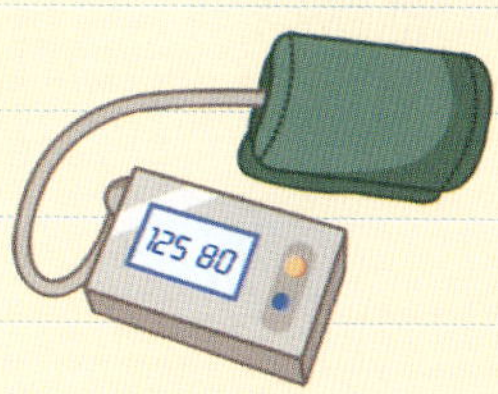

yào shi

钥匙 야오스

명 열쇠

我把钥匙丢了。 나는 열쇠를 잃어버렸다.

Wǒ bǎ yàoshi diū le.

워 바 야오스 띠우(ㄹ) 러.

yé ye

爷爷 예예

명 할아버지

我的爷爷是大学教授。

Wǒ de yéye shì dàxué jiàoshòu.

워더 예예 스 따쒸에 찌아오쇼우.

나의 할아버지는 대학교 교수님이시다.

yě

也 예

부 …도, …역시

他做得到，我也能做得到。 그가 할 수 있다면 나도 할 수 있다.

Tā zuò de dào, wǒ yě néng zuò de dào.

타 쭈어 더 따오, 워 예 넝 쭈어 더 따오.

yè
页 예

명 페이지, 한쪽 면 양 페이지, 면(面)

教科书的第一页 교과서 1 페이지
Jiàokēshū de dì yī yè
찌아오크어슈 더 띠 이 예

yī
一 이

수 일, 하나, 첫째, 첫 번째

得了第一名。 1등을 수상했다.
Dé le dì yī míng.
드어(ㄹ) 러 띠 이 밍.

yì bān
一般 이빤

형 일반적이다, 엇비슷하다

我早上一般吃面包。 나는 아침에 보통 빵을 먹는다.
Wǒ zǎoshang yìbān chī miànbāo.
워 자오샹 이빤 츠 미엔빠오.

哥儿俩长得一般高。 두 형제는 키가 비슷하다.
Gēr liǎ zhǎng de yìbān gāo.
껄 리아 쟝 더 이빤 까오.

yì biān

一边 이삐엔

부 …하면서 …하다 (동작이 동시에 진행됨을 나타냄)

我喜欢一边看书一边听音乐。
Wǒ xǐhuan yìbiān kànshū yìbiān tīng yīnyuè.
워 씨환 이삐엔 칸슈 이삐엔 팅 인위에.
나는 책을 보며 음악을 듣는 것을 좋아한다.

yí biàn

一遍 이삐엔

한 번

请再说一遍。 한 번만 더 말씀해 주세요.
Qǐng zài shuō yí biàn.
칭 짜이 슈어 이 삐엔.
* 遍 biàn 은 동작이 시작되어 끝날 때까지의 전 과정을 말함.

yì diǎn r

一点儿 이디알

양 조금, 약간

我一点儿都不紧张。 나는 전혀 긴장되지 않아요.
Wǒ yì diǎnr dōu bù jǐnzhāng.
워 이디알 또우 뿌 진쨩.

yí dìng

一定 이띵

부 반드시

你一定会成功! 넌 반드시 성공할 수 있을 거야!
Nǐ yídìng huì chénggōng!
니 이띵 후이 청꽁!

yí gòng

一共 이꽁

부 전부, 합계

一共多少钱? 모두 합해서 얼마죠?
Yígòng duōshao qián?
이꽁 뚜어샤오 치엔?

yí huì r

一会儿 이훨

명 잠시 동안, 잠시

一会儿见! 이따 보자!
Yíhuìr jiàn!
이훨 찌엔!

yì qǐ

一起 이치

㊟ 함께, 같이

我跟朋友**一起**去食堂。 친구와 함께 식당에 간다.
Wǒ gēn péngyou yìqǐ qù shítáng. 워 끄언 펑요 이치 취 스탕.

yí xià

一下 이씨알

수량 [동사 뒤에 놓여 '좀 …해 보다'라는 뜻으로 쓰임.] 한 번, 1회
명 [부사어적으로 쓰여 짧은 시간을 나타냄.] 돌연, 단번, 일시
명 [지속의 의미를 갖는 동사의 보어로 쓰임.] 잠시, 잠깐

看**一下**。 좀 보다.
Kàn yíxià. 칸 이씨아.

请问**一下儿**。 말씀 좀 묻겠습니다.
Qǐng wèn yíxiàr. 칭 원 이씨알.

这天气，**一下**冷，**一下**热。 날씨가 갑자기 추웠다 더웠다 한다.
Zhè tiānqì, yíxià lěng, yíxià rè. 쩌 티엔치, 이씨아 렁, 이씨아 러.

yì yán wéi dìng

一言为定 이 옌 웨이 띵

한 마디로 결정하다

一言为定，你一定要来。 약속 지켜, 꼭 와야 돼!
Yì yán wéi dìng, nǐ yídìng yào lái. 이 옌 웨이 띵, 니 이띵 야오(ㄹ) 라이.

yí yàng

一样 이양

형 같다

这两个质量一样，但是价格不一样。
Zhè liǎng ge zhìliàng yíyàng，dànshì jiàgé bù yíyàng.
쩌 리앙 거 쯔량 이양, 딴스 찌아그어 뿌 이양.
이 둘은 품질은 같은데 가격은 다르다.

yì zhí

一直 이즈

부 줄곧, 계속

他从昨天开始一直在等你。
Tā cóng zuótiān kāishǐ yìzhí zài děng nǐ.
타 총 주어티엔 카이스 이즈 짜이 덩 니.
그는 어제부터 줄곧 너 기다리고 있었어.

yī mèi r

伊妹儿 이메얼

명 이메일, 전자우편

你的伊妹儿地址是什么? 너의 이메일 주소는 뭐니?
Nǐ de yīmèir dìzhǐ shì shénme?
니 더 이메얼 띠즈 스 션머?

yī fu
衣服 이푸 의복

T xù shān
T恤衫 T쒸샨 티셔츠

polo shān
polo衫 폴로샨 폴로셔츠

jiā kè
夹克 지아커 자켓

máo yī
毛衣 마오이 스웨터

zhèngzhuāng
正装 쩡쮸왕 정장

niú zǎi kù
牛仔裤 니우짜이쿠 청바지

lǐng dài
领带
링따이 넥타이

wéi jīn
围巾
웨이찐 스카프

dà yī
大衣
따이 코트

qún zi
裙子
췬즈 스커트

chèn shān
衬衫
천샨 와이셔츠

lián yī qún
连衣裙
리엔이췬 원피스

yī fu

衣服 이푸

㉮ 옷

红色的衣服 빨간색의 옷
Hóngsè de yīfu
홍써 더 이푸

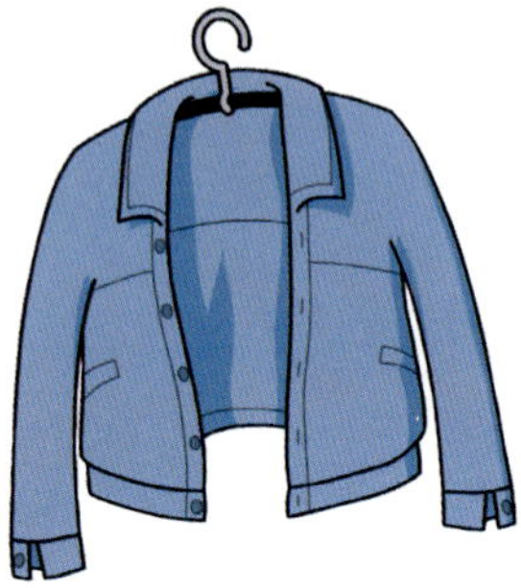

yī shēng

医生 이셩

㉮ 의사

医生说你没什么大病。
Yīshēng shuō nǐ méi shénme dà bìng.
이셩 슈어 니 메이 션머 따 삥.
의사 선생님께서 너 큰 병 아니래.

yī yuàn

医院 이위엔

㉮ 병원

去医院看病。
Qù yīyuàn kànbìng.
취 이위엔 칸 삥.
병원에 가서 진찰을 받다.

yǐ jing
已经 이징

부 이미, 벌써

晚饭已经吃好了。 저녁은 벌써 먹었어요.
Wǎnfàn yǐjing chī hǎo le. 완퐌 이징 츠 하오(ㄹ) 러.

yǐ hòu
以后 이호우 명 이후, 금후

大学毕业以后就找到工作了。
Dàxué bìyè yǐhòu jiù zhǎodào gōngzuò le.
따쒸에 삐예 이호우 찌우 쟈오따오 꽁쭈어(ㄹ) 러.
대학 졸업 이후 바로 일자리를 찾았다.

长大以后我想当老师。
Zhǎng dà yǐhòu wǒ xiǎng dāng lǎoshī.
쟝 따 이호우 워 씨앙 땅 라오스.
나는 어른이 되면 선생님이 되고 싶어.

yǐ qián
以前 이치엔

명 이전, 예전

那是以前的事儿。 그건 지난 일이야.
Nà shì yǐqián de shìr. 나 스 이치엔 더 슬.

我们以前是不是见过? 우리 예전에 만난 적이 있지 않나요?
Wǒmen yǐqián shì bu shì jiànguo? 워먼 이치엔 스 부 스 찌엔궈?

yī yuàn
医院 이위엔 병원

jiù hù chē
救护车
찌우후쳐 구급차

gǎn mào
感冒 간마오 감기

xuè yā
血压 쒸에야 혈압

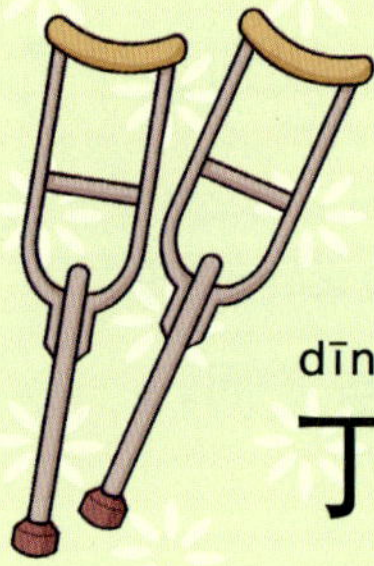

dīng xíng guǎi zhàng
丁形拐杖
띵싱과이짱 목발

hù shi
护士 후스 간호사

dài fū
大夫 따이푸 의사

shā bù
纱布 샤뿌 거즈

zhù shè
注射
쮸셔 주사

jìng mài zhù shè
静脉注射
찡마이쮸셔 링거주사

shí gāo bēng dài
石膏绷带
스까오뻥따이 깁스

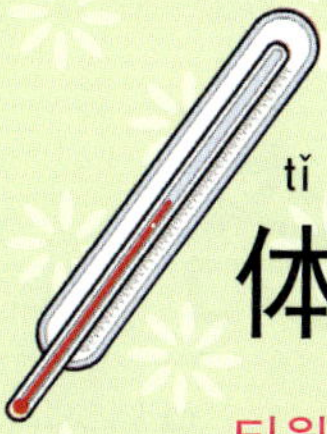

tǐ wēn jì
体温计
티원찌 체온계

wèi téng dù zi téng
胃疼(肚子疼)
웨이텅(뚜즈텅) 복통

yǐ wéi

以为 이웨이

동 생각하다, 여기다, 알다 [주관적인 생각을 나타낼 때 사용함.]

我以为你是作家。 전 당신이 작가인 줄 알았어요.
Wǒ yǐwéi nǐ shì zuòjiā. 워 이웨이 니 스 쭈어찌아.

yǐ zi

椅子 이즈

명 의자

桌子和椅子 책상과 걸상
Zhuōzi hé yǐzi 쮸어즈 흐어 이즈

yì wù

义务 이우

명 의무 명 형 무보수(의), 봉사(의)

纳税义务 납세의 의무
Nàshuì yìwù 나쉐이 이우

保护学校环境是学生的义务。
Bǎohù xuéxiào huánjìng shì xuésheng de yìwù.
바오후 쒸에씨아오 후안찡 스 쒸에셩 더 이우.
학교 환경을 보호하는 것은 학생들의 의무이다.

义务学校 학비를 받지 않는 봉사 학교
Yìwù xuéxiào 이우 쒸에씨아오

Y

yì shù

艺术 이슈

명 예술

我长大了要当**艺术**家。 나는 크면 예술가가 될 것이다.

Wǒ zhǎngdà le yào dāng yìshùjiā.

워 쟝따(르) 러 야오 땅 이슈찌아.

Yì dà lì

意大利 이따리

명 이탈리아

意大利的首都是罗马。 이탈리아의 수도는 로마입니다.

Yìdàlì de shǒudū shì Luómǎ.

이따리 더 쇼우뚜 스 루어마.

Yì dà lì miàn

意大利面 이따리미엔

명 스파게티

意大利的**意大利面**很有名。

Yìdàlì de Yìdàlìmiàn hěn yǒumíng.

이따리 더 이따리미엔 흐언 요우밍.

이탈리아의 스파게티는 아주 유명합니다.

yì sì

意思 이스

명 생각, 의견 / 의미, 뜻 / 재미, 흥미

他的意思怎么样?
Tā de yìsi zěnmeyàng?
타 더 이스 전머양?
그의 생각은 어떤가?

我不明白他说的是什么意思。
Wǒ bù míngbai tā shuōde shì shénme yìsi.
워 뿌 밍바이 타 슈어더 스 션머 이스.
나는 그가 한 말이 무슨 뜻인지 모르겠다.

不好意思。
Bù hǎo yìsi.
뿌 하오 이스.
미안하다. 겸연쩍다.

这没什么意思。
Zhè méi shénme yìsi.
쩌 메이 션머 이스.
이것은 별 재미가 없다.

yīn

阴 인

형 흐리다

天阴了，是不是要下雨了?
Tiān yīn le, shì bu shì yào xiàyǔ le?
티엔 인 러, 스 부 스 야오 씨아위(ㄹ) 러?
날이 흐린데 비가 오는 거 아닐까?

yīn tiān

阴天 인티엔

명 흐린 날

天气预报说，明天会是阴天。
Tiānqì yùbào shuō, yīngtiān huì shì yīntiān.
티엔치 위빠오 슈어, 인티엔 후이 스 인티엔.
일기예보에서 내일은 흐린 날씨일 거라고 한다.

yīn wèi

因为 인웨이

접 …때문에

因为有别的事，所以我来晚了。
Yīnwèi yǒu biéde shì, suǒyǐ wǒ lái wǎn le.
인웨이 요우 비에더 스, 쑤어이 워 라이 완 러.
다른 일이 있어서 좀 늦었어.

yīn xiāng

音箱 인씨앙

명 스피커

这台电脑有两个音箱。 이 컴퓨터에는 두 개의 스피커가 달려 있다.
Zhè tái diànnǎo yǒu liǎng ge yīnxiāng.
쩌 타이 띠엔나오 요우 리앙 거 인씨앙.

yīn yuè

音乐 인위에

㊔ 음악

听**音乐**。 음악을 듣다.(감상하다.)

Tīng yīnyuè.

팅 인위에.

yīn yuè huì

音乐会 인위에후이

㊔ 음악회

你喜欢去**音乐会**吗?

Nǐ xǐhuan qù yīnyuèhuì ma?

니 씨환 취 인위에후이 마?

너 음악회 가는 거 좋아해?

yín háng

银行 인항

㊔ 은행

到**银行**取钱。 은행에 가서 돈을 찾다.

Dào yínháng qǔ qián.

따오 인항 취치엔.

yǐn liào

饮料 인랴오

명 음료수

要喝饮料吗? 음료수 마실래?
Yào hē yǐnliào ma?
야오 흐어 인랴오 마?

Yìn dù

印度 인뚜

명 인도

印度的人口是世界第二。 인도의 인구는 세계 2위이다.
Yìndù de rénkǒu shì shìjiè dì èr.
인뚜 더 런코우 스 스지에 띠 얼.

yīng gāi

应该 잉까이

조동 마땅히 …해야 한다, 당연히 …할 것이다

学生应该好好儿听老师的话。
Xuésheng yīnggāi hǎohāor tīng lǎoshī de huà.
쒸에셩 잉까이 하오할 팅 라오스 더 화.
학생은 선생님의 말씀을 잘 들어야 한다.

yīn tè wǎng

因特网 인터왕 인터넷

yóu lǎn qì

☐ 游览器 요우란치 브라우저

shàngwǎng

☐ 上网 샹왕 검색

wǎngzhàn dì zhǐ

☐ 网站地址 왕짠 띠즈 도메인

zhǔ yè

☐ 主页 쥬예 홈페이지

wǎng fú tú xiàngguǎng gào

☐ 网幅图像广告 왕푸후샹 구왕까오 배너

xià zài

□ 下载 씨아짜이 다운로드

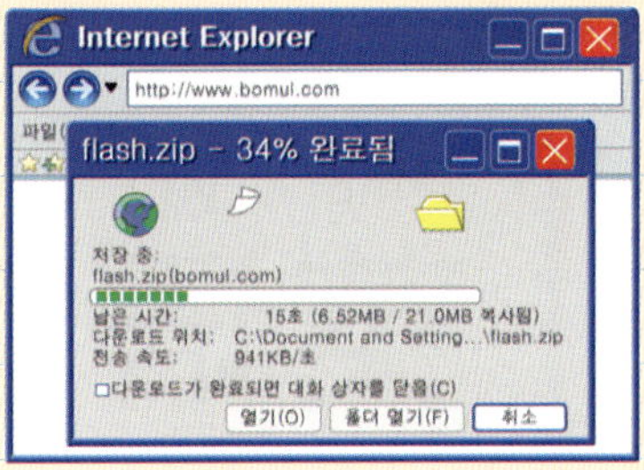

diàn zǐ yóu jiàn

□ 电子邮件 띠엔즈 요우찌엔 이메일

shōu jiàn xiāng

□ 收件箱 쇼우찌엔씨앙 수신함

zì tǐ

□ 字体 쯔티 글꼴

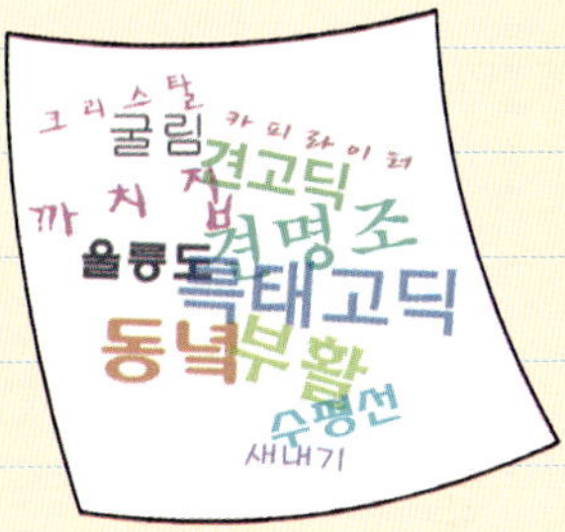

fù jiàn

□ 附件 푸찌엔 첨부

wǎng luò chéng yǐn zhèng

□ 网络成瘾症

왕루어청인쪙 인터넷 중독증

Yīng yǔ

英语 잉위

명 영어

英语很难学。영어는 배우기가 어렵다.

Yīngyǔ hěn nán xué.

잉위 흐언 난 쒸에.

yǐng xiǎng

影响 잉씨앙

동 영향을 끼치다, 영향을 주다 명 영향

他受父母的影响当上了医生。

Tā shòu fùmǔ de yǐngxiǎng dāng shàng le yīshēng.

타 쇼우 푸무 더 잉씨앙 땅샹 러 이셩.

그는 부모님의 영향을 받아서 의사가 되었다.

yìng wò

硬卧 잉워

명 일반 침대석(열차)

硬卧比硬座贵。일반 침대석이 일반석보다 비싸다.

Yìngwò bǐ yìngzuò guì.

잉워 비 잉쭈어 꾸이.

yìng zuò
硬座 잉쭈어

명 일반석(열차)

我已经买到了一张硬座的火车票。
Wǒ yǐjing mǎidào le yì zhāng yìngzuò de huǒchē piào.
워 이찡 마이따오(ㄹ) 러 이 쨩 잉쭈어 더 후어처 퍄오.
난 벌써 일반석 표를 샀어.

yǒng gǎn
勇敢 용간

형 용감하다

勇敢的人 용감한 사람
Yǒnggǎn de rén 용간 더 런

消防队员们非常勇敢。소방수들은 대단히 용감하다.
Xiāofángduìyuánmen fēicháng yǒnggǎn.
씨아오팡뚜이위엔먼 풰이챵 용간.

yòng
用 용

동 사용하다, 쓰다

可以用一下你的电脑吗? 컴퓨터를 잠깐 써도 될까요?
Kěyǐ yòng yíxià nǐ de diànnǎo ma?
크어이 용 이씨아 니 더 띠엔나오 마?

yǐn shí
饮食 인스 음식

shàn shí
膳食 샨스 식사(일상적으로 먹는 식사/음식)

mǐ fàn
□ 米饭 미퐌 밥

sān míng zhì
□ 三明治 싼밍즈 샌드위치

niú pái
□ 牛排 니우파이 스테이크

zhá zhū pái
□ 炸猪排 쟈쮸파이 돈가스

yì dà lì miàn
□ 意大利面 이따(ㄹ)리미엔 파스타

diǎn xīn
点心 디엔씬 간식류

bǐng gān
☐ 饼干 빙깐 비스킷

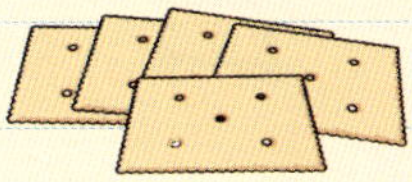

miàn bāo
☐ 面包 미엔빠오 빵

duō nà bǐng
☐ 多纳饼 뚜어나빙 도넛

jiǎo zi
☐ 饺子 지아오즈 만두

rè gǒu
☐ 热狗 러고우 핫도그

měi shì sōng bǐng
☐ 美式松饼 메이스쏭빙 머핀

hǎi mián dàn gāo
☐ 海绵蛋糕 하이미엔 딴까오 카스텔라

yòng hù míng

用户名 용후밍

명 사용자 이름

请输入用户名和邮箱地址。사용자명과 메일 주소를 입력하십시오.
Qǐng shūrù yònghùmíng hé yóuxiāng dìzhǐ.
칭 슈루 용후밍 흐어 요우씨앙 띠즈.

yóu jú

邮局 요우쥐

명 우체국

这附近没有邮局。
Zhè fùjìn méiyǒu yóujú.
쪄 푸찐 메이요우 요우쥐.
이 근처에는 우체국이 없습니다.

yóu

油 요우

명 기름

这道菜油放的是不是太多了?
Zhè dào cài yóu fàng de shì bu shì tài duō le.
쪄 따오 차이 요우 팡 더 스 부 스 타이 뚜어(ㄹ) 러.
이 요리에 기름을 너무 많이 넣은 건 아닌가요?

yóu nì
油腻 요우니

형 기름지다, 기름기가 많다 명 기름진 식품

他不喜欢吃油腻的东西。그는 기름진 것을 싫어한다.
Tā bù xǐhuan chī yóunì de dōngxi. 타 뿌 씨환 츠 요우니 더 똥시.

yóu tiáo
油条 요우티아오

명 요우티아오(중국 음식)

你在中国吃过油条吗? 중국에서 요우티아오 먹어 봤어?
Nǐ zài Zhōngguó chīguo yóutiáo ma? 니 짜이 쭝구어 츠구어 요우티아오 마?

yóu
游 요우

동 헤엄치다 / 이리저리 다니다, 유람하다, 한가롭게 노닐다

一只小鱼在水里游来游去。
Yì zhī xiǎoyú zài shuǐli yóulái yóuqù.
이 즈 씨아오위 짜이 쉐이리 요우(ㄹ)라이 요우취.
물고기 한 마리가 물에서 떠돌아다니고 있다.

周游天下。천하를 주유하다.
Zhōuyóu tiānxià. 쬬우요우 티엔씨아.

闲游。한가로이 노닐다.
Xiányóu. 씨엔요우.

yóu lè yuán

游乐园 요우(ㄹ)러위엔

명 놀이동산

周末带孩子去了**游乐园**。

Zhōumò dài háizi qù le yóulèyuán.

쬬우모 따이 하이즈 취(ㄹ) 러 요우(ㄹ)러위엔.

주말에 아이를 데리고 놀이동산에 다녀왔다.

yóu xì

游戏 요우씨

명 게임, 레크리에이션 동 놀다, 장난치다

现在什么**游戏**受欢迎？

Xiànzài shénme yóuxì shòu huānyíng?

씨엔짜이 션머 요우씨 쇼우 환잉?

요즘 어떤 게임이 유행하니?

yóu yǒng

游泳 요우용

명 수영 동 수영하다

你会**游泳**吗? 너 수영할 줄 아니?

Nǐ huì yóuyǒng ma?

니 후이 요우용 마?

Y

yóu yǒng chí

游泳池 요우용츠

명 수영장

我们学校有一个游泳池。 우리 학교에는 수영장이 있다.
Wǒmen xuéxiào yǒu yíge yóuyǒngchí.
워먼 쒸에씨아오 요우 이거 요우용츠.

yǒu

有 요우

동 가지고 있다, 소유하다, 있다

我有一本汉语书。 나는 중국어 책을 한 권 가지고 있다.
Wǒ yǒu yì běn Hànyǔ shū. 워 요우 이번 한위 슈.

屋里有十来个人。 방에는 열 명쯤 있다.
Wūli yǒu shí lái ge rén. 우(ㄹ)리 요우 스 라이 거 런.

yǒu diǎn r

有点儿 요우디알

부 조금, 약간

药有点儿苦。 약이 조금 쓰다.
Yào yǒudiǎnr kǔ.
야오 요우디알 쿠.

yǒu míng

有名 요우밍

형 유명하다

这里的山水很有名。
Zhèli de shānshuǐ hěn yǒumíng.
쩌리더 샨쉐이 흐언 요우밍.
이곳의 산과 물은 매우 유명합니다.

yǒu wù

有雾 요우 우

안개가 끼다

今天有雾，开车小心点儿。
Jīntiān yǒu wù , kāichē xiǎoxīn diǎnr.
찐티엔 요우 우, 카이쳐 씨아오씬 디알.
오늘 안개가 있으니 운전 조심하세요.

yǒu yì si

有意思 요우이스

재미있다

学汉语很有意思。 중국어를 배우는 것은 정말 재미있다.
Xué Hànyǔ hěn yǒu yìsi.
쒸에 한위 헌 요우 이스.

y

yòu
又 요우

부 또, 다시, 거듭 [반복 또는 연속을 표시]

你又来了。 너 또 왔구나.
Nǐ yòu lái le.
니 요우(ㄹ) 라이(ㄹ)러.

yòu ér yuán
幼儿园 요우얼위엔

명 유치원

几岁可以上幼儿园?
Jǐ suì kěyǐ shàng yòuéryuán?
지 쑤이 크어이 샹 요우얼위엔?
몇 살이 되어야 유치원에 갈 수 있나요?

yòu bian
右边 요우비엔

명 오른쪽, 우측

电视机的右边有空调。 TV의 오른쪽에는 에어컨이 있다.
Diànshìjī de yòubian yǒu kōngtiáo.
띠엔스찌 더 요우비엔 요우 콩티아오.

yòu miàn

右面 요우미엔

명 오른쪽

床的**右面**有窗户。 침대의 오른쪽에는 창문이 있습니다.

Chuáng de yòumiàn yǒu chuānghu.

츄왕 더 요우미엔 요우 츄왕후.

yú

鱼 위

명 물고기

河里有很多**鱼**。 하천에는 물고기가 많다.

Hélǐ yǒu hěn duō yú.

흐어리 요우 흐언 뚜어 위.

yǔ máo

羽毛 위마오

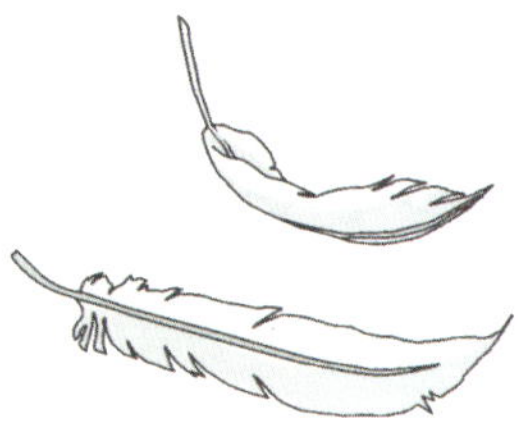

명 깃털

用羽毛制作的笔叫**羽毛**笔。

Yòng yǔmáo zhìzuò de bǐ jiào yǔmáobǐ.

용 위마오 쯔쭈어 더 비 찌아오 위마오비.

깃털로 만든 펜을 깃털 펜이라고 하죠.

y

yǔ máo qiú
羽毛球 위마오치우

명 배드민턴

我每天下午打羽毛球。 나는 매일 오후에 배드민턴을 친다.
Wǒ měitiān xiàwǔ dǎ yǔmáoqiú.
워 메이티엔 씨아우 다 위마오치우.

yǔ
雨 위

명 비

外面正在下着雨。 밖에는 지금 비가 내리고 있다.
Wàimian zhèngzài xià yǔ.
와이미엔 쩡짜이 씨아 위.

yǔ sǎn
雨伞 위싼

명 우산

外面正在下大雨，你带雨伞了吗？
Wàimian zhèngzài xià dà yǔ, nǐ dài yǔsǎn le ma?
와이미엔 쩡짜이 씨아 따 위, 니 따이 위싼 러 마?
밖에 비가 많이 오는데, 우산은 챙겨 왔니?

yú bèi lèi
鱼贝类 위뻬이(ㄹ)레이 어패류

lǐ yú
鲤鱼 리위 잉어

jīn yú
金鱼 찐위 금붕어

xuě yú
鳕鱼 쒸에위 대구

qīng yú
青鱼 칭위 고등어

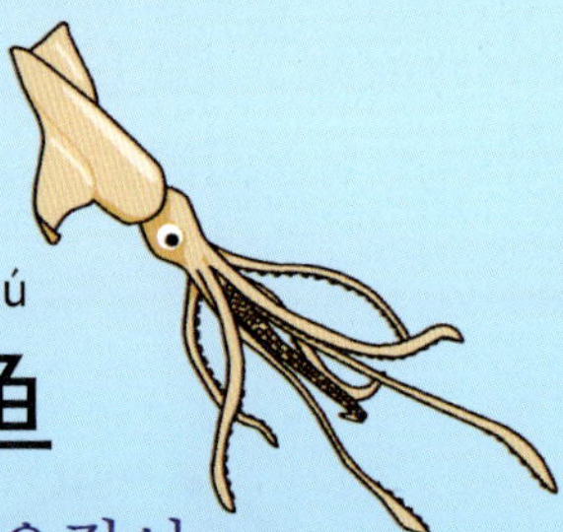

yóu yú
鱿鱼 요우위 오징어

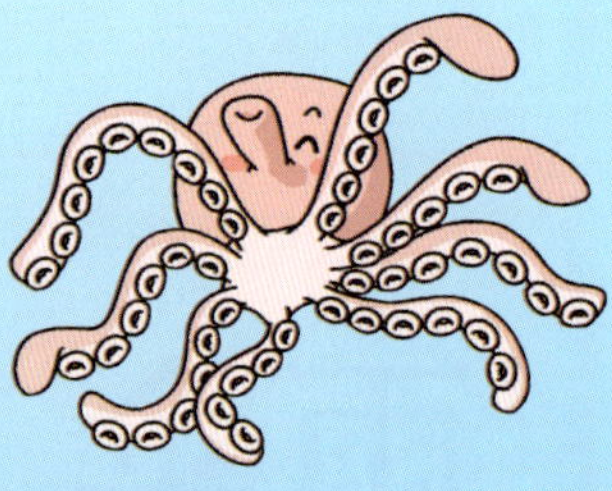

zhāng yú
章鱼 짱위 문어

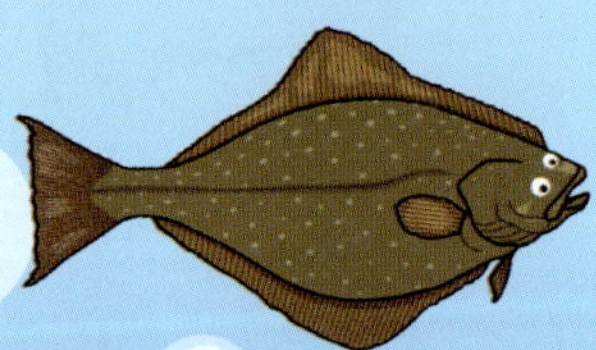

bǐ mù yú
比目鱼 비무위 광어

sān wén yú
三文鱼 싼원위 연어

shā dīng yú
沙丁鱼 샤띵위 정어리

lóng xiā
龙虾

롱씨아 바닷가재

zūn yú
鳟鱼 쭌위 송어

xiā
虾 씨아 새우

jīn qiāng yú
金枪鱼 찐치앙위 참치

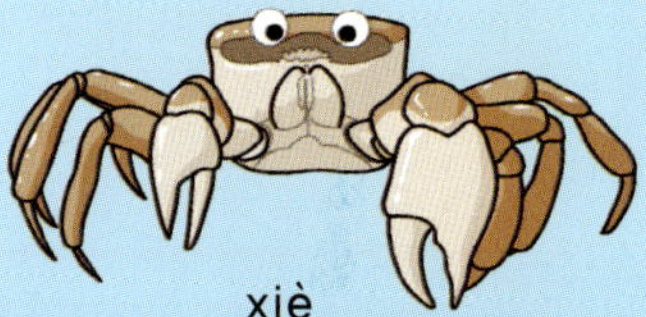

xiè
蟹 씨에 게

shā yú
鲨鱼 샤위 상어

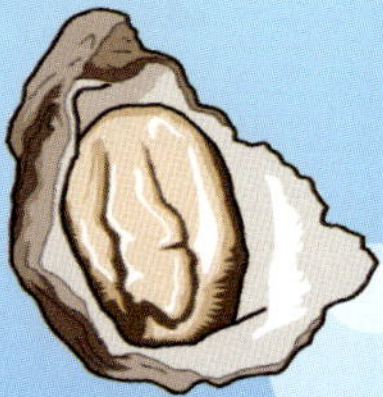

mǔ lì
牡蛎 무(ㄹ)리 굴

yǔ xié

雨鞋 위씨에

명 장화

现在雨鞋也成了一种时尚。
Xiànzài yǔxié yě chéng le yì zhǒng shíshàng.
씨엔짜이 위씨에 예 청 러 이 죵 스샹.
지금은 장화도 하나의 패션 아이콘으로 되었다.

yǔ yī

雨衣 위이

명 우의

他穿了黄色的雨衣。 그는 노란색 우의를 입었다.
Tā chuān le huángsè de yǔyī.
타 츄완 러 황써 더 위이.

yǔ zhòu

宇宙 위쬬우

명 우주

宇宙里最大的星星是什么? 우주에서 제일 큰 별은 무엇일까?
Yǔzhòu lǐ zuì dà de xīngxing shì shénme?
위쪼우 리 쭈이 따더 씽싱 스 션머?

yù dào

遇到 위따오

동 만나다, 마주치다

在这么大的城市里遇到你也是一种缘。
Zài zhème dà de chéngshì lǐ yùdào nǐ yě shì yì zhǒng yuán.
짜이 쪄머 따 더 청스 리 위따오 니 예 스 이 쫑 위엔.
이렇게 큰 도시에서 당신을 만난 것도 인연이네요.

yuān yāng

鸳鸯 위엔양

명 원앙

河里有一对鸳鸯在游来游去。
Héli yǒu yí duì yuānyāng zài yóulái yóuqù.
흐어리 요 이 뚜이 위엔양 짜이 요우(ㄹ)라이 요우취.
강에는 한 쌍의 원앙이 이리저리 헤엄치고 있다

yuán

元 위엔

형 시작의 / 으뜸의 명 (화폐) 위안

中国的货币叫'人民币'，人民币的单位是'元'。
Zhōngguó de huòbì jiào 'rénmínbì', rénmínbì de dānwèi shì 'yuán'.
쭝구어 더 후어삐 찌아오 '런민삐', 런민삐 더 딴웨이 스 '위엔'.
중국의 화폐를 '인민폐'라 부르고, 인민폐의 단위는 '위안'이다.

yǔ zhòu
宇宙 위쪼우 우주

xīn yuè
新月 씬위에 초승달

dì qiú
地球 띠치우 지구

mǎn yuè
满月 만위에 보름달

bàn yuè
半月 빤위에 반달

xíng xīng
行星 씽씽 행성

xīng
星 씽 별

liú xīng
流星 리우씽 유성

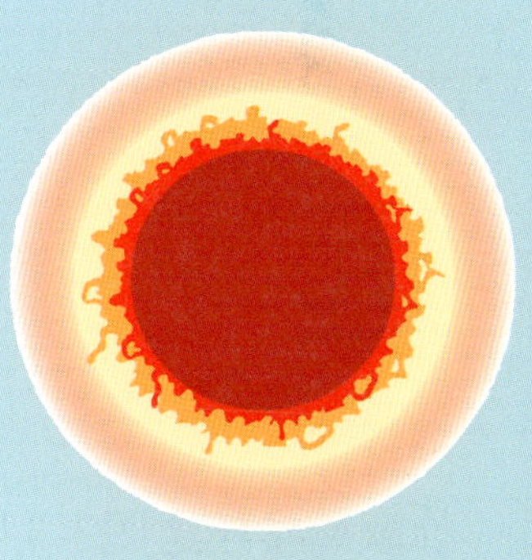

tài yáng
太阳 타이양 태양

yuán

圆 위엔

㉻ 둥글다

月圆了。 달이 둥글게 차올랐다.
Yuè yuán le.
위에 위엔 러.

yuán zhū bǐ

圆珠笔 위엔쮸비

㉾ 볼펜

用圆珠笔写字。 볼펜으로 글씨를 쓰다.
Yòng yuánzhūbǐ xiě zì.
용 위엔쮸비 씨에 쯔.

yuǎn

远 위엔

㉻ 멀다

你家离学校远吗? 너희 집은 학교에서 머니?
Nǐ jiā lí xuéxiào yuǎn ma?
니 찌아 리 쒜에씨아오 위엔 마?

Y

yuàn yì
愿意 위엔이

동 원하다, 동의하다

你愿意为他牺牲自己吗?
Nǐ yuànyì wèi tā xīshēng zìjǐ ma?
니 위엔이 웨이 타 씨셩 쯔지 마?
그를 위해서 너 자신을 희생하기를 원하니?

yuē dìng
约定 위에띵

동 약속하다

这跟当初的约定不一样!
Zhè gēn dāngchū de yuēdìng bù yíyàng!
쪄 껀 땅츄 더 위에띵 뿌 이양!
이건 그때의 약속이랑 다르잖니!

yuè
月 위에

명 월

你的生日是几月几号? 너의 생일은 몇 월 며칠이니?
Nǐ de shēngrì shì jǐ yuè jǐ hào?
니더 셩르 스 지 위에 지 하오?

yuè lì

月历 위에(ㄹ)리

명 달력

这是去年的月历，有没有今年的月历？
Zhè shì qùnián de yuèlì, yǒu méiyǒu jīnnián de yuèlì?
쩌 스 취니엔 더 위에(ㄹ)리, 요우 메이요우 찐니엔 더 위에(ㄹ)리?
이건 작년 달력이야, 올해 달력은 없니?

yuè liang

月亮 위에리앙

명 달

弯弯的月亮下面有一颗星星在闪烁。
Wānwān de yuèliang xiàmian yǒu yì kē xīngxing zài shǎnshuò.
완완더 위에리앙 씨아미엔 요우 이 커 씽싱 짜이 샨슈어.
초승달 아래 하나의 별이 반짝이고 있다.

yuè

越 위에

부 …할수록

越快越好。 빠르면 빠를수록 좋다.
Yuè kuài yuè hǎo.
위에 콰이 위에 하오.

yuè lái yuè
越来越 위에(ㄹ)라이 위에

점점, 더욱 더 [정도의 증가를 나타냄]

明明的学习成绩越来越提高了。
Míngming de xuéxí chéngjì yuè lái yuè tígāo le.
밍밍 더 쒸에씨 청찌 위에(ㄹ) 라이 위에 티까오(ㄹ) 러.
밍밍이의 학습 성적은 점점 더 향상되고 있다.

yún
云 윈

명 구름

天上有一片乌云。
Tiānshang yǒu yí piàn wūyún.
티엔샹 요우 이 피엔 우윈.
하늘에는 먹구름이 떠 있다.

yùn dòng
运动 윈똥

명 운동

我每天都会去运动。
Wǒ měitiān dōu huì qù yùndòng.
워 메이티엔 또우 후이 취 윈똥.
나는 매일 운동하러 간다.

yùn dòng

运动 윈똥 운동

lán qiú

☐ 篮球 란치우 농구

quán jī

☐ 拳击 취엔찌 복싱

gāo' ěr fū qiú

☐ 高尔夫球 까오얼푸치우 골프

gǔn zhóu liū bīng

☐ 滚轴溜冰 군쬬우리우삥 인라인스케이팅

wǎng qiú

☐ 网球 왕치우 테니스

pái qiú

□ 排球 파이치우 배구

yóu yǒng

□ 游泳 요우용 수영

pīng pāng qiú

□ 乒乓球 핑팡치우 탁구

yǔ máo qiú

□ 羽毛球 위마오치우 배드민턴

tái quán dào

□ 跆拳道 타이취엔따오 태권도

huá xuě

□ 滑雪 후아쒸에 스키

huá xuě bǎn

□ 滑雪板 후아쒸에반 스노우보드

Z

zá zhì

杂志 자쯔

명 잡지

我在杂志上看过这个明星。
Wǒ zài zázhì shang kànguo zhège míngxīng.
워 짜이 자쯔 샹 칸궈 쪄거 밍씽.
나는 잡지에서 이 스타를 본 적이 있다.

zài

再 짜이

부 다시

明天再来玩儿吧。 우리 내일 또 놀러오자.
Míngtiān zài lái wánr ba.
밍티엔 짜이(ㄹ) 라이 왈 바.

zài jiàn

再见 짜이찌엔

동 안녕, 또 만나

明天再见！ 내일 다시 만나요！

Míngtiān zàijiàn!

밍티엔 짜이찌엔!

zài

在 짜이

동 …에 있다

我现在在银行。

Wǒ xiànzài zài yínháng.

워 씨엔짜이 짜이 인항.

나 지금 은행에 있어요.

zán men

咱们 잔먼

명 우리

咱们出去走走吧。 우리 나가서 좀 걷자.

Zánmen chūqù zǒuzou ba.

잔먼 츄취 조우조우 바.

zāng
脏 짱

형 더럽다

衣服脏了。 옷이 더러워졌다.
Yīfu zāng le.
이푸 짱 러.

zǎo chén
早晨 자오천

명 아침, 새벽

每天早晨他都会去跑步。 그는 매일 아침 조깅하러 간다.
Měitiān zǎochén tā dōu huì qù pǎobù.
메이티엔 자오천 타 또우 후이 취 파오뿌.

zǎo shang
早上 자오샹

명 아침

你每天早上几点起床?
Nǐ měitiān zǎoshang jǐ dǐan qǐchuáng?
니 메이티엔 자오샹 지 디엔 치츄왕?
넌 매일 아침 몇 시에 일어나니?

怎么

zěn me

전머

대 어떻게, 어째서

你怎么还不来? 너 왜 아직도 안 와?
Nǐ zěnme hái bù lái?
니 전머 하이 뿌(ㄹ) 라이?

怎么样

zěn me yàng

전머양

대 어떠하냐, 어떻게, 어떠하다 [성질 · 상황 · 방식 등을 가리킴.]

这个计划怎么样? 이 계획 어떤 것 같아?
Zhège jìhuà zěnmeyàng?
쩌거 찌화 전머양?

炸鸡

zhá jī

쟈찌

명 닭튀김, 치킨

炸鸡吃多了会胖的。 닭튀김을 너무 많이 먹으면 살찐다.
Zhájī chī duō le huì pàng de.
쟈찌 츠 뚜어(ㄹ) 러 후이 팡 더.

zhá jiàng miàn

炸酱面 자쨩미엔

명 자장면

小孩子喜欢吃炸酱面。 어린이들은 자장면을 좋아합니다.
Xiǎo háizi xǐhuan chī zhájiàngmiàn. 씨아오 하이즈 씨환 츠 자쨩미엔.

zhāi

摘 짜이

동 뽑아내다

把天上的星星摘给你呀? 하늘의 별을 따다 줄까?
Bǎ tiānshang de xīngxing zhāi gěi nǐ ya.
바 티엔샹 더 씽싱 짜이 게이 니 야.

这里的花请不要乱摘。 여기 꽃을 함부러 꺾지 마세요.
Zhèli de huā qǐng bú yào luàn zhāi.
쩌리 더 화 칭 부 야오 루안 짜이.

zhàn

站 짠

동 서다 명 정거장

地铁站 지하철역
Dìtiě zhàn 띠티에짠

站起来 일어서다
Zhàn qǐ lái 짠치(ㄹ)라이

zhāng

张 짱

양 얇고 평평한 것을 세는 단위

两张床 침대 두 개
Liǎng zhāng chuáng 리앙 짱 추왕

一张纸 종이 한 장
Yì zhāng zhǐ 이 짱 즈

zhǎng

长 장

동 자라다

我弟弟最近长高了。 내 남동생은 요즘 키가 많이 자랐다.
Wǒ dìdi zuìjìn zhǎng gāo le.
워 띠디 쮸이찐 장 까오(ㄹ) 러.

zhàng fu

丈夫 짱푸

명 남편

他是我的丈夫。 그는 나의 남편입니다.
Tā shì wǒ de zhàngfu.
타 스 워 더 짱푸.

zhàng hù

账户 짱후

명 계좌

在银行开立账户。
Zài yínháng kāilì zhànghù.
짜이 인항 카이(ㄹ)리 짱후.
은행에서 계좌를 열다.

zháo jí

着急 쟈오지

동 조급해 하다

别着急，慢慢来。 서두르지 말고 천천히 와.
Bié zháojí, mànmàn lái.
비에 쟈오지, 만만 라이.

zhǎo

找 쟈오

동 찾다

你在找什么? 너 뭘 찾고 있니?
Nǐ zài zhǎo shénme?
니 짜이 쟈오 션머?

zhào gù

照顾 짜오꾸

동 보살피다, 돌보다

多亏了你的照顾，谢谢你。
Duōkuī le nǐ de zhàogù, xièxie nǐ.
뚜어쿠이(ㄹ) 러 니 더 짜오꾸, 씨에시에 니.
보살펴 준 덕분입니다, 감사합니다.

zhào jìng zi

照镜子 짜오 찡즈

거울에 비추다

照镜子看一看。거울에 비추어 보다.
Zhào jìngzi kàn yi kàn.
짜오 찡즈 칸 이 칸.

zhào piàn

照片 짜오피엔

명 사진

昨天拍的照片洗出来了吗? 어제 찍은 사진 뽑아 왔니?
Zuótiān pāi de zhàopiàn xǐ chūlái le ma?
주어티엔 파이 더 짜오피엔 씨 츄(ㄹ)라이(ㄹ) 러 마?

zhào xiàng

照相 짜오씨앙

동 사진을 찍다

我帮你们照相吧。 제가 사진 찍어 드릴게요.
Wǒ bāng nǐmen zhàoxiàng ba. 워 빵 니먼 짜오썅 바.

用新买的照相机照相吧。 새로 산 카메라로 사진 찍자.
Yòng xīn mǎi de zhàoxiàngjī zhàoxiàng ba.
용 씬 마이 더 짜오썅찌 짜오썅 바.

zhào xiàng jī

照相机 짜오썅지

명 카메라

数码照相机 디지털 카메라
Shùmǎ zhàoxiàngjī
슈마 짜오썅지

zhè

这 쪄

대 이(것)

这是什么? 이것은 무엇입니까?
Zhè shì shénme?
쪄 스 션머?

zhè　r
这儿 쪌

대 이곳, 여기

坐在这儿等我。 여기 앉아서 나를 기다려.
Zuò zài zhèr děng wǒ.
쭈어 짜이 쩔 덩 워.

zhe
着 져

조 진행, 지속의 어조사

你等着吧。 기다려 봐.
Nǐ děngzhe ba.
니 덩져 바.

zhēn
真 쩐

부 진짜로, 정말로

你说的是真的吗? 네 말이 사실이니?
Nǐ shuōde shì zhēnde ma?
니 슈어더 스 쩐더 마?

真漂亮! 정말 예쁘다!
Zhēn piàoliang!
쩐 피아오량!

Z

zhèng fǔ

政府 쩡푸

명 정부

中国政府的力量很强大。 중국 정부의 영향력은 막강하다.

Zhōngguó zhèngfǔ de lìliang hěn qiángdà.

쭝구어 쩡푸 더 리량 흐언 치앙따.

zhèng zài

正在 쩡짜이

부 …하고 있다

我正在看电视节目呢。

Wǒ zhèngzài kàn diànshì jiémù ne.

워 쩡짜이 칸 띠엔스 지에무 너.

나는 지금 텔레비전 쇼 프로를 보고 있어.

zhī

支 쯔

동 참다, 견디다

疼得实在支不住。

Téng de shízài zhī bú zhù.

텅 더 스짜이 쯔 부 쮸.

아파서 참을 수가 없다.

zhī

枝 쯔

명 가지

长长的树枝 기다란 나뭇가지

Chángcháng de shùzhī

창창 더 슈쯔

zhī

只 쯔

양 마리

一只狗 강아지 한 마리

Yì zhī gǒu

이 쯔 고우

zhī dao

知道 쯔다오

동 알다

我不知道他去哪儿了。 저는 그가 어디에 갔는지 모릅니다.

Wǒ bù zhīdào tā qù nǎr le.

워 뿌 쯔따오 타 취 날러.

* '모르다'의 표현은 제4성으로 bù zhīdào 라고 발음합니다.

Z

zhí wù
植物 즈우 식물

yē shù
椰树
예슈 야자수

xiàng shù
橡树 썅슈 떡갈나무

xiān rén zhǎng
仙人掌
씨엔런장 선인장

sōng shù
松树
쏭슈 소나무

yín xìng shù
银杏树
인씽슈 은행나무

yè zi
叶子 예즈 나뭇잎

shù zhī
树枝 슈즈 가지

nián lún
年轮 니엔룬 나이테

guǒ shí
果实
구어스 열매

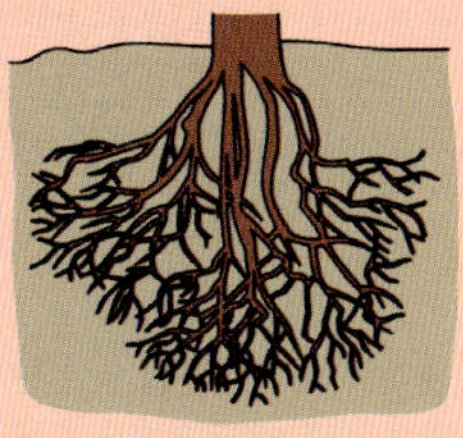

shù gēn
树根 쓔끄언 뿌리

zhǒng zi
种子 종즈 씨앗

xīn yá
新芽 씬야 새싹

yè bǐng
叶柄
예빙 줄기

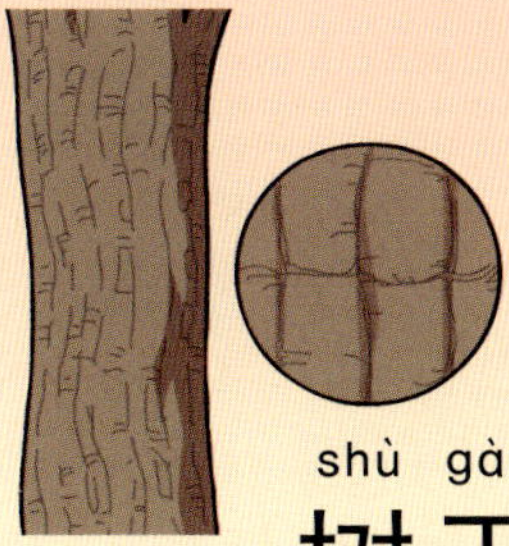

shù gàn
树干
슈깐 나무 몸통

zhī liǎo

知了 쯔리아오

명 매미

知了不停地叫。 매미가 쉬지 않고 울어댄다.
Zhīliǎo bù tíng de jiào. 쯔리아오 뿌 팅 더 찌아오.

弟弟抓了一只知了。 남동생은 매미 한 마리를 잡았다.
Dìdi zhuāle yìzhī zhīliǎo. 띠디 쮸와(ㄹ)러 이 쯔 쯔리아오.

zhī shi

知识 쯔스

명 지식

这是最基本的健康知识。 이것은 가장 기본적인 건강 지식이다.
Zhè shì zuì jīběn de jiànkāng zhīshi.
쪄 스 쭈이 찌번 더 찌엔캉 쯔스.

zhǐ

只 즈

부 단지, 다만, 오직

我只是开个玩笑。 난 그냥 농담한 거야.
Wǒ zhǐshì kāi ge wánxiào.
워 즈스 카이 거 완씨아오.

zhǐ yào

只要 즈야오

접 …하기만 하면

只要你喜欢，我就给你买！
Zhǐyào nǐ xǐhuan wǒ jiù gěi nǐ mǎi!
즈야오 니 씨환, 워 찌우 게이 니 마이!
네가 좋아하기만 한다면 내가 바로 사줄게!

zhǐ yǒu

只有 즈요우

부 오직 …만 있다

只有你一个人。오직 너뿐이야.
Zhǐyǒu nǐ yí ge rén. 즈요우 니 이 거 런.

路上只有一个人在行走。
Lù shang zhǐ yǒu yí ge rén zài xíng zǒu.
루샹 즈요우 이거 런 짜이 씽 조우.
길거리에는 단지 한 사람만이 걸어가고 있다.

Zhōng guó

中国 쭝구어

명 중국

中国文化 중국 문화
Zhōngguó wénhuà
쭝구어 원화

zhí yè

职业 즈예 직업

yǎn yuán

□ 演员 옌위엔 배우

miàn bāo shī

□ 面包师 미엔빠오스 제빵사

mù gōng

□ 木工 무꽁 목수

huā yàng huá bīng yùn dòng yuán

□ 花样滑冰运动员

후아양후아삥윈똥위엔 피겨 스케이트 선수

kōng zhōng fú wù rén yuán

□ 空中服务人员

콩쫑 푸우 런위엔 비행기 승무원

yuán dīng

□ 园丁 위엔띵 원예사

lǜ shī

□ 律师 뤼스 변호사

dǎo yǎn

□ 导演 다오옌 감독, 연출자

jiào shòu

□ 教授 찌아오쇼우 교수

mì shū

□ 秘书 미슈 비서

jūn rén

□ 军人 쮠런 군인

chū zū chē sī jī

□ 出租车司机 츄쭈쳐 쓰찌 택시 운전사

lǎo shī

□ 老师 라오스 교사

Zhōng guó rén

中国人 쭝구어런

명 중국인

小王是中国人。 샤오왕은 중국 사람이다.
Xiǎo wáng shì Zhōngguórén.
씨아오왕 스 쭝구어런.

zhōng jiān

中间 쭝찌엔

명 중간

中间可以停一下吗? 중간에 멈춰도 되나요?
Zhōngjiān kěyǐ tíng yíxià ma?
쫑찌엔 크어이 팅 이씨아 마?

zhōng pù

中铺 쭝푸

명 중간 침대

软卧的中铺是你的，上铺是我的。
Ruǎnwò de zhōngpù shì nǐde, shàngpù shì wǒde.
루완워 더 쭝푸 스 니더, 샹푸 스 워더.
침대칸의 중간층은 네 자리이고, 위층은 내 자리이다.

zhōng wǔ

中午 쭝우

㊔ 정오

中午你想吃什么? 점심에 뭐 먹고 싶어?

Zhōngwǔ nǐ xiǎng chī shénme?

쭝우 니 씨앙 츠 션머?

zhōng yào

中药 쭝야오

㊔ 중약, 한약

熬中药的方法 중약을 달이는 방법

Áo zhōngyào de fāngfǎ

아오 쭝야오 더 퐝퐈

zhōng yú

终于 쭝위

㊊ 마침내, 드디어

终于完成了第一篇小说。드디어 첫 번째 소설을 완성했다.

Zhōngyú wánchéng le dì yí piān xiǎoshuō.

쭝위 완청 러 띠 이 피엔 씨아오슈어.

zhǒng

种 죵

명 종류

哪种热带鱼好养? 어떤 열대어가 키우기에 수월한가요?

Nǎ zhǒng rèdàiyú hǎo yǎng?

나 죵 러따이위 하오 양?

zhòng yào

重要 쫑야오

형 중요하다

这件事情对我很重要。 이 일은 나에게 있어서 매우 중요하다.

Zhè jiàn shìqíng duì wǒ hěn zhòngyào.

쩌 찌엔 스칭 뚜이 워 흐언 쫑야오.

zhōu mò

周末 쪼우모

명 주말

周末我们去动物园吧。 주말에 우리 동물원에 가자.

Zhōumò wǒmen qù dòngwùyuán ba.

쪼우모 워먼 취 똥우위엔 바.

zhōu
粥 쪼우

명 죽

我喜欢喝粥。나는 죽 먹는 것을 좋아한다.
Wǒ xǐhuan hē zhōu.
워 씨환 흐어 쪼우.

zhū
猪 쮸

명 돼지

母猪生了七只胖胖的小猪。
Mǔzhū shēngle qī zhī pàngpàng de xiǎo zhū.
무쮸 셩 러 치 쯔 팡팡 더 씨아오 쮸.
어미 돼지는 일곱 마리의 토실토실한 아기 돼지를 낳았다.

zhǔ jiàn
主件 쥬찌엔

명 주요 부품

机器的主件坏了。기계의 주요 부품이 망가졌다.
Jīqì de zhǔjiàn huài le.
찌치 더 쥬찌엔 화이(ㄹ) 러.

zhǔ yào

主要 쥬야오

형 주요하다

这次出差的主要任务是什么?
Zhè cì chūchāi de zhǔyào rènwù shì shénme?
쪄 츠 츄챠이 더 쥬야오 런우 스 션머?
이번 출장의 주된 임무는 무엇입니까?

zhù

住 쮸

동 살다, 숙박하다

我住在宿舍里。 나는 기숙사에 살고 있다.
Wǒ zhùzài sùshè lǐ.
워 쮸짜이 쑤셔 리.

zhù yuàn

住院 쮸위엔

동 입원하다

需要住院治疗吗? 입원 치료해야 하나요?
Xūyào zhùyuàn zhìliáo ma?
쒸야오 쮸위엔 쯔리아오 마?

zhù　yì
注意 쮸이

명 동 주의(하다), 조심(하다)

注意身体! 건강 조심해!
Zhùyì shēntǐ!
쮸이 션티!

zhù
祝 쮸

동 기원하다, 축하하다

祝你万事如意。 모든 일이 잘 되길 바랍니다.
Zhù nǐ wàn shì rú yì.
쮸니 완 스 루 이.

zhù　hè
祝贺 쮸허

동 축하하다

听说你考上名牌大学了，祝贺你。
Tīngshuō nǐ kǎoshàng míngpái dàxué le, zhùhè nǐ.
팅슈어 니 카오샹 밍파이 따쒸에(르) 러, 쮸허 니.
명문 대학에 입학했다고 하던데 축하합니다.

zhuàng

撞 쮸왕

동 부딪치다, 충돌하다

他的弟弟被车撞了。 그의 동생은 교통사고를 당했다.

Tā de dìdi bèi chē zhuàng le.

타 더 띠디 뻬이 쳐 쮸왕 러.

zhǔn bèi

准备 쥰뻬이

명 동 준비(하다)

准备好了吗? 준비 다 됐나요?

Zhǔnbèi hǎo le ma?

쥰뻬이 하오(ㄹ) 러 마?

zhǔn shí

准时 쥰스

명 정확한 시간

一定要准时吃药。

Yídìng yào zhǔnshí chī yào.

이띵 야오 쥰스 츠 야오.

반드시 제시간에 약을 복용해야 합니다.

zhuō zi

桌子 쮸어즈

명 탁자, 테이블

把桌子搬到这边。 테이블을 이쪽으로 옮겨 놔.

Bǎ zhuōzi bān dào zhè biān.

바 쮸어즈 빤 따오 쪄 삐엔.

zǐ sè

紫色 즈써

명 보라색

她喜欢穿紫色的衣服。

Tā xǐhuan chuān zǐsè de yīfu.

타 씨환 츄완 즈써 더 이푸.

그녀는 보라색 옷을 입는 것을 좋아한다.

zì

字 쯔

명 글자

我们的老师字写得很漂亮。

Wǒmen de lǎoshī zì xiě de hěn piàoliang.

워먼 더 라오스 쯔 씨에더 흐언 피아오량.

우리 선생님은 글씨를 아주 예쁘게 쓴다.

zì diǎn

字典 쯔디엔

명 자전

查**字典**。 사전을 찾다.
Chá zìdiǎn.
차 쯔디엔.

zì jǐ

自己 쯔지

대 자기, 자신, 스스로

他**自己**知道该怎么做。 그는 그 자신이 어떻게 해야 할지를 안다.
Tā zìjǐ zhīdao gāi zěnme zuò.
타 쯔지 쯔다오 까이 전머 쭈어.

zì xíng chē

自行车 쯔씽처

명 자전거

骑**自行车**。 자전거를 타다.
Qí zìxíngchē.
치 쯔씽처.

zǒng shì

总是 종스

㉫ 항상, 늘

为什么你总是迟到? 왜 넌 항상 지각을 하니?
Wèishénme nǐ zǒngshì chídào?
웨이 션머 니 종스 츠따오?

zǒu

走 조우

㉯ 걷다

我们还是走着去吧。우리 그냥 걸어서 가자.
Wǒmen háishi zǒuzhe qù ba.
워먼 하이스 조우져 취 바.

zǒu lù

走路 조우(ㄹ)루

㉯ 걷다, (길을) 가다[걷다]

我正在走路，突然有辆自行车撞了我。
Wǒ zhèngzài zǒu lù, tūrán yǒu liàng zìxíngchē zhuàng le wǒ.
워 쩡짜이 조우(ㄹ) 루, 투란 요우 량 쯔싱쳐 쮸왕 러 워.
길을 걸어가고 있는데 자전거 한 대가 나를 치었다.

zú qiú

足球 주치우

명 축구

爸爸很喜欢看足球比赛。
Bàba hěn xǐhuan kàn zúqiú bǐsài.
빠바 흐언 씨환 칸 주치우 비싸이.
아빠는 축구 경기를 보는 것을 좋아한다.

zuì

最 쭈이

부 가장, 최고

我最喜欢吃苹果。 나는 사과를 제일 좋아한다.
Wǒ zuì xǐhuan chī píngguǒ.
워 쭈이 씨환 츠 핑구어.

zuì jìn

最近 쭈이찐

명 최근, 요즘

最近忙什么呢? 요즘 뭐하고 지내?
Zuìjìn máng shénme ne?
쭈이찐 망 션머 너?

zūn jìng

尊敬 쭌찡

명 동 존경(하다)

学生要**尊敬**老师。 학생은 선생님을 존중해야 한다.
Xuésheng yào zūnjìng lǎoshī.
쒸에셩 야오 쭌찡 라오스.

zuó tiān

昨天 주어티엔

명 어제

昨天是妈妈的生日。 어제는 엄마의 생신이었습니다.
Zuótiān shì māma de shēngrì.
주어티엔 스 마마 더 셩르.

zuǒ bian

左边 주어비엔

명 왼쪽

大楼的**左边**有学校。 건물 왼쪽에는 학교가 있다.
Dàlóu de zuǒbian yǒu xuéxiào.
따로우 더 주어비엔 요우 쒸에씨아오.

zuǒ miàn

左面 주어미엔

명 왼쪽

请在左面下角盖章。
Qǐng zài zuǒmiàn xiàjiǎo gài zhāng.
칭 짜이 주어미엔 씨아지아오 까이 쨩.
왼쪽 하단에 도장을 찍어 주세요.

zuò yè

作业 쭈어예

명 숙제, 과제

做作业。 숙제를 하다.
Zuò zuòyè. 쭈어 쭈어예.

今天的汉语作业很多。 오늘 중국어 숙제가 많다.
Jīntiān de Hànyǔ zuòyè hěn duō. 찐티엔 더 한위 쭈어예 흐언 뚜어.

zuò yòng

作用 쭈어용

명 작용, 역할

这个药有没有副作用? 이 약은 부작용이 있나요?
Zhège yào yǒu méiyǒu fù zuòyòng?
쪄거 야오 요우 메이요우 푸 쭈어용?

zuò

坐 쭈어

동 앉다

请坐在这边等。
Qǐng zuò zài zhèbiān děng.
칭 쭈어 짜이 쪄삐엔 덩.
여기 앉아서 잠깐 기다리세요.

zuò chē

坐车 쭈어쳐

동 차를 타다

坐车去还是走路去? 차를 타고 가나요 아니면 걸어서 가나요?
Zuò chē qù háishi zǒu lù qù?
쭈어 쳐 취 하이스 조우(ㄹ) 루 취?

zuò

做 쭈어

동 하다, 만들다, 종사하다

做了一件好事儿。 좋은 일을 했다.
Zuò le yí jiàn hǎoshìr.
쭈어(ㄹ) 러 이 찌엔 하오슬.

Z

zuò cài

做菜 쭈어차이

동 요리하다

我做菜给你吃，好不好?
Wǒ zuòcài gěi nǐ chī, hǎo bu hǎo?
워 쭈어차이 게이 니 츠, 하오 부 하오?
내가 요리해 줄게, 어때?

zuò wán

做完 쭈어완

동 다하다, (일을) 끝내다[마무리 짓다]

作业都做完了吗? 숙제는 다 했니?
Zuòyè dōu zuòwán le ma?
쭈어예 또우 쭈어 완 러 마?

본문보다 더 중요한

부록!

YCT (청소년 중국어시험)
1급~4급 어휘

YCT 词汇 - 1급

YCT의 정식 명칭은 청소년중국어시험(**中小学生汉语考试**, Youth Chinese Test)이다. YCT는 중국 정부가 공인하는 교육부산하 사업조직인 중화인민공화국 국가한어국제보급영도소조판공실에서 주관하며, 청소년 중국어 학습자들을 대상으로 중국어 능력을 높이기 위한 시험이다. 신YCT는 크게 필기시험과 구술시험이 있으며, 필기시험에는 YCT 1~4급, 구술시험에는 YCT 초급과 중급이 있다. 어휘량은 YCT 1급 80개, YCT 2급 150개, YCT 3급 300개, YCT 4급 600개이며 YCT 회화 초급의 경우는 약 400개, YCT 회화 중급은 약 500개 정도이다.

YCT 이외에도 현재 국내에서 실시되고 있는 중국 정부 공인의 중국어 능력 시험은 한어수평고시〔**汉语水平考试**, HSK(Hanyu Shuiping Kaoshi)〕와 일상생활에서 활용할 수 있는 회화 중심의 비즈니스 중국어를 평가하는 상무한어고시〔**商務汉语考试**, BCT(Business Chinese Test)〕 등 2종류가 있다.

ài 爱 아이	동 사랑하다
bā 八 빠	수 8, 여덟
bà ba 爸爸 빠바	명 아빠, 아버지
bí zi 鼻子 비즈	명 코
bù 不 뿌	부 (동사 · 형용사 · 기타 부사 앞에서) 부정을 나타냄, (동사와 보어 사이에 쓰여) 불가능을 나타냄
cháng 长 창	형 (길이가) 길다, (시간이) 길다, 오래다
chī 吃 츠	동 먹다
dà 大 따	형 (부피, 면적 등이) 크다, 넓다, (힘, 강도 등이) 세다, 강하다

de 的	더	조 관형어 뒤에 쓰여 관형어와 중심어 사이가 종속 관계임을 나타냄, 관형어와 중심어 사이가 일반적인 수식 관계임을 나타냄
diǎn 点	디엔	양 시(時) 동 주문하다, 지적하다, 가르치다
duō 多	뚜어	형 (수량이) 많다 부 얼마나, 얼마만큼
ěr duo 耳朵	얼두어	명 귀
èr 二	얼	수 2, 둘
gāo 高	까오	형 (지면으로부터 고도가) 높다 명 높이
gāo xìng 高兴	까오씽	형 기쁘다, 즐겁다 동 ~하기를 좋아하다
gē ge 哥哥	끄어거	명 오빠, 형
ge 个	거	양 개, 사람, 명
gè zi 个子	꺼즈	명 (사람의) 키, 체격
gǒu 狗	고우	명 개
hǎo 好	하오	형 좋다, 훌륭하다 부 꽤, 엄청
hào 号	하오	명 (차례나 순번을 표시하는) 번호, 일(날짜)
hē 喝	흐어	동 마시다
hé 和	흐어	접 그리고 개 ~와, ~과

병음	단어	발음	뜻
hěn	很	헌	부 형용사 앞에 써서 정도가 높음을 표시
jǐ	几	지	수 몇(주로 10 이하의 확실치 않은 수를 물을 때 쓰임)
jiā	家	찌아	명 집, 가정, 집안
jiào	叫	찌아오	동 외치다, 부르다, (~라고) 하다, 불리다 개 ~에 의해서
jiě jie	姐姐	지에지에	명 누나, 언니
jīn tiān	今天	찐티엔	명 오늘
jiǔ	九	지우	수 9, 아홉
kàn	看	칸	동 보다, 구경하다, 바라보다, 기대하다
kǒu	口	코우	명 입 양 명(식구를 셀 때), 일반적인 기물의 입구
lǎo shī	老师	라오스	명 교사, 선생님
liù	六	리우	수 6, 여섯
mā ma	妈妈	마마	명 엄마, 어머니
ma	吗	마	조 문장의 끝에 쓰여 의문의 어기를 나타냄
māo	猫	마오	명 고양이
mǐ fàn	米饭	미판	명 쌀밥

miàn tiáo 面条	미엔티아오	명 국수
míng tiān 明天	밍티엔	명 내일
nǎ (nǎ r) 哪(哪儿)	나(날)	대 무엇, 어느 것, 어떤, 어디, 어찌, 어떻게
nà (nà r) 那(那儿)	나(날)	대 그, 저, 그것, 저것
nǐ 你	니	대 너, 자네, 당신
niǎo 鸟	니아오	명 새
niú nǎi 牛奶	니우나이	명 우유
píng guǒ 苹果	핑구어	명 사과
qī 七	치	수 7, 일곱
qù 去	취	동 가다, 떠나다
rèn shi 认识	런스	동 알다, 인식하다
sān 三	싼	수 3, 셋
shāng diàn 商店	샹디엔	명 상점
shéi 谁	셰이	대 누구, 누가
shén me 什么	션머	대 무엇, 어떤, 어느

병음	단어	발음	뜻
shí	十	스	㊟수 10, 열
shì	是	스	형 맞다, 옳다 동 옳다고 여기다, ~이다
shǒu	手	쇼우	명 손
shuǐ	水	쉐이	명 물
sì	四	쓰	수 4, 넷
suì	岁	쑤이	명 살, 세(나이)
tā	他	타	대 그, 그 사람, 그이
tā	她	타	대 그녀, 그 여자
tóu fa	头发	토우파	명 머리카락, 두발
wǒ	我	워	대 나, 저
wǒ men	我们	워먼	대 우리
wǔ	五	우	수 5, 다섯
xǐ huan	喜欢	씨환	동 좋아하다, 호감을 가지다 형 기뻐하다, 즐거워하다
xiàn zài	现在	씨엔짜이	명 지금, 현재, 현단계, 목전, 오늘
xiǎo	小	씨아오	형 작다, 어리다

단어	발음	뜻
xiè xie 谢谢	씨에씨에	동 감사합니다, 고맙습니다
xīng qī 星期	씽치	명 요일, 주일
xué xiào 学校	쒸에씨아오	명 학교
yǎn jing 眼睛	옌징	명 눈
yī 一	이	수 1, 하나
yǒu 有	요우	동 있다(존재를 나타냄), 가지고 있다, 소유하다
yú 鱼	위	명 물고기
yuè 月	위에	명 달, 월 형 매달의, 매월의
zài 在	짜이	동 존재하다, 생존하다, ~에 있다 개 ~에, ~에 있어서
zài jiàn 再见	짜이찌엔	동 또 뵙겠습니다, 안녕히 계십시오, 안녕
zhè zhè r 这(这儿)	쪄(쪌)	대 이, 이것(여기)
zhōng guó rén 中国人	쭁구어런	명 중국인

YCT 词汇 - 2급

拼音	단어	발음	뜻
bāo zi	包子	빠오즈	명 (소가 든) 찐빵
běi jīng	北京	베이찡	명 베이징(중국의 수도)
bǐ	比	비	동 비교하다, 견주다 개 ~에 비해, ~보다
bú kè qi	不客气	부커치	사양하지 않다 겸 천만에요, 별말씀을요
chá	茶	챠	명 차, 차로 만든 음료
dǎ lán qiú	打篮球	다란치우	동 농구를 하다
dì di	弟弟	띠디	명 남동생
diàn shì	电视	띠엔스	명 텔레비전
duì bu qǐ	对不起	뚜이부치	동 미안하다, 죄송하다
duō shao	多少	뚜어샤오	부 얼마간, 조금, 약간
fáng jiān	房间	팡찌엔	명 방
fēn zhōng	分钟	펀쫑	명 분
Hàn yǔ	汉语	한위	명 중국어

hào chī 好吃 하오츠	형 맛있다
hóng 红 홍	형 붉다, 빨갛다
huà 画 화	동 (그림을) 그리다 명 그림
huáng 黄 황	형 노랗다
huì 会 후이	조동 ~할 수 있다, ~할 것이다
jiǎo 脚 지아오	명 발
jué de 觉得 쥐에더	동 ~라고 여기다(생각하다)
kě yǐ 可以 크어이	조동 ~할 수 있다, 가능하다, ~해도 된다, ~해도 좋다
kuài 块 콰이	명 덩이, 덩어리 양 덩이, 조각
lái 来 라이	동 오다, (일이나 문제 등이) 닥치다, 발생하다
le 了 러	조 동사나 형용사 뒤에 쓰여 동작 또는 변화가 이미 완료되었음을 표시, 실제로 이미 발생한 동작이나 변화에 사용됨
lěng 冷 렁	형 춥다, 차다, 냉정하다, 쌀쌀하다
lǐ miàn 里面 리미엔	명 안, 안쪽, 속, 내부
liǎng 两 리앙	수 둘
líng 零 링	수 0, 영

lǜ 绿 뤼	형 녹색의, 초록색의
mǎi 买 마이	동 사다, 매입하다, (돈이나 기타 수단으로) 매수하다
méi guān xi 没关系 메이꾸안씨	괜찮다, 상관없다, 문제없다
méi yǒu 没有 메이요우	명 없다, 가지고 있지 않다, ~않다
mèi mei 妹妹 메이메이	명 여동생
míng zi 名字 밍즈	명 이름
ne 呢 너	조 서술문 뒤에 쓰여 동작이나 상황이 지속됨을 나타냄, 선택 의문문 뒤에 쓰여 강조를 나타냄
nián 年 니엔	명 년 양 년, 해
péng you 朋友 펑요	명 친구
piào liang 漂亮 피아오량	형 예쁘다, 아름답다
qǐ chuáng 起床 치츄왕	동 (잠자리에서) 일어나다
qiān bǐ 铅笔 치엔비	명 연필
qián 钱 치엔	명 재물, 돈, 화폐
qǐng 请 칭	동 청하다, 부탁하다, ~하세요, ~해 주세요
rè 热 러	형 덥다, 뜨겁다, 인기 있다, 유행하다

shàng bian 上边	샹비엔	명 위쪽, 위
shū bāo 书包	슈빠오	명 책가방
shuì jiào 睡觉	쉐이쨔오	동 (잠을) 자다
shuō huà 说话	슈어화	동 말하다, 이야기하다, 꾸짖다, 나무라다
tiān qì 天气	티엔치	명 날씨
tóng xué 同学	통쒸에	명 학교 친구, 학우, 동창
wán r 玩儿	왈	동 놀다, 즐기다
wǎn shang 晚上	완샹	명 저녁
xiāng jiāo 香蕉	씨앙찌아오	명 바나나
xióng māo 熊猫	씨옹마오	명 판다
xué sheng 学生	쒸에셩	명 학생
xué xí 学习	쒸에씨	동 학습하다, 공부하다, 배우다
yán sè 颜色	옌써	명 색, 색깔
yào 要	야오	조동 ~할 것이다, ~하려 하고 있다, 마땅히 ~해야만 한다, ~해야 한다
yě 也	예	부 ~도 또한, ~도 역시

yī shēng
医生 이셩
명 의사

yī yuàn
医院 이위엔
명 병원

yǐ zi
椅子 이즈
명 의자

zǎo shang
早上 자오샹
명 아침

zěn me
怎么 전머
대 어째서, 어떻게, 왜

zěn me yàng
怎么样 전머양
대 어떻다, 어떠하다, 별로(그리) ~않다

zhēn
真 쩐
부 참으로, 확실히
형 사실이다, 정확하다

zhī
只 즈
부 단지, 다만, 오직

zhuō zi
桌子 쮸어즈
명 탁자, 테이블

zuó tiān
昨天 주어티엔
명 어제

zuò
坐 쭈어
동 앉다, (교통수단을) 타다

zuò
做 쭈어
동 하다, 종사하다, 만들다, 제작하다

YCT 词汇 – 3급

bǎ 把	바	개 ~을(를), ~으로 동 (손으로) 잡다, 쥐다
ba 吧	바	조 청유, 기대, 제의 등을 나타내는 어기조사, 가능, 추측을 나타내는 어기조사
bái 白	바이	형 하얗다, 희다 부 헛되이, 쓸데없이
bǎi 百	바이	수 100, 백
bàn 半	빤	수 반
bāng zhù 帮助	빵쮸	동 돕다, 원조하다 명 도움, 원조
bǎo 饱	바오	형 배부르다 부 족히, 충분히
bēi zi 杯子	뻬이즈	명 잔, 컵
běn 本	번	양 (책의) 권을 나타냄 명 책, 공책
bié 别	비에	동 이별하다, 헤어지다 부 ~하지 마라 형 다르다, 특수하다 대 그밖에, 따로
cài 菜	차이	명 채소, 야채, 반찬, 요리
chàng gē 唱歌	챵끄어	동 노래 부르다
chē zhàn 车站	쳐짠	명 정거장, 역, 터미널

단어	발음	뜻
chí dào 迟到	츠따오	동 지각하다, 늦게 도착하다
chū 出	추	동 (안에서 밖으로) 나가다, 나오다, (어떤 사건이나 일, 문제 등이) 발생하다
chuān 穿	추완	동 (옷, 신발, 양말 등을) 입다, 신다
cì 次	츠	양 차례, 번, 회 명 순서, 차례
dǎ diàn huà 打电话	다띠엔화	동 전화를 걸다
dàn gāo 蛋糕	딴까오	명 케이크, 카스텔라
dàn shì 但是	딴스	접 그러나, 하지만
dāng rán 当然	땅란	형 당연하다, 물론이다
de 得	더	조 동사 뒤에 쓰여 가능을 나타냄, 동사나 형용사 뒤에 쓰여 결과나 정도를 나타내는 보어와 연결
dì yī 第一	띠이	수 제1, 최초, 첫(번)째
diàn nǎo 电脑	띠엔나오	명 컴퓨터
diàn yǐng 电影	띠엔잉	명 영화
diū 丢	띠우	동 잃다
dōng xi 东西	똥시	명 (구체적인 혹은 추상적인) 것, 물건, 사물, 물품
dǒng 懂	동	동 알다, 이해하다

dòng wù yuán **动物园** 똥우위엔	명 동물원
dōu **都** 또우	부 모두, 전부, 다
dú **读** 두	동 보다, 읽다, 낭독하다
duì **对** 뚜이	형 맞다, 정확하다
è **饿** 으어	형 배고프다
fēi jī **飞机** 풰이찌	명 비행기
gǎn mào **感冒** 간마오	명 감기 동 감기에 걸리다
gěi **给** 게이	동 주다, ~을 주다 개 ~에게
gōnggòng qì chē **公共汽车** 꽁꽁치쳐	명 버스
guā fēng **刮风** 꾸아펑	동 바람이 불다
guān **关** 꾸안	동 닫다, 덮다, 끄다
guǒ zhī **果汁** 구어즈	명 과일즙, 과일 주스
guo **过** 궈	조 경험을 나타냄
hái **还** 하이	부 여전히, 아직도, 또, 더욱
hēi **黑** 헤이	형 검다, 까맣다, 어둡다, 어두컴컴하다

단어	발음	뜻
hóu zi 猴子	호우즈	명 원숭이
hòu 后	호우	명 (공간적인 개념의) 뒤, 후, (시간적인 개념의) 뒤, 후, 나중
huài 坏	화이	형 나쁘다, 좋지 않다 동 고장나다, 망가지다, 망가지게 하다
huān yíng 欢迎	후안잉	동 환영하다
huí 回	후이	동 (다른 곳에서 원래 있던 곳으로) 돌아가다, 돌아오다 양 (일, 동작의 횟수) 회
jī dàn 鸡蛋	찌딴	명 달걀
jiàn 件	찌엔	양 건, 개(일부 하나하나로 셀 수 있는 물건을 세는 단위)
jiǎo zi 饺子	지아오즈	명 만두, 교자
jiào shì 教室	찌아오스	명 교실
jìn 进	찐	동 (밖에서 안으로) 들다, 나아가다, 전진하다
jìn 近	찐	형 (공간적, 시간적 거리가) 가깝다, 짧다, (관계가) 가깝다, 밀접하다, 친하다
jiù 就	찌우	부 곧, 즉시, 바로, 이미, 벌써, ~하자마자 곧
kāi 开	카이	동 열다, 켜다, (꽃이) 피다, (자동차 등을) 운전하다
kě ài 可爱	크어아이	형 사랑스럽다, 귀엽다
kè 课	커	명 수업, 강의, (수업의) 시간, 교시, (수업) 과목

kū 哭 쿠	동 (소리내어) 울다
kù zi 裤子 쿠즈	명 바지
kuài 快 콰이	형 빠르다 부 빨리, 급히
kuài lè 快乐 콰이(ㄹ)러	형 즐겁다, 유쾌하다
lán 蓝 란	형 남색의, 남빛의
lǎo hǔ 老虎 라오후	명 범, 호랑이
lèi 累 레이	형 지치다, 피곤하다 동 피로하게 하다
lǐ wù 礼物 리우	명 선물
mài 卖 마이	동 팔다, 판매하다
màn 慢 만	형 느리다
máng 忙 망	형 바쁘다, 분주하다 동 (일을) 서둘러 하다, 바쁘게 하다
méi guī huā 玫瑰花 메이꾸이후아	명 장미꽃
měi 每 메이	대 매, 각, ~마다, 모두
miàn bāo 面包 미엔빠오	명 빵
ná 拿 나	동 (손으로) 쥐다, 잡다, 가지다

병음	단어	발음	뜻
nǎi nai	奶奶	나이나이	명 할머니
nán	男	난	명 남자, 남성
nán	难	난	형 어렵다, 힘들다 동 어렵게 하다
néng	能	넝	조동 ~할 수 있다, 할 줄 안다, ~해도 된다
nián jí	年级	니엔지	명 학년
nín	您	닌	대 당신, 귀하
nǚ	女	뉘	명 여자, 여성
páng biān	旁边	팡삐엔	명 옆, 곁, 근처, 부근
pàng	胖	팡삐엔	형 (몸이) 뚱뚱하다
pǎo bù	跑步	파오뿌	동 달리다, 구보하다
qiān	千	치엔	수 1000, 천
qián	前	치엔	명 (방위, 순서, 시간의) 앞, 과거, 종전
qù nián	去年	취니엔	명 작년
qún zi	裙子	췬즈	명 치마
ràng	让	랑	동 사양하다, 양보하다, ~하게 하다, ~하게 시키다

shàngwǎng
上网 샹왕 — 동 인터넷을 하다

shǎo
少 샤오 — 형 적다

shēn tǐ
身体 션티 — 명 몸, 신체, 건강

shēng bìng
生病 셩삥 — 동 병이 나다, 병에 걸리다

shēng rì
生日 셩르 — 명 생일

shí hou
时候 스호 — 명 때, 시각, 무렵

shí jiān
时间 스찌엔 — 명 시간

shì qíng
事情 스칭 — 명 용무, 볼일, 일, 사건

shǒu
手 쇼우 — 명 수단, 수법
양 기능, 능력, 수완 등을 세는 단위

shū fu
舒服 슈푸 — 형 편안하다, 쾌적하다

shuǐ guǒ
水果 쉐이구어 — 명 과일

sòng
送 쏭 — 동 보내다, 배달하다, 배웅하다, 전송하다

suǒ yǐ
所以 쑤어이 — 접 그래서, 그러므로

tā
它 타 — 대 그, 저, 그것, 저것

tài
太 타이 — 부 지나치게, 몹시, 대단히, 매우
형 높다, 크다, 최고의

tài yáng
太阳 타이양
명 해, 태양

téng
疼 텅
형 아프다
동 몹시 귀여워하다

tī zú qiú
踢足球 티주치우
동 축구를 하다

tiào wǔ
跳舞 티아오우
동 춤을 추다

tīng
听 팅
동 듣다

wài miàn
外面 와이미엔
명 바깥, 표면, 겉

wán
完 완
동 마치다, 끝나다
형 완전하다, 완벽하다, 다하다, 소모하다

wèi
喂 웨이
감 여보세요, 어이, 이봐
동 기르다, 먹이다

wèi shén me
为什么 웨이선머
부 왜, 어째서

wèn
问 원
동 묻다, 질문하다

wèn tí
问题 원티
명 문제

xī guā
西瓜 씨꾸아
명 수박

xǐ zǎo
洗澡 씨자오
동 목욕하다, 몸을 씻다

xià
下 씨아
명 밑, 아래, 나중, 다음, ~아래, ~하에

xià xuě
下雪 씨아쒸에
동 눈이 내리다

xiān shēng 先生 씨엔셩	명 선생님, ~씨, 남편
xiǎng 想 씨앙	동 생각하다, 바라다, 희망하다 조동 ~하고 싶다
xiǎo jiě 小姐 씨아오지에	명 아가씨, 젊은 여자
xiǎo shí 小时 씨아오스	명 시간(시간 단위)
xiào 笑 씨아오	동 웃다, 웃음을 짓다 형 우스운, 웃기는
xiē 些 씨에	양 조금, 약간, 몇, 얼마쯤
xié 鞋 씨에	명 신(발), 구두
xiě 写 씨에	동 (글씨를) 쓰다, (문학 작품을) 쓰다, 짓다, 창작하다
xīn 新 씬	형 새롭다, 사용하지 않은, 새것의
xiū xī 休息 씨우씨	동 휴식하다, 쉬다
yào 药 야오	명 약, 약물
yé ye 爷爷 예예	명 할아버지
yī fu 衣服 이푸	명 옷, 의복
yì qǐ 一起 이치	부 같이, 함께
yì si 意思 이스	명 의미, 뜻, 생각, 견해

yīn wèi
因为 인웨이
접 왜냐하면
개 ~때문에, ~로 인하여

yóu yǒng
游泳 요우용
동 수영하다, 헤엄치다
명 수영

yòu
右 요우
명 우측, 오른쪽

yǔ sǎn
雨伞 위싼
명 우산

yuǎn
远 위엔
형 (공간적, 시간적으로) 멀다, 사이가 멀다, 소원하다

yuè liang
月亮 위에(ㄹ)량
명 달갈

yùn dòng
运动 윈똥
명 운동, 스포츠

zài
再 짜이
부 재차, 또, 다시

zháo jí
着急 쟈오지
동 조급해 하다, 안달하다

zhǎo
找 쟈오
동 찾다, 구하다, 물색하다

zhī dao
知道 쯔다오
동 알다, 이해하다

zhōng wǔ
中午 쭝우
명 정오

zì jǐ
自己 쯔지
대 자기, 자신, 스스로

zì xíng chē
自行车 쯔씽쳐
명 자전거

zǒu
走 조우
동 걷다, 떠나다, 움직이다, 이동하다

zuì
最 쭈이

㊕ 가장, 제일
㊔ 최고, 으뜸

zuǒ
左 쭈어

㊔ 좌측, 왼쪽

YCT 词汇 – 4급

단어	뜻
ā 啊 아	감 (놀람을 나타내어) 야! 이크! 이런! (찬탄을 나타내어) 와! 아!
ā yí 阿姨 아이	명 아주머니, 아줌마
ǎi 矮 아이	형 (사람의 키가) 작다, (높이가) 낮다, (지위나 등급이) 낮다
ān jìng 安静 안찡	형 조용하다, 고요하다, 평정을 되찾다, 안정되다
ān quán 安全 안취엔	형 안전하다
bān 搬 빤	동 (비교적 크거나 무거운 것을) 옮기다, 운반하다, 이사하다, 옮겨 가다
bàn fǎ 办法 빤퐈	명 방법, 수단, 방식, 조치, 방책, 술책
bào zhǐ 报纸 빠오즈	명 신문
běi fāng 北方 베이퐝	명 북방, 북쪽, 북부 지역, 중국 황하 유역 및 그 이북 지역
bèi 被 뻬이	동 덮다, …에게 …를 당하다 명 이불
bǐ sài 比赛 비싸이	명 경기, 시합 동 (체력이나 실력을) 겨루다, 시합하다, 경기하다
bì xū 必须 삐쉬	부 반드시 …해야 한다, 꼭 …해야 한다, 기필코 …해야 한다
bì yè 毕业 삐예	명 졸업 동 졸업하다

biàn huà 变化 삐엔화	명 변화 동 변화하다, 달라지다, 바꾸다
biǎo yǎn 表演 비아오옌	동 공연하다, 연기하다, (그럴듯하게) 꾸미다, 연출하다, 시범 동작을 하다
bié rén 别人 비에런	대 (일반적인) 남, 타인
bīng jī líng 冰激凌 삥찌링	명 아이스크림
bīngxiāng 冰箱 삥씨앙	명 냉장고, 아이스박스
bǐng gān 饼干 빙깐	명 비스킷, 과자
bú dàn ér qiě 不但…而且… 부딴 얼치에	…뿐만 아니라 …도 하다
cāi 猜 차이	동 추측하다, 알아맞히다, 의심하다, 의구심을 갖다
cān guān 参观 찬꾸안	동 (전람회 · 공장 · 명승 고적 등을) 참관하다, 견학하다, 시찰하다
cān jiā 参加 찬찌아	동 (어떤 조직이나 활동에) 참가하다, 참여하다, 참석하다
cǎo dì 草地 차오띠	명 초원, 목초지, 풀밭, 잔디밭
céng 层 청	동 층, 겹(중첩 · 누적된 물건을 셀 때 쓰임)
chángchéng 长城 창청	명 만리장성의 줄임말 ☞[万里长城 Wànlǐchángchéng] [비유] 견고하고 튼튼한 힘, 혹은 넘기 어려운 장애
cháng 尝 창	동 맛보다, 시식하다, 시험삼아 해 보다, 시험해 보다, 체험하다, 겪다, 경험하다
chāo shì 超市 챠오스	명 超级市场(슈퍼마켓)의 약칭. ☞[超级市场 chāojíshìchǎng]

chéng jì
成绩 청찌
명 (일 · 학업상의) 성적, 성과, 수확, (문화 · 오락 · 체육 등의)성적, 결과, (시험) 점수, 성적

chóng zi
虫子 충즈
명 벌레

chū fā
出发 추파
동 출발하다, 떠나다

chū zhōng
初中 추쭝
명 중학교

chú le
除了 추(ㄹ)러
개 ~을[를] 제외하고(는), ~외에 또, ~외에 ~도 ['还(hái)·也(yě)·只(zhǐ)'등과 호응하여 사용함], ~(지) 않으면, ~(을) 하다 ['就是(jiùshì)'와 호응하여 사용함]

chuāng hu
窗户 츄왕후
명 창문, 창

chuáng
床 츄왕
명 침대, 침상, 베드, (침대처럼) 넓은 평면을 가진 기구

chūn jì
春季 춘찌
명 봄철, 봄, 춘계

cí diǎn
词典 츠디엔
명 사전

cōngmíng
聪明 총밍
형 똑똑하다, 총명하다, 영리하다

cóng
从 총
동 따르다, 좇다, 순종하다, 말을 듣다, 참가하다, 종사하다, 뛰어들다 개 ~부터, ~을 기점으로

cuò
错 추어
동 틀리다, 맞지 않다
명 (~儿) 착오, 잘못

dǎ rǎo
打扰 다라오
동 방해하다, 지장을 주다, 폐를 끼치다[완곡한 표현에 쓰임]

dǎ sǎo
打扫 다싸오
동 청소하다, 깨끗이 정리[처리]하다

dǎ suan
打算 다쏸
동 ~할 생각이다, ~하려고 하다, 계획하다, 고려하다
명 (행동의 방향 · 방법 등에 관한) 생각, 계획, 타산

dǎ zhēn 打针	다쪈	동 주사를 놓다, 주사를 맞다
dà gài 大概	따까이	부 아마(도), 대개 형 대략적인, 대강의, 대충의 명 개략, 대강
dà hǎi 大海	따하이	명 바다, 큰 바다, 대해, 해양
dà jiā 大家	따찌아	명 모두, 다들, 대가, 권위자
dà xiàng 大象	따썅	명 코끼리
dài 带	따이	명 띠, 벨트, 끈, 밴드 동 (몸에) 지니다, 휴대하다, 가지다
dài 戴	따이	동 (머리 · 얼굴 · 가슴 · 팔 · 손등에) 착용하다, 쓰다, 차다
dān xīn 担心	딴씬	동 염려하다, 걱정하다
dào chù 到处	따오츄	명 도처, 곳곳
de 地	더	관형어로 쓰이는 단어나 구 뒤에 쓰여, 그 단어나 구가 동사 또는 형용사와 같은 중심어를 수식하고 있음을 나타냄.
děng 等	덩	명 등급 동 (~까지) 기다리다
dì tiě 地铁	띠티에	명 지하철
dì tú 地图	띠투	명 지도
dì zhǐ 地址	띠즈	명 소재지, 주소
diàn dēng 电灯	띠엔떵	명 전등, 백열등

diàn tī
电梯 띠엔티 — 명 엘리베이터

diàn zǐ yóu jiàn
电子邮件 띠엔즈요우찌엔 — 명 전자우편, 이메일

dōng
东 똥 — 명 동쪽, 동녘, 동편, 동방

dōng
冬 똥 — 명 겨울, 겨울철, 동계

dù zi
肚子 뚜즈 — 명 (사람이나 동물의) 복부

duǎn
短 두안 — 형 (공간적 · 시간적 거리가) 짧다

duàn liàn
锻炼 똰리엔 — 동 (몸 · 일의 능력 · 마음을) 단련하다

duì
对 뚜이 — 개 ~에게, ~을 향하여, ~에 대해(서), ~에 대하여

duō me
多么 뚜어머 — 부 얼마나[정도를 나타냄], 아무리[심한 정도를 나타냄]

ér zi
儿子 얼즈 — 명 아들

fā shāo
发烧 퐈샤오 — 동 열이 나다

fāng biàn
方便 퐝삐엔 — 형 편리하다 명 편의, 수단, 방법
동 편리하게 하다, 편의를 봐주다

fàng
放 퐝 — 동 (자유롭게) 놓아주다, 풀어주다, 석방하다,
(학교나 직장이) 파하다, 쉬다, 놀다, 방영하다, 방송하다, 틀다

fàng jià
放假 퐝찌아 — 동 방학하다, (학교나 직장이) 쉬다

fēi cháng
非常 풰이챵 — 부 대단히, 매우, 심히, 아주
형 특별한, 특수한, 비상한

fú wù yuán
服务员 푸우위엔 — (서비스업의) 종업원, 웨이터

fù jìn
附近 푸찐 — 형 가까운, 인접한 / 명 부근, 근처, 인근, 가까운 곳

fù xí
复习 푸씨 — 동 복습하다

gān jìng
干净 깐찡 — 형 깨끗하다, 청결하다

gǎn
敢 간 — 형 용기가 있다, 용감하다 / 동 용기있게 행동하다, 과감하게 …하다

gǎn xìng qù
感兴趣 간씽취 — 관심이 있다, 흥미가 있다, 좋아하다

gāng cái
刚才 깡차이 — 명 지금 막, 방금, 막, 이제 금방

gào sù
告诉 까오쑤 — 동 말하다, 알리다

gèng
更 껑 — 부 더욱, 더, 훨씬

gōng fu
功夫 꽁푸 — 명 시간, 재주, 솜씨, 조예

gōng jīn
公斤 꽁찐 — 킬로그램

gōng lǐ
公里 꽁리 — 킬로미터

gōngyuán
公园 꽁위엔 — 명 공원

gōng zuò
工作 꽁쭈어 — 명 직업, 일자리, 근무, 작업, 노동 / 동 일하다, 작업하다, 노동하다

gòu
够 꼬우 — 동 필요한 수량이나 기준 등을 만족시키다

guà
挂 꽈 | 동 (물체 표면에) 붙어 있다, 덮여 있다, 칠해져 있다, (고리나 못 등에) 걸다, 걸리다

guān yú
关于 꾸안위 | 개 …에 관하여[관해서], …에 관한

guì
贵 꾸이 | 형 (가격이나 가치가) 높다, 비싸다, (사회적) 지위가 높다, 중시하다, 귀중하다, 드물다, 평가가 높다

guó jiā
国家 구어찌아 | 명 나라, 국가

hā
哈 하 | 감 아하! 오! 거봐!, (의성 · 의태) 하하
동 ('하' 하고) 숨을 내쉬다, 입김을 불다

hái shi
还是 하이스 | 동 여전히, 아직도, 변함없이
부 …하는 편이 (더) 좋다, 의외로, 뜻밖에

hái zi
孩子 하이즈 | 명 애, 어린이, 자녀[자식], 아들과 딸

hài pà
害怕 하이파 | 동 겁내다, 두려워하다, 무서워하다

hán jià
寒假 한찌아 | 명 겨울 방학

hǎo xiàng
好像 하오쌍 | 부 마치 …와 같다[비슷하다]
동 닮다, 비슷하다

hào mǎ
号码 하오마 | 명 번호, 숫자

hé shì
合适 흐어스 | 형 적당[적합]하다, 알맞다

hé zi
盒子 흐어즈 | 명 작은 상자, 합, 곽

hú dié
蝴蝶 후디에 | 명 나비

hù shi
护士 후스 | 명 간호사

hù xiāng 互相 후씨앙	부 서로, 상호
huā 花 화	명 꽃, 화초 동 쓰다, 소비하다, 소모하다
hái 还 하이	부 여전히, 아직도, 아직, 또, 게다가, 더, 더욱
huàn 换 환	동 교환하다, 바꾸다, 변환하다, 교체하다
huǒ chē 火车 후어쳐	명 기차
huò zhě 或者 훠져	부 아마, 어쩌면, 혹시(…인지 모른다) 접 …이던가 아니면 …이다[선택]
jí le 极了 지(ㄹ)러	형용사 뒤에 위치해 뜻을 매우 강조함 (대신, 형용사 앞에는 아무것도 쓸 수 없음)
jì de 记得 찌더	동 기억하고 있다, 잊지 않고 있다
jì yòu 既…又… 찌…요우	~하고 (또) ~하다
jiā 加 찌아	동 더하다, 보태다, (본래 없던 것을) 붙이다, 넣다, 첨가하다
jiān chí 坚持 찌엔츠	동 견지하다, 어떤 상태나 행위를 계속 지속하게 하다, 단호히 지키다, 견지하다, 유지하다, 고집하다
jiǎn 减 지엔	동 빼다, 덜다, 감하다, 줄이다, 낮아지다, 쇠퇴하다, 떨어지다, [수학] 빼다
jiàn kāng 健康 찌엔캉	형 건강하다, 건전하다, 정상이다 명 건강
jiàn miàn 见面 찌엔미엔	동 만나다, 대면하다
jiāng lái 将来 찌앙라이	명 장래, 미래

jiǎng 讲 지앙	동 말하다, 이야기하다, 설명하다, 해설하다
jiào 教 찌아오	동 가르치다, 지도하다, 교육하다, (~에게) ~시키다, ~하게 하다, 명령하다
jiē 接 찌에	동 잇다, 이어지다, 연결하다, 연결되다, 가까이 가다, 접근하다, 접촉하다, 닿다, 연속하다, 계속하다
jié mù 节目 지에무	명 프로그램, 프로, 종목, 레퍼토리
jié rì 节日 지에르	명 (국경일 등의 법정) 기념일, 경축일, 명절
jiè 借 찌에	동 빌리다, 빌려 주다
jiè shào 介绍 찌에샤오	동 소개하다, 설명하다, 안내하다
jǐn zhāng 紧张 진짱	형 (정신적으로) 긴장해 있다, 불안하다, 바쁘다, 긴박하다, (물품이) 빠듯하다, 부족하다
jīng cháng 经常 찡챵	명 평소, 평상, 보통 형 일상적인, 보통이다 부 언제나, 늘, 항상, 자주
jǐng chá 警察 징챠	명 경찰
jiù 旧 찌우	형 낡다, 오래다, 옛날의, 과거의, 이전의, 종전의
jù zi 句子 쥐즈	명 문장
jué dìng 决定 쥐에띵	동 결정[결심 · 결의 · 의결]하다
kāi huì 开会 카이후이	동 회의를 열다[하다]
kāi shǐ 开始 카이스	동 시작되다, 개시하다, 착수하다, 시작하다 명 처음, 시작, 시초

kǎo shì
考试 카오스
동 시험을 치다, 고사를 치다
명 시험, 고사

kǎo yā
烤鸭 카오야
명 오리구이

kě
渴 크어
형 목이 타다, 갈증나다, [비유] 절실하다, 간절하다
동 목마르게 하다

kě néng
可能 크어넝
형 가능하다 명 가능성, 가망
부 아마도, 아마(…일지도 모른다), 어쩌면

kè
刻 커
동 새기다, 조각하다
명 (어느 특정한) 때, 순간

kōng tiáo
空调 콩티아오
동 (에어컨으로) 공기를 조절하다
부 에어컨, 에어컨디셔너의 약칭 ☞[空气调节器 kōngqìtiáojiéqì]

kuài zi
筷子 콰이즈
명 젓가락

là
辣 라
형 맵다, 얼얼하다, 지독하다, 악랄하다, 잔인하다

lái de jí
来得及 라이더지
동 늦지 않다, 제 시간에 대어가다, 생각할 겨를이 있다

lǎo
老 라오
형 늙다, 낡은, 구식의, 케케묵은, 오래 된, 옛부터의

lí
离 리
개 ~에서, ~로부터
동 분리하다, 갈라지다, 헤어지다

lí kāi
离开 리카이
동 떠나다, 벗어나다, 헤어지다

lí
梨 리
명 배, 배나무

lǐ mào
礼貌 리마오
명 예의, 예의범절
형 예의바르다

lì hài
厉害 리하이
동 무섭다, 사납다, 엄격하다, 엄하다
부 대단하다, 굉장하다, 심각하다, 지독하다

liǎ
俩 리아
두 사람
'俩(liǎ)' 뒤에 '个(gè)' 또는 기타 양사를 붙이지 않음

lián xì
联系 리엔씨
동 연락하다, 연결하다, 연관짓다

liǎn
脸 리엔
동 얼굴, (~儿) (얼굴의) 표정, (~儿) 체면, 면목, 낯

liàn xí
练习 리엔씨
동 연습하다, 익히다
명 연습문제, 숙제

liáng kuài
凉快 리앙콰이
형 시원하다, 서늘하다
동 시원[서늘]하게 하다

liàng
辆 량
양 대, 량[차량을 세는 단위]

liáo tiān r
聊天儿 리아오티알
동 한담하다, 잡담하다

lín jū
邻居 린쮜
명 이웃집, 이웃 사람

lìng wài
另外 링와이
대 다른[그 밖의 · 그 외의] 사람이나 사물
부 별도로, 따로, 달리 접 이 외에, 이 밖에

liú hàn
流汗 리우한
동 땀을 흘리다

lóu
楼 로우
명 (이층 이상의) 다층 건물, 층집, 층옥
양 층

lǚ yóu
旅游 뤼요우
동 여행하다, 관광하다

mǎ hu
马虎 마후
형 적당히 하다, 대강하다, 건성으로 하다, 엉성하다

mǎ shàng
马上 마샹
부 곧, 즉시, 바로, 금방

mén kǒu
门口 먼코우
명 입구, 현관, 문어귀

mí lù
迷路 미(ㄹ)루
동 길을 잃다, [비유] 길을 잘못 들다, 잘못된 길로 들어서다, 정도에서 벗어나다

míng bái
明白 밍바이
동 알다, 이해하다 형 분명하다, 뚜렷하다, 명백하다, 공공연하다, 숨김없다, 공개적이다

nán
南 난
명 남, 남쪽, 남방 지역, 남쪽 지방, 남방[중국 장강 유역과 그 남쪽 지역]

nán guò
难过 난꿔
형 고통스럽다, 괴롭다, 슬프다, 살아가기 어렵다, 고생스럽다
동 통과하기 어렵다

nián qīng
年轻 니엔칭
형 젊다, 어리다

nǔ lì
努力 누(ㄹ)리
형 노력하다, 힘쓰다, 열심히 하다

nǚ ér
女儿 뉘얼
명 딸

nuǎn huo
暖和 누안훠
형 따뜻하다, 따사롭다
동 따뜻하게 하다, 데우다, 녹이다

pá shān
爬山 파샨
동 산을 오르다, 등산하다

pái duì
排队 파이뚜이
동 순서대로 정렬하다, 줄을 서다

pái qiú
排球 파이치우
명 배구, 배구공

pán zi
盘子 판즈
명 쟁반

pián yi
便宜 피엔이
형 (값이) 싸다 명 공짜
동 좋게[잘] 해 주다, 이롭게 해 주다

pīngpāng qiú
乒乓球 핑팡치우
명 탁구, 탁구공

pò
破 포
동 파손되다, 깨지다, 망가지다, 찢다, 깨다, 파손하다, 쳐부수다, 무찌르다, 격파하다

pú táo 葡萄	푸타오	명 포도, 포도나무
qí guài 奇怪	치꽈이	형 기이하다, 이상하다, 이해하기 어렵다
qí mǎ 骑马	치마	동 말을 타다
qí tā 其他	치타	대 (사람 · 사물에 쓰여) 기타, 다른 사람[사물]
qǐ lái 起来	치(ㄹ)라이	동 일어나다, 일어나 앉다, 흥기하다, 위로 날아 솟구치다
qiáo 桥	치아오	명 다리, 교량
qiǎo kè lì 巧克力	치아오커(ㄹ)리	명 초콜릿
qīng chu 清楚	칭추	형 분명하다, 명백하다, 뚜렷하다 동 이해하다, 알다
qíng 晴	칭	형 하늘이 맑다
qiū 秋	치우	명 가을
rán hòu 然后	란호우	접 그런 후에, 연후에, 그 다음에
rèn zhēn 认真	런쩐	형 진지하다, 착실하다, 진솔하다
róng yì 容易	롱이	형 쉽다, 용이하다, ~하기 쉽다, ~하기 일쑤다
rú guǒ nà me 如果…那么…	루구어…나머	만약 ~라면 ~하다
sàn bù 散步	싼뿌	동 산보하다

shā fā
沙发 샤파
명 [외래어] 소파

shàng bān
上班 샹빤
동 출근하다, 일을 하기 시작하다

shàng hǎi
上海 샹하이
명 상해, 상하이

shēng huó
生活 셩후어
명 생활
동 살다, 생존하다

shēng qì
生气 셩치
동 화내다, 성나다

shēng yīn
声音 셩인
명 소리, 목소리

shǒu biǎo
手表 쇼우비아오
명 손목시계

shòu bu liǎo
受不了 쇼우부(ㄹ)리아오
동 견딜 수 없다, 참을 수 없다, 못 봐주다

shòu piào yuán
售票员 쇼우퍄오위엔
명 매표원

shū shu
叔叔 슈슈
명 숙부, 삼촌, 아저씨

shú xī
熟悉 슈씨
형 잘 알다, 익숙하다
동 분명하게 이해하다, 충분히 알다

shǔ jià
暑假 슈찌아
명 여름 방학, 여름 휴가

shuā yá
刷牙 슈와야
동 이를 닦다, 양치질하다

shuāng
双 슈왕
양 짝, 켤레, 쌍, 매
형 두 개의, 쌍의, 양쪽의, 쌍방의

suī rán
虽然 쑤이란
접 비록 ~하지만[일지라도]

sūn zi 孙子 쑨즈	명 손자
tán gāng qín 弹钢琴 탄깡친	동 피아노를 치다
tāng 汤 탕	명 국, 국물, 탕, 뜨거운 물
táng 糖 탕	동 설탕의 총칭, 사탕, 캔디, 과자
tǎng 躺 탕	동 눕다, 드러눕다, (차량이나 물건 등이) 넘어지다, 쓰러지다
táo 桃 타오	명 복숭아, 복숭아 나무
tǎo lùn 讨论 타오(ㄹ)룬	동 토론하다
tǎo yàn 讨厌 타오옌	동 싫어하다, 미워하다, 혐오하다 형 꼴 보기 싫다, 혐오스럽다, 싫다, (일을 처리하기 어려워) 귀찮다, 성가시다, 번거롭다
tè bié 特别 터비에	동 특별하다, 보통이 아니다 부 유달리, 특별히, 아주
tǐ yù guǎn 体育馆 티위구안	명 체육관
tián 甜 티엔	형 (설탕이나 꿀처럼) 달다, 달콤하다, 즐겁다, 행복하다, 기분 좋다
tiáo 条 티아오	명 (~儿) 가늘고 긴 것, 폭이 좁고 긴 것, (~儿) 종잇 조각, 메모지, 종이쪽지
tīng shuō 听说 팅슈어	동 듣자(하)니, 듣건대, 듣고 말하다
tíng 停 팅	동 정지하다, 멎다, 서다, 멈추다, 세우다, 정거하다, 정박하다, 머물다, 체류하다
tóng yì 同意 통이	동 찬성하다, 동의하다, 승인하다, 허락하다

tū rán **突然** 투란	부 갑자기, 문득, 불쑥, 돌연히 형 (상황이) 갑작스럽다, 난데없다, 의외이다, 뜻밖이다
tú shū guǎn **图书馆** 투슈구안	명 도서관
tù zi **兔子** 투즈	명 토끼
tuǐ **腿** 투이	명 다리
tuō **脱** 투어	명 (몸에서) 벗다 동 (머리털 · 피부 등이) 빠지다, 벗어지다, 벗겨지다
wán jù **玩具** 완쮜	명 장난감, 완구
wàn **万** 완	수 10000, 만 형 매우 많다 부 아주, 대단히, 매우, 온갖
wǎng qiú **网球** 왕치우	동 테니스, 테니스공
wàng jì **忘记** 왕찌	동 (지난 일을) 잊어버리다 동 (마땅히 해야 할 일을) 잊다, 소홀히 하다
wēi xiǎn **危险** 웨이씨엔	형 위험하다 명 위험
wèi le **为了** 웨이(ㄹ)러	개 ~ 을[를] 하기 위하여
wú lùn **无论** 우(ㄹ)룬	접 ~을[를] 막론하고
xī **西** 씨	명 서쪽
xī hóng shì **西红柿** 씨홍스	명 토마토
xī wàng **希望** 씨왕	명 희망, 소망, 원망, 바람 동 (생각하는 것이 실현되기를) 희망하다, 바라다

xí guàn
习惯 시꽌
명 버릇, 습관, 습성, 풍습
동 습관[버릇]이 되다, 적응하다, 익숙해지다

xǐ shǒu jiān
洗手间 씨쇼우찌엔
명 화장실

xià
夏 씨아
명 여름

xiān
先 씨엔
명 원래, 처음, 앞, 전[공간 · 시간상 앞에 있는 것]
동 앞서 가다

xiǎng
响 씨앙
동 소리가 나다, 울리다, 소리를 내다
형 소리가 크다, 우렁차다 명 소리, 음향, 울림

xiàng
向 씨앙
개 ~(으)로, ~에게, ~을[를] 향하여 명 방향
동 두둔하다, 역성들다, 거들다, 감싸다

xiǎo xīn
小心 씨아오씬
동 조심하다, 주의하다, 신중하게 하다
형 조심스럽다, 신중하다, 주의 깊다, 세심하다

xiào yuán
校园 씨아오위엔
명 교정, 캠퍼스

xīn wén
新闻 씬원
명 (매스컴의) 뉴스, 새로운 일[사건], 새 소식, 뉴스

xīn qíng
心情 씬칭
명 심정, 감정, 마음, 기분, 정서

xìn fēng
信封 씬펑
명 편지봉투, 봉투

xīng xing
星星 씽싱
명 별

xíng
行 씽
동 좋다, …해도 좋다, 걷다, 가다

xǐng
醒 씽
동 잠에서 깨다,
(취기 · 마취나 혼미한 상태에서) 깨다, 깨어나다

xìng fú
幸福 씽푸
형 행복하다
명 행복

xuǎn zé 选择 쑤엔저	동 고르다, 선택하다 명 선택
yǎn jìng 眼镜 옌찡	명 안경
yáng ròu 羊肉 양로우	명 양고기
yào shi 钥匙 야오스	명 열쇠
yè 页 예	명 (책의) 쪽, 면 양 면, 쪽, 페이지
yí dìng 一定 이띵	부 반드시, 필히, 꼭 형 고정불변의, 필연적인, 상당한, 꽤, 어느 정도의
yí gòng 一共 이꽁	부 모두, 전부, 합계
yí huì r 一会儿 이후얼	명 짧은 시간, 잠깐 동안, 잠시, 짧은 시간 내, 곧, 잠깐 사이
yí xià r 一下儿 이씨알	부 단시간에, 갑자기 양 동사 뒤에 쓰여 시험삼아 해 보다 또는 좀 …하다 의 뜻을 나타냄
yí yàng 一样 이양	형 같다, 동일하다, 한 가지이다
yǐ jing 已经 이징	부 이미, 벌써
yǐ qián 以前 이치엔	명 과거, 이전, 예전
yǐ wéi 以为 이웨이	동 여기다, 생각하다, 간주하다, 알다
yì biān yì biān 一边…一边… 이삐엔…이삐엔	하면서 ~하다, ~과 ~를 병행하다
yì diǎn r 一点儿 이디알	양 조금[불확정적인 수량], 아주 작은 수, 극소의 양, 약간

yì zhí 一直	이즈	부 계속, 줄곧[동작 혹은 상태가 지속됨], 곧장, 곧바로, 줄곧
yǐn liào 饮料	인랴오	명 음료
yīn ggāi 应该	잉까이	동 ~해야 한다, ~하는 것이 마땅하다, 반드시[마땅히] ~할 것이다
yǒng gǎn 勇敢	용간	형 용감하다
yòng 用	용	동 쓰다, 사용하다, 고용하다, (…하는 것이) 필요하다 [주로 부정형으로 쓰임] 명 쓸모, 용도, 효율, 효과, 기능
yóu xì 游戏	요우씨	명 게임, 놀이, 레크리에이션 동 놀다, 장난치다
yǒu míng 有名	요우밍	형 유명하다, 명성이 높다, 이름이 널리 알려지다
yuán 元	위엔	형 시작의, 처음의, 첫째의, 주요한, 기본의, 기본[근본]적인, 우두머리의, 제일의, 으뜸의
yuán 圆	위엔	형 둥글다, 완비되어 있다, 모두 갖추다, 완전하다, 완벽하다, 빈틈없다
yuè lái yuè 越来越	위에(ㄹ)라이위에	동 더욱 더, 점점 … 해진다, 갈수록 …하다
yún 云	윈	명 구름
zá zhì 杂志	자쯔	명 잡지
zhàn 站	짠	동 서다, 바로 서다, 멈추다, 정지하다 명 정류장, 정류소, 역
zhāng 张	짱	동 열다, 펼치다, 진열하다, 배치하다, 늘어놓다 양 장[종이나 가죽 등을 세는 단위]
zhào gù 照顾	짜오꾸	동 보살피다, 돌보다, 간호하다, 고려하다, 생각하다, 주의하다, 우대하다, 특별히 관심을 갖다

단어	발음	뜻
zhào piàn 照片	쨔오피엔	명 사진
zhàoxiàng 照相	쨔오샹	동 사진을 찍다, 촬영하다
zhe 着	져	조 ~하고 있다, ~하고 있는 중이다 [동사 뒤에 쓰여 동작이 진행되고 있음을 나타냄]
zhèng zài 正在	쪙짜이	부 지금[한창] …하고 있다 [동작이나 행위가 진행 중임을 나타냄]
zhī shi 知识	즈스	동 지식 형 지식의, 지적인
zhǐ yào 只要	즈야오	접 ~하기만 하면
zhōng jiān 中间	쫑찌엔	명 중간, 중앙, 중심, 한가운데, 안, 속, 사이, 가운데
zhǒng 种	종	명 종자, 열매, 씨(앗), 종, 종류, 갈래
zhòng yào 重要	쫑야오	형 중요하다
zhōu mò 周末	쬬우모	명 주말
zhù 住	쮸	동 거주하다, 살다
zhù hè 祝贺	쮸허	동 축하하다, 경하하다
zhù yì 注意	쮸이	동 주의하다, 조심하다
zhǔn bèi 准备	쥰뻬이	동 준비하다, ~하려고 하다, ~할 작정[계획]이다 명 준비, 예비, 계획, 작정
zhǔn shí 准时	쥰스	부 정시에, 제때에

zuì jìn
最近 쭈이찐

명 최근, 요즈음, 일간
형 가장 짧은, 가장 가까운

zuò yè
作业 쭈어예

명 숙제, 과제
동 작업을 하다